汲古叢書53

森田憲司著

元代知識人と地域社會

汲古書院

はしがき

本書に収められた論文は、筆者がこれまでに發表した論文のうち、元朝時代の知識人社會にかかわるものを中心に、加筆再構成したものである。基本的な問題關心と從前の研究との關わりについては、第一章に收めた「元代漢人知識人研究の課題二、三」の中で述べているので、それを見ていただきたいが、全體的な筆者の視點と、それを持つに至った過程について、最初に若干書いておきたい。

日本の中國史研究の世界で、元朝史研究はある意味で特殊な分野であった。その背景には、この時代獨特の多様な言語によって記された資料群の存在があり（漢語史料内部においてすら多樣性は存在する）、また、異民族王朝の中でも漢文明にたいしてとくに「冷淡」であったモンゴル人の支配というイメージが抜きがたく存在して、個別分野における、宋元、元明という視點からの通史的なアプローチを除けば、專門家による特殊な方法論による研究、という印象を他の時代の研究者に與えていたことは否めないと考える（私自身が、宋代の側からそう見ていた）。

筆者は、宋元時代を通じての族譜の編纂の狀況とその社會的背景という關心から、元人の文集に所收の史料を讀み、また、譜系の刻された石刻への關心から、元朝石刻という史料群の存在を知るようになった。そして、これらの史料群の持つ量的な大きさと、從來からの利用の少なさを知るようになり、その魅力に惹かれるようになったのである。しかも、明淸の文獻の中に元朝史研究に有益なものが少なからず含まれていることを見出すことができたのも、石刻資料から元朝史料へのアプローチを開始したゆえに知りえたことであった。それはまた、元朝が、「普通の」文言史料による研究がまだまだ可能な時代という、中國史研究者にとっては、魅力的な時代であることをも意味していた。

　七〇年代以降の、臺灣、ついで中國からの文獻史料の刊行の增大という時代背景があったことも、筆者に幸いした。地方志、石刻書、さらには四庫珍本と、大部の叢書が刊行され、元朝史にかかわる史料が利用しやすい環境が、一氣に促進した。歴史研究は、所詮は史料の殘存狀況によって決定されてしまうものである、というのは、時代に對する理論的説明よりも、史料に展開する個々の事實の方に關心を持つ、筆者の基本的な姿勢であるが、史料狀況が大きく變化する時期に研究者としてのスタートをすることができた。

　しかも、石刻資料は、まさに個別事例そのものであるから、筆者のこうした研究姿勢にもっとも適したものであったということができよう。宋代以降の士大夫社會への筆者の關心は、こうした石刻資料の利用を通じて、それまでむしろ否定的な意味合いを持って見られがちであった元朝時代の知識人社會へと向かっていったのであった。しかし、關心が、ややもすれば、士大夫社會よりも、それを知るための史料そのものへと向かいがちであったことは、本書の各章を讀まれればお感じになるところであろう。それは、良くも悪しくも、筆者の研究の特色であり、限界であると考えている。

　通例であれば、ここに、筆者の時代觀や、本書の研究狀況への位置づけを書くのであろうが、第一部が、そのような敍述の場となっているので、研究の經緯について記すにとどめ、以下、各章の概略を記すこととしたい。

　第一章では、元代知識人研究についての筆者の問題提起と、元朝社會への筆者の見解、そして石刻資料をめぐる史料狀況を述べた。

　第二部では、元朝における漢族知識人政策の原點とも言える丁酉年をめぐる問題からはじめて、元朝の江南支配の定着期である至元末の崇儒聖旨、約會と、漢人知識人にかかわる諸制度の研究と、これまで輕視されがちであった科舉についての史料研究とを収めた。いずれも主題の一つが石刻資料である。

第三部では、地域社會と知識人との關わりという視點で、石刻資料から讀み取れる諸相について述べた。まず、碑文の撰述に注目し、彼らの「文章を作る」という營みが、地域とどうかかわって展開していたかを、李庭實と王應麟という、場所も立場も異なる例から見てみた。また、石刻資料が地域社會の解明に有用な例として、正史などにはまったく記載のない李壇の時代の山東地域社會やその後の在地有力者の運命について、石刻資料による解明をめざした。知識人たちが信仰した學問、あるいは科擧の神「文昌帝君」が、地方の神から全國の神へと進化していく過程について述べた論考を併せて収めている。

目　次

第一部　研究の課題と現状

第一章　元代漢人知識人研究の課題二、三

以下は、一九九〇年に筆者が、雑誌『中國―社會と文化』第五號に發表した「元代漢人知識人研究の課題二、三」と題した研究動向についての小論である。その當時の史料狀況を背景として、元朝の漢民族知識人研究でこれから課題とされねばならないであろうテーマを箇條書き的に提起したものであるが、それはすなわち、私自身に課した宿題でもあった。本書を構成する論考のかなりの部分は、この小論で取りあげた問題がテーマとなっている。本書はこの宿題への、私なりの答案、あるいは中閒報告と言える。すでに十數年の時閒が過ぎた今となっては、この文章は元朝史研究史の一資料としての意味しか持たなくなってはいるが、本書の出發點であるので、全體の冒頭に、あえて原文のまま（人名の表記も統一していない）、以下に再錄することとした。ただし、原論文に附記として掲載している、鄒縣孟子廟の「丁酉年石刻」の錄文については、第三章において取りあげているので（資料三）、再錄していない。また文末に若干の「補記」を附した。

はじめに

この特集で筆者に與えられた課題は、「宋元時代における知識人」をめぐる問題について論ずることである。この

問題については、われわれは最近二つの研究狀況の整理と今後のあるべき姿についての論説を得た。すなわち森正夫・濱島敦俊兩氏によるそれである［森83、濱島89］。これらはいずれも、宋元時代というよりは唐宋變革以後の舊中國の支配階層全體について見通した整理である。また、宋代における士大夫研究の狀況については、本誌第一號に小島毅氏の研究ノートが掲載されている［小島86］。この文章では、これらの整理に見られる視點をも參照しつつ、元代、すなわちモンゴル支配下の漢人知識人をめぐる問題について考えてみたいと思う。

宋代以降の中國は、士大夫の時代と言われる。しかし、士大夫とは何ぞやという定義の問題になると、千差萬別の答が出てくることも、この時代の社會にいささかでも關心をお持ちの方ならご存じの通りである。ましてや、その語の意味する範圍の階層が、中國社會に占めた數的比重について、ということになれば、まったく五里霧中ということになってしまう。愛宕松男氏はその概說書の中で、宋代における科擧の受驗者とその豫備軍について、「鄕試の受驗者總數は每回十數萬に達したであろう」［愛宕69、一四二頁］と概數を提示された。これとても、讀者に「有りそうな數字である」と感じさせるものであり、筆者も思いを同じくするが、嚴密な實證的裏附けを伴って提示されたものではない。しかし、その數字の精度はさて置くとしても、我々が士大夫と呼び、知識人階層と呼ぶ時、對象にせねばならないのは、朱子や司馬光・王安石といった傑出した人々であると同時に、この萬を以て數えられるべき社會階層でもあるのであり、宋代で言えば、川上恭司氏が論じられたような下第の士大夫や［川上87］、竺沙雅章氏の取り上げられている官界の外にいた士人達［竺沙85、87］、高橋芳郎氏が『淸明集』を主たる材料として論じられた在地の士人［高橋芳86］までをも視野に含めた問題でなくてはならぬと考える。(1)また、最近の宋代士大夫研究は、意識するとしないとにかかわらず、宋代から明淸時代へと續く士大夫階層の變遷、とくに地域社會と士大夫との關わりの、變化したものと變化せざるものという問題に關わるのが常である。こうした中で、元代の士大夫階層については、どの様な研究の蓄積があるのであろうか。

ここでは、元朝史研究の特殊性にも目を配りつつ、これまでのわが國における元代漢人知識人社會に關する研究を見直すことによって、その現状と問題點について考え、さらに今後の研究の課題にまで話を及ぼしたい。ただし、筆者の關心の所在のゆえに、史料とその取扱いをめぐる問題に割く比重が、他の方が同種の文章を書かれた場合に比して、過重になるであろうことが豫想されるが、讀者の方々にご了解を願いたい。また、歴史・思想・文學などの諸分野の總合を目指すという本誌の趣旨からして、この時代の歴史を專攻される方々には周知の事柄についても、觸れることになることもあるであろう。

さて、モンゴルは一三世紀の初めにモンゴル高原を統一し、一二三四年には金朝を、一二七九年には南宋を滅亡させた。とくに華北における戰亂の状況は嚴しく、モンゴル軍に蹂躙された舊金朝の士人達の運命の轉變とその悲慘については、牧野修二氏が最近論じられている［牧野87］。中國全土をその支配下においたモンゴル政權の支配下において、漢民族、とくに知識人階層がどのような地位にあったのかについては、中國の後代の史家を初めとして、古來多くの人々の關心の對象であった。そこでは、「九儒十丐」の語や、科擧の停止に代表されるように、漢民族の傳統的文化に對して價値を見出さないモンゴルの支配下での、彼等の不遇と悲慘が、しばしば強調されてきた。たとえ、「九儒十丐」の語が、反蒙古の立場をとる人物によって書かれた史料に見られるものであることは、すでによく知られたところであり、それは反蒙古スローガン、あるいは彼等の「自嘲」と理解するべきものであろう事が、指摘されはしても、この表現の歴史的眞實性の有無にかかわらず、モンゴル人の支配下における漢人知識人の不遇というイメージは、やはり存在し續けてきたのであった（もっとも、個々の史料をめぐる考證の中で否定的感想を示した錢大昕のような例もあるが）。しかし、漢人士大夫階層がこの時代を生き續けていったことは嚴然とした事實であり、前後の時代とは異なる形式を取ったとはいえ、彼等はやはり特別な處遇を受ける存在であったことも、一方で定説である。

この、モンゴル支配下の漢人知識人の運命という、いわば「古典的」とでも言うしかないテーマについての關心は、古來決して少なくないが、正面からこの問題を取り上げた研究として、最近我々が得た成果としては、片山共夫氏と、植松正氏のものをまず擧げねばならず［片山84ａ、84ｂ、植松89］、さらには元代の學校制度とそこにおける士人の處遇をめぐる牧野修二氏の一連の研究［牧野79ａ、79ｂ、80］、および大島立子氏の儒戶についての研究［大島81］がある。そして、上に述べたようなモンゴル支配下の漢人知識人の存在のありように對するイメージを、制度史的あるいは社會史的に再檢討してみようという視點が、上に擧げた論考には共通して見られるのである。

以下、これらの論考を主たる關心の對象としつつ、まず最初に、元代における士大夫の地位についての、主として制度史的な側面からの研究について觸れ、さらに、上に述べた、地域における士大夫をめぐる問題の、元朝史研究における狀況について、檢討を加えていきたい。とくに、片山共夫氏の「元代の士人について」［片山84ａ］は、セミナーの記錄とはいうものの、少なくない史料を擧げて、研究のあるべき方向を論じられている。以下、氏の指摘された問題と重なる點も多いが、見解を異にする箇所も少なくなく、筆者なりの視點と意見を提出していきたいと考えている。

一　對漢人知識人政策の成立と「先聖の家」

まず初めに考えるべきことは、モンゴルの中國支配の確立期において、その對漢人知識人政策が、どのように形成されたかということであろう。モンゴルの中國征服過程とその時期における諸問題は、元朝史研究の中でも多くの關心を呼んできたテーマであり、この時期に研究が偏重しているとすら言える。そこでは異口同音に遊牧の民であるモンゴル民族の農耕民族への蔑視が述べられるとともに、太宗オゴタイに漢地支配のメリットを説いて、漢地の遊牧地化を防いだ耶律楚材の功績や、世祖フビライを生んだトゥルイ家の持つ特殊事情による都市住民・農耕民への理解と、彼を取り巻く漢人知識人（儒者）達の果たした役割についての言及というパターンが普通である。

こうした研究の歴史の中で、論文の題名に知識人關係の單語を含むものとして、古くは小林新三氏の「世祖と儒者」がある［小林52］。そこでの「儒者」とは、世祖フビライの潛邸以來のブレインであった人々を指すものであり、從って、論じられているのは、上述のような政策の決定に果たした彼等の役割であり、まさに副題通り「元朝成立の一側面」がその主題であって、ここで問題としようとする、元朝の對漢人知識人政策一般や、モンゴル支配下の漢人社會を意味するものではない。また、八田眞弓氏の「元の世祖と漢人知識人層」［八田79］も同樣のものである。從って、これらの論考については、ここでは檢討の對象とはしない。繰り返すが、ここで論じたいのは、宋代になって中國社會の支配階層（リーダーと呼んでもよいが）となった士大夫達の、モンゴル支配下での運命をめぐる問題であり、この點において、筆者の關心に一番近いものは、先述のように片山氏の發表である。

改めて言うまでもなく、中國の知識人は、知識人それ自體としてあることよりも、現實の民政に關わりあって、その能力を發揮することによって、その十全の姿たりうるとされる存在であることを原則とする。すなわち、官界への參入ということが絶えず問題となるのであり、上述したフビライのブレイン達の活動も、その限りでは、本稿の關心と全く無關係というわけではないが、今ここで問題としたいのは、漢人知識人全體に關わる、より大きな範圍での支配層への取り込みをめぐる問題である。

さて、こうした元初における漢人知識人の運命をめぐる問題を取り上げた論文として、常に言及されるのが、安部健夫氏の「元代知識人と科擧」［安部59］である。この論文で問題とされている「科擧」とは、延祐年間以降に再開された「科擧」ではなく、所謂「戊戌の選試」のことであり、安部氏はこの試驗を出發點に、一、選試の實施と合格者のその後、二、その後の選試、三、當時の華北における學界の二大潮流、といった問題を論じておられる。なにぶん講義ノートから復元された論文であるだけに、論旨・實證ともにひっかかりの生ずる箇所もないわけではないが、この時期の漢人知識人をめぐって、多くの課題を後に殘された論文である。

この「戊戌の選試」とは、金朝を滅ぼした直後のモンゴル政權が、太宗の九年（一二三七）に發令し、翌十年にかけて華北において行なったと思われる、漢人知識人の登用試驗で、『元史』や『廟學典禮』（この史料については後述）の記事をそのまま受け取れば、その合格者は地方官としてモンゴルの地方支配に登用されることになっており、やはり『元史』の本紀には、四千三十人がこの試驗で選拔されたとある。實際にこれだけ多數の人々の官界への登用がどこまで實現したかは、疑問とされているが、少なくとも、後で問題とする「儒戶」の選別においては、この「選試」への合格が、基準の一つとなっている。安部氏も、この試驗の合格者のうち『元史』に名前の見える人物の受けた處遇については、論文の中で觸れられているが、假に四千人餘りという合格者數が事實として、この選試の合格者の大多數のその後についての追跡は、安部氏以後においてもほとんど行われておらず、この試驗の實際とその位置附けについての定論がいまだ得られていない最大の原因は、ここにあると言えよう。しかも、この試驗はただ一度行われたのみで二度と再開されることはなかった。安部氏は、この試驗とその後について、東平を中心とする金朝の學風を繼ぎ、科擧を重視するグループと、南方から入った道學を受けいれ、金朝の詩賦を重視した科擧の在り方に反感を持つ、燕京を中心とするグループとの二つの學派の爭いと絡めて論じられている。ただ、論文の中で見る限りでは、安部氏は第二回以後の「選試」が行われなかった理由については、幾つかの可能性を列擧するのみで、はっきりとした見解は示されていない。

延祐の所謂「科擧の再開」以降をめぐる問題については、後段で取り上げるが、江の南北を問わず、科擧が漢人士大夫にとって最大のレーゾンデートルである以上、これ以降も、延祐の再開に至るまで科擧再開論は絶えず提起され續けることとなる。しかし、この繰り返される科擧再開論について、その倫理や提案者、さらにその時點における政治的意味合いなどについての分析が行われたことがないのは不思議ですらある。

この節の題名として、「對漢人知識人政策」という表現を用いたが、この語で問題としたい點は二つあり、彼等士人層の官界への進出のルートが、どういう形で開かれていたのか、また、一般の人民と彼等との閒で異なる制度上の處遇の差が存在していたのかどうか、もし存在していたとすれば、それはどの様な内容であり、どの様な經過で出來上がっていったのか、そして、金朝なり、南宋なりの「士人」が全てそれらの對象となり得たのか、といった問題である。今、『元史』や『廟學典禮』などの史料に基づいて、金朝滅亡後の對漢人知識人政策の流れを見ていくと、次のような經過になる（この點については、すでに大島氏が整理されているが）。まず出てくるのが、『元史』の丁酉年（一二三七）八月の條の「選試」に關する記事であり、これが所謂「戊戌の選試」についてのものであろうと考えられ、『廟學典禮』所引の聖旨によれば合格者には差發を免じるとある（『元史』には免差については言及せず）。ついで『元史』卷一三四・月乃臺傳には、憲宗壬子（一二五二）に「業儒者」を別籍にしたことが見える。以後、本紀の記事を追えば、至元五年（一二六八）には、それまで免除されていた租稅が加徵され、一三年には再び傜役の免除の詔敕が出されて（華北では、これが儒戶の確定とされる）、南宋征服に至るのである。

さて、知識人の處遇をめぐる問題、とくにその成立を考える上において、檢討されるべき存在でありながら、十分な檢討がなされていないものとして、孔子を初めとする、聖人達の子孫の問題があると考える。このいわゆる「先聖の家」のうち、元代において國家から特別の尊崇を受けたものには、孔子（衍聖公）・孟子（鄒國公）・顔回（兗國公）などの子孫を擧げることができる。

このうち、衍聖公家に關して、元朝との關わりの經緯をもう少し詳しく見てみると、太宗五年（一二三三）、モンゴル軍に包圍された金の國都開封から、耶律楚材は、すでに金朝によって第五一代衍聖公に封ぜられていた孔元措を探し出し、改めてハーンの命によって第五一代衍聖公とした上で、東平を經て曲阜に迎えた。この開孔元措およびそれに從う人々を保護し、また曲阜の孔廟の維持に力を盡くしたのが、東平の嚴實であったことは、『民國曲阜縣志』卷八所收の「褒崇祖廟記」（一二三九立石）が、開封以來の經過について詳述していることによって知ることができる。孔元措は、孔子廟の再建や孔家の再興を果たし、さらには金朝の太常の禮樂をもこの地にもたらして復興させることとなる。この孔元措という人物が、當時のモンゴル政權側の政治狀況との關わりから見て、研究者にとって魅力的な存在であることは、以上の簡單な記述でも分かると思うが、さらに、孔家そのものに關しても、南宋に迎えられていた子孫の問題や、孔元措の後繼者をめぐっての內紛（今度は姚樞が調停者となる）などと問題は多く、衍聖公家そのものをも含めて、さらに研究が進められるべき存在であると言えよう。それはさておき、これらの家への處遇は、士人層に對するものと比して突出したものではあったとしても、モンゴル政權の漢民族の傳統文化への對應の一つのシンボル的なものとして、その內容についてはより詳細に追跡されてもよいのではなかろうか。(2)

さて、それでは、このような「先聖の家」に對しては、どの樣な處遇が行われたのであろうか。それを考える上で有力な史料となり得るのが、蔡美彪氏の『元代白話碑集錄』に、「曲阜文廟免差役賦稅碑」と名附けられて收められている石刻である（『集錄』四〇、以下、『元代白話碑集錄』および『道家金石略』の引用の必要がある場合は、それぞれの碑刻に附された番號で示す）。この石刻をめぐっては、本稿と並行して、短いものであるが專論を執筆し、碑文の錄文とともに『平成元年度三島海雲記念財團研究報告書』に掲載されることとなっているので、詳しい點はそちらを見ていただくこととして、結論のみを繰り返すと、一、蔡氏の記述とは異なり、この碑は鄒縣の孟子廟に存在し、内容は兗國公と鄒國公の家の差發の免除に關するものである。二、この箚付の「丁酉年」とは、蔡氏の比定された一二九七年（成宗大德元年）ではなく、一二三七年（太宗九年）でなければならない。以上が、上記の研究報告で論じた、この碑文に關する基本的事項である。從って、大島立子氏が、蔡氏に基づいて、成宗朝においても、世祖朝同樣に對儒人政策が行われていたことを示す例として、この碑刻を引かれているのは不適當であり、さらに、この碑に合刻されている延祐元年の箚付（『集錄』六八）の内容は、この丁酉の規定を自分達の系統にも及ぼしてほしいという孟子と顏子の子孫の別の系統からの願い出に關するものであり、大島氏が、同樣の聖旨が、仁宗時代に再度出されたとするのも不正確である［大島81、三二五頁］。

それでは、この一二三七年の丁酉、すなわち太宗オゴタイの九年とはどんな年なのであろうか。金朝はすでに一二三四年に滅ぼされ、元朝の漢地支配の流れで見ると、前年には、所謂丙申年の分撥が行われ、この年の八月には「戊戌の選試」の施行が命じられている。また、『廟學典禮』も、やはりこの丁酉の年の八月二五日の日附の「選試儒人免差」についての聖旨から始まる。とすれば、當然、この碑刻の史料價値はすっかり變わってしまう。すなわち、この碑刻はモンゴルの華北支配初期の、對漢人政策が次々と打ち出されていった時期についての貴重な史料なのである。

そして、この碑文の内容であるが、兗國公家と鄒國公家に對する蠲免を命じた碑文であることは、丁酉碑そのものの解釋からだけでなく、先程からも言及している同刻の延祐碑において、孟家と顏家の子孫のある系統が、自らの派へも蠲免が及ぶように申請する根據としていることからも明らかである。

ところで、この丁酉碑における、兩家への蠲免の要求においては、衍聖公家に對する蠲免が、すでに行われていることを前提としていると理解するのが妥當であろう。衍聖公家に對する蠲免に關して直接觸れている史料としては、上でも引いた「褒崇祖廟記」の中に、乙酉歲（一二二五）に蠲免が行われたことを述べているのが、石刻資料では、今のところ筆者の知り得た中では最も古いものである。しかし、一二二五年というのは、孔元措の開封脫出が一二三三年であることから考えて、時期的に合わない。『民國曲阜縣志』のこの碑の錄文には、缺字が多い上に、誤讀の存在の可能性もあり、完全な理解は難しいが、乙か酉かが誤っていて、乙未（一二三五）か丁酉（一二三七）のいづれかの年を指すと考えるべきであろう。(3)なお、「褒崇祖廟記」の文章は「顏孟之裔亦如之」と續く。

そして、ここで何より注目したいのは、丁酉碑では、兗國公家と鄒國公家に對する差發の免除について、「仰依僧道一體蠲免差發去訖」とされていることである。すなわち、ここでは先行する例として、僧侶・道士を擧げた上で、これら「先聖の家」への處遇が論じられているのである。こう書けば想起されるのが、元代の宗教關係の碑刻を檢討された人なら誰でも目にしているところの、一番典型的な形で言うならば、「和尚・也里可溫・先生・答失蠻每」といった形式で、特權が與えられる宗教者の名前が列記され、彼等への特權の理由として、「告天祝壽者」という決まり文句を持つ白話聖旨碑である。言うまでもなく、元朝のこのような宗教關係者への優免の對象としては、年代的には對道教關係の方がかなり早く、石刻資料で確認できるかぎりでは、癸未年（一二二三）三月の重陽萬壽宮および濰州玉淸宮の聖旨碑（『道家金石略』四四五、四四六）にさかのぼることができるのであり、確かに前例とされ得る。

このような發想には、これはあくまでも「先聖の家」という特殊な存在に對する處遇であるとし、一連の聖旨碑に見られる諸宗教への處遇と、儒學關係者としての士人へのそれとを安易に關係附けることに對する批判が、當然のこととして豫想される。例えば、安部健夫氏は、延祐碑に見られる「仰依僧道一體」という表現の存在は考慮しつつも、上にも引いたような各宗教者への聖旨の場合に、儒家を列擧する例がないことなどを根據として、あくまでも別物として、この丁酉年における差發の蠲免を論じられている［安部59］。しかし、この様な表現は他にも存在するのであり、大島氏がすでに引用されている、『秋澗先生大全文集』巻九一「定奪儒戸差發」に引用されている中統二年（一二六一）の聖旨節該にも「如今咱毎的聖旨裏、和尚・也里可溫・先生・答失蠻體例裏、漢兒人・河西秀才毎不揀甚麼差發休着」とある［大島81、三二八頁］(4)。そして、この場合は、單に先聖の家に對するものではなく、儒戸一般を對象とする表現である。もっとも、多くの聖旨の場合、安部氏の指摘の通りであることは間違いない。また、道教寺院における聖旨碑の形態は、「執把聖旨」と呼ばれる、特定の宗派・寺觀へ當てられたものであり、「先聖の家」がそれらに對應するものとして理解すべきだという批判も成立し得ることは、承知している(5)。

モンゴルの對漢地政策における、儒學と他の宗教との位置の差異に關しては、まだまだ研究の餘地が多いのであるが、この丁酉の碑刻が、儒學關係者に關わる優免規定の中で一番古いものであるだけに、こうした、僧道を先例とする表現の存在する事實はやはり無視できないのではないだろうか。幸い、陳垣の收集史料を中心にした『道家金石略』（文物出版社　一九八八）が刊行され、元朝の道教關係の命令文について、類似した内容のものが多いとはいえ、今までより豐富な事例を、我々は持つことができるようになった。それらの内容や、法令としての形式等についての側面からも、今後の研究の進展が期待できる。いづれにせよ、この箚付とほぼ同時期に、「戊戌の選試」の施行が命じられ、それに關連しての儒人への免役についての聖旨が出されているのである。「先聖の家」とくに、衍聖公家に對する處遇については、上でも論じたように、孔元措を軸とした、もっと政治的に見るべき要素の多かろう事を承知しつつも、果たして、この「仰依僧道一體」という表現が、「先聖の家」にだけとられた、特殊な論理だと言えるのであろうかという問題提起は、繰り返しておきたい。

二　儒戸をめぐる問題

さて、モンゴルの漢人知識人政策を論じる時、最も大きな問題として必ず取り上げられるのは、「儒戸」という制度である。まずこの制度について、簡單に見ておこう。元朝においては、モンゴル・色目・漢人・南人というよく知られた民族による身分制度の他に、負擔する徭役や職業に基づいて特殊な戶籍が編成され、そこに編籍される「戶計」という制度があった。その一つのワクとして、道・僧あるいは竈戶や鷹戶などと並んで、漢人知識人を對象として設けられた戶籍區分が、「儒戶」である。上で取り上げた「戊戌の選試」の合格者が儒戶に編籍されたことは、すでに安部氏が論じていることについては、先程も觸れた。元朝一代を通じての漢人知識人政策の基本とでもいうべき、この「儒戶」の制度について論じた論考としては、牧野修二氏が、「元代の儒學教育」［牧野79ａ］において、元代の士大夫がその家の業である儒業を通じて廟學書院の管轄下におかれたとし、儒人層の生活、教育、出仕における廟學書院への依存性を明らかにしようとされた。さらに、『廟學典禮』を主な材料として、元朝の學校制度についても、多くの實證的成果をあげてこられた［牧野79ａ、79ｂ、80など］。さらに、この制度そのものについて、正面から取り組んだ論考が、蕭啓慶氏の「元代的儒戶」［蕭78］および大島立子氏の「元代の儒戶について」であった。また、儒戶に關するより詳細な記事を含む『廟學典禮』を材料として（大島氏は、これを利用していない）、片山共夫氏は「元代の士人について」において、牧野氏の所説を踏まえて、元代の士人について「南宋末の士大夫層は、ほぼ全體が儒戶として把握されたことが確認できる」、「元朝は結局儒戶の制度を土臺とした士人支配のあり方をしたのだと見ることができる」と論じられている［片山84ａ］。蕭氏と大島氏の論文の特徵については、筆者はすでに、蕭氏の『元代史新探』（新文豊出版公司　一九八三）の書評という形で論じており［森田83ｃ］、それほど附け加えるべき點はないのであるが、ここでもう一度片山氏の所論をも視野にいれて、この問題を見直しておきたい。

まず、元朝における江南士大夫の掌握と儒戸という制度との關係から見てみよう。南宋征服以後の舊南宋領における儒戸の編籍については、上述の諸研究や片山氏も觸れられているが、南宋征服直後の戸籍調査に始まり、何回かの調査を經て、至元二七年（一二九九）において確定したとされている。片山氏は、『廟學典禮』に據って、儒戸と認定されるための要件を列擧され、それらを見ていく時、南宋士大夫のほとんどが、儒戸として編籍され、ほとんど全ての江南士人が元朝に把握されていたと、結論されるのであるが、果たしてそうだったのであろうか。事は、士人というものの定義に關わるのであるが、士人層全體に占める儒戸の比率については、上でも引いた書評でも述べたように、例えば、有名な元統元年の登科錄に見える登第者の戸計を見ても、儒戸の比率は決して壓倒的なものではないし、戸數全體に占める割合も地域によって、〇・一一%から一・四一%と差が大きすぎることなどにも疑問が殘る。このような疑問を持てば、當然のこととして選別の在り方も問題となる。片山氏が根本史料として依據される『廟學典禮』においてもしばしば述べられる不正の發生と、「無籍儒人」、「續收儒戸」という表現で現地の地方官から指摘される、江南士人に對する把握の不完全さを考えると、そう簡單に編籍の問題が解決したとは、とても思えないのだがいかがであろうか。

こうした儒戸達の把握・處遇の基礎的單位として「學校」が機能していたとすれば、元代における學校の地位は、中國歷代の王朝の中でも、特異なものであったと言えよう。筆者も、以前の論文で取り上げたように、元代の士人について考える時、他の王朝の場合のように、形骸化したものとして學校や學校官の存在を位置附けて、それで濟ますことは出來ないと考えている［森田83ａ］。ただ『廟學典禮』については、筆者自身、牧野氏の論文に啓發されてこの史料の存在を知り、これまで利用してきたし、今後も利用するであろうが、自身の反省をも含めて、いささか言い過ぎになるのを承知で言うならば、基本史料としての『廟學典禮』が存在するがゆえに、我々は、元朝の學校とそれに關わる諸制度について詳細に知り得たのであり、學校をコアとして組織される元代の士大夫達というイメージを描き得た。しかし、この史料が、あくまでも學校に關わる、おそらくは實務用マニュアル集であり、當然の事ながら學校のことしか出てこないという點をも合わせて考えると、牧野氏のように學校をめぐる制度の問題の史料として利用する限りにおいては、問題はないが、學校の問題を離れて、士人一般の問題に論を展開する時には、ほかに史料がないからといって、あまりに『廟學典禮』の作り出す世界のみに依據して、學校の持っていた重要さのみに注目するのには、躊躇を感じざるを得ないのである。

そして、『廟學典禮』そのものについて、我々はもう少し研究を積み重ねる必要はないだろうか。この史料にもまた限界と問題點がある。この本のテキストが、四庫全書のそれも所謂「永樂大典本」のみであり、原本の姿をどこまで留めているかが分からないし、本文に疑問が生じた時のチェックのやりようがない。さらに、『廟學典禮』は、『元典章』と同じように、公牘を編纂して出來上がった書物であるが、この書物に收められている個々の公牘を見ていくと、巻頭の元朝の極く初期の部分においては、全國的、一般的法令の記載が中心であるのに對して、江南征服以後は、所收の公牘が、浙東の官廳に關わるものが多數を占めるようになる。こういった點で、この文獻はローカルな側面を持つ史料でもある。誤解のないように繰り返すが、『廟學典禮』は魅力的な文獻であり、筆者も、今後とも活用させていただきたいと考えている。古く市村瓚次郎がその價値を見出し、利用の可能性を指摘していたにもかかわらず（『東洋史統』巻三、一九四頁）、以來全くといってよいほど利用されてこなかったこの史料を再發見し、活用された牧野氏の功績は大きい。(6) しかし、この書物そのもの、あるいはそこに引かれている個々の公牘の類が、何時どの様にして成立したのかの實證的分析がいまだなされていない以上、この史料の利用には、注意が必要であることは閒違いがない。上に述べた問題點を、どう理解し、利用していくかは、今後の課題であり、何よりも『廟學典禮』そのものについての研究が進められねばならないのである。

　さて、「學校を中心とした江南士大夫の把握」ということを論ずるならば、あるいは、視點を逆にして士人達にとっての元朝支配、ということを考えようとする時、『廟學典禮』からは、もう一つ重要な項目を検出することができるのではないだろうか。それは、「廟學公事」をめぐる問題である。元朝の中國支配の大きな特色として「本俗法による支配」があることは、既に多くの先人によって論じられてきたことであり、專論のみを擧げるとしても、岩村忍[岩村54]、海老澤哲雄[海老澤62]兩氏のものがある。この「本俗法による支配」による支配の具體的な現れが「約會制」であり、異なる種族に屬する人物に關わる事件が生じたときにはその雙方の代表者によって裁判が行われるというものである。この「本俗法による支配」については、元朝が多民族によって構成されているために、異民族の閒の事件にのみ注目が行きがちであるが、それに限らず、異なる戶籍に附されている當事者の閒においても存在した。そして、儒戶に關しても、『廟學典禮』を見ていくと、他の宗派とのトラブルの處理に關しては「三教約會」となることが定められている（巻四・三教約會、ここで注意すべきは、儒が明らかに佛・道と並列とされている點である）。筆者の知る限り、元代の學校と裁判との關わり、あるいは學校に關係しての「約會制」について論じられたことはないのではないかと思う（裁判制度を論じた側の研究からもこの問題は論じられていない）。さらに問題となるのは、「廟學公事」という語である。至元三一年の聖旨では「廟學公事諸人毋得阻擾」とあるが（巻四・崇奉孔祀教養儒生）、「公事」の語に筆者が思い浮かべるのは裁判とのかかわりであり、「犯姦盜」以外の儒人の「公事」は約會に從うとも『廟學典禮』にはある（巻二・儒人免役及差設山長正錄直學詞訟約會）。しかし、一方では、上で言う「廟學公事」が、單に裁判のみを指しているのかという疑問も殘る。例えば『淸明集』に見られるように、宋代においても學校に籍を有する士人に關しては、その身分ゆえに獨特の懲罰が與えられており、「刑は士にのぼさず」という古來からの傳統的觀念で、それは說明されてきたが、それらと元代の「廟學公事」とが、どう異なるのかも含めて、元代の士大夫、あるいは學校について論じる時の、一つの材料になるのではないだろうか。

以上、この節で見てきたことを整理して述べるならば、元代において儒戶という戶籍身分と、それを統括する廟學というシステムで、士人が國家に掌握されていたとする研究が、これまで行われてきた。しかし、士人の全てがそうした形で掌握されたとは、現存する數量化可能な史料からは考えられない。さらに、士人にとっての廟學について論ずるには、彼等の活動の一部の側面からしか、論じられてこなかったのではないだろうか。その一例として、上に擧げた裁判をめぐる問題などは、充分に檢討に値するものと考える。

三　科擧をめぐって

元代においては、延祐二年（一三一五）の再開以後、一六次の科擧が行われ、合計一一三九名の登第者を出している［宮崎65、愛宕70］。これら元代の科擧についての制度を中心とした一般的な檢討は、古く田中萃一郎や箭內亙、有高巖によって論じられているが［田中15、箭內16、有高32］、以後目立った研究はなかった。戰後では、宮崎市定が獨自の視點から元朝における科擧の意義について論じ［宮崎65］、科擧再開の持つ歷史的意味を、むしろ漢人の官界への、とくにモンゴル固有のポストにまで及ぶ進出に對する、元朝側のいわば「捲き返し戰術」であるとした。これに對し、南宋攻略時にいったんその地位を安堵された江南土着の官僚の代替わりに際して、彼等の世襲を認めるかどうかの問題から、一時的に人材不足の現象を生じ、多くの新人官僚を必要としたことに、科擧の再開の一因を求める見解を最近出されたのが、植松正氏である［植松89］。その研究手法・發想の雙方において、植松論文には注目すべき點が多い。

第一には、從來からの科擧に關する論考は、元朝での科擧について一般的にとらえるのが普通で、たとえば宮崎氏が問題としている蒙古と漢人との比率一つをとっても、各回の科擧において各々どうであったのかは、具體的には分っていないのであり、元朝史において科擧の果たした役割を論ずるのであれば、個々の試験での合格者のチェックから始めねばならないということは、筆者もかねて感じていた。元代の科擧の題名錄としては、元統元年（一三三三）のものがあり、『宋元科擧三錄』に收められているが、これについて、蕭啓慶氏によって、所收の人物についての考證が行われているのが、これまでの唯一のまとまった追跡であった［蕭83］。これに對し、植松氏は、王德毅他編の『元人傳記資料索引』（新文豐出版公司　一九七九―八二）を利用することによって、延祐二年（一三一五）に行われた再開第一回の科擧の登第者について、彼等の官界におけるその後についての分析を行われ、この科擧が人材の供給源としての役割を、現實に果たしていたことを實證されたのである。

ただし、石刻資料や地方志など、『元人傳記資料索引』には、調査不十分な分野も少なくなく、主な材料であるはずの文集に關しても、全ての文中での人物への言及を完全に拾い得ているわけではない（この點では、梅原郁他編の『遼金元人傳記索引』［梅原・衣川72］のほうが役に立つ）。さらに、元朝における科擧の實際的な機能を論ずるには、この一次のみならず各次の科擧における「登科錄」の再編の試みが必要であろう。登第者の總數が萬を越える宋代とは異なり、たかだか千人あまり、それも蒙古・色目を含めての數であるから、元朝の科擧に關しては、かなりの精度のものを作成することは不可能ではないと考えるが、いかがであろうか。これがなければ、「元朝において科擧の果たし前の時期の「進士」の名前が珍しくない）。

た役割は低く」という決り文句ばかり並べていても始まらないのではないだろうか。もっとも、筆者自身が、石刻・地方志に見える元代科擧登第者についての調査を行った經驗では、後者には資料としての信頼性という壁があることも事實ではある（方志編者の元代の科擧についての知識の不足によるものも多く、例えば、明清地方志の記事の中では、延祐以前の時期の「進士」の名前が珍しくない）。

さらに、植松氏は人材の供給源となったのは、進士合格者に限らないのであって、郷試の合格者もまた同様であったことを指摘される。元朝における郷試の意義という發想は、從來の研究に見られなかったものであり、この論文の注目すべき點の第二である。じつは、元代の科擧に關する史料は、上に述べた元統元年のもの以外にも存在するのであって、郷試レベルの題名錄が、石刻資料などに殘っていることは、『石刻題跋索引』を検すれば容易に知る事ができる。最近刊行の始まった『北京圖書館古籍珍本叢刊』の第二一巻（本稿執筆時點で未刊）の豫告には、清鈔本として、『延祐甲寅科江西郷試錄』、『山東郷試題名記』毛元慶撰、『山東郷試題名碑記』孫翥撰、『至正十一年進士題名記』、『至正庚子國子監貢試題名記』孫翥撰、『至正丙子國子監公試題名記』が、收錄豫定書目として擧げられているが、おそらく上記の石刻の拓本などから編まれたものであろうと思われる。しかも、『元史』によるならば、郷試の合格定員は、全國わづか三百人にすぎず、郷試合格者の會試合格者に對する比率は三倍であり、この點からも、宋代あるいは明清の科擧とは異なる意味附けが、この時代の郷試に對しては必要なのである。上記の石刻の中には、單に合格者の題名に止まらず、郷試の經過を詳しく述べるものもあり（例えば、『乾隆歴城縣志』巻二四所收の至正十年および二一年の山東郷試の題名碑）、元朝における郷試の研究は、今後一つのテーマとして成立しうるものと考える。中央、地方を問わず、以上のような史料を通じて、單に合格者についてだけではなく、この時代における科擧の制度そのものについて再構成することが、必要なのではないだろうか。

先にも述べたように、元朝における科擧の比重の低さについては、これまでもどんな概説にも取り上げられてきた。しかし、一方で漢人知識人の科擧に對する思い入れは現實に存在したのであり、そのことを無視しては、元代の科擧について理解は出來ないであろう。さらに時期をさかのぼれば、戊戌の選試はもとより、何回かの儒戸の分別のための試驗なども、漢人の士人達から見れば「科擧」であったのであろう。先にも引いた宮崎氏の論考のように、元朝の支配という立場から科擧を見ることも一つの視點であるが、「漢人の側から見た科擧」という視點もまた必要なように思われる。科擧が漢人知識人にとって思い入れの對象であり、繰り返される科擧再開を求める上奏の存在は、その一つの現れであったことは、どんな概説書の中でも言及されているが、それらの上奏が、何時どのようにおこなわれ、その論理がいかに變遷してきたかを具體的に追及した研究がないことは、先にも述べたとおりであるし、所謂「吏人歳貢制」にしても、仕進のためのルートとしての問題とともに、一種の科擧としての認識はなかったのかを考えることは出來ないのであろうか。實際、こうした儒人の選拔に關する試驗を、漢人自身が「科擧」と呼んでいる例もある。江南士大夫における科擧の代替物として、いつも杭州の月泉吟社における詩の公募と、そのランキングを擧げるばかりでは能が無さすぎる。

四　地域社會における知識人の「地位」とその「繼續性」

モンゴル侵入前の中國は、南宋と金という二つの王朝に分斷された、いわば南北朝時代であり、この二つの王朝の領域には、一世紀を越える分斷の中で、それぞれの性格を持つ文化と社會が形成されていた。それがモンゴルの支配の下で、どの樣に繼承され變質したのかを考えること、そこに、中國の知識人社會の歴史の中にある、變わるものと變わらぬものを見出せないかという試み、そういう視點が、元代の知識人をめぐる研究の一つの出發點とならねばならないのではないだろうか。しかも、彼等は、まがいもなく宋代以後の中國社會における支配者階層であり、地域社會のリーダーなのでもあるから、そのことは、明清時代に至る舊中國社會の本質に關わっていくはずである。

おなじ科擧とは言っても金朝と南宋では、その重んじるところが異なっており、それは當然のことながら、學問の在り方に關わる問題たりうるものである。華北の舊金領をめぐっては、安部氏が「元代知識人と科擧」で、「文章派」と「德行派」と名附けて論じたものは、まさにそういう問題でもあったのである。しかし、この問題の前提となる金朝の社會と文化について、我々が持つ研究の蓄積は、金朝の國制に關する三上次男氏の大著を除けば、あまりに少なく、ましてや、金から元へのつながりを見通そうという研究は、本論に直接關わる分野においては、最近になって山東における泰山學派をめぐる高橋文治氏の論考を得ただけである［高橋文86］。一方の南宋社會についてはどうであろうか。金朝に比してはるかに多くの史料が存在するはずの南宋であり、研究も多樣に行われてはいるが、元朝との繫がりのなかで江南の社會を考えていくための材料を提供してくれるだけの研究が、いかほど有るであろうか。先年、高橋芳郎氏によって寫眞がもたらされ、續いて校點本が中國から出版された『明版名公書判淸明集』は、南宋社會の諸斷面を見せてくれるものとして、各地の研究機關での會讀が進んでいるようであるが、そこからの成果を待つことしきりである。

南宋さらには北宋にまでさかのぼっての、江南社會と元代のそれとの比較、そこでの繼續性の檢討は、當然の事ながら、明淸時代研究における鄕紳論の問題との關わりを、そこにはらんでいる。筆者自身は、論者によってあまりに多樣な論議が展開する「鄕紳論」というものには、必ずしもピンとこないのであるが、「士人とそれを取り卷く地域社會との關係」という問題が、中國史を通じて存在するテーマであることはいうまでもない。その意味では、筆者自身も參加しているため、例として擧げるのをためらわれるが、谷川道雄編『中國士大夫階級と地域社會との關係についての總合的研究』（一九八三）に見られるような發想に共感する。いずれにせよ、地域社會のリーダーとしての士人階層というとらえ方が、多くの研究者の關心を呼ぶようになっている現在、元代におけるこの問題は、もっと論じられてもよいものであろう。前述の片山氏の發表もこの點に強い關心を示されているが、元代地域社會における士大夫の活動に關しては、同氏の「元代の鄕先生について」［片山84b］と、拙稿［森田82、83］を除いては、ほとんど研究が進んでいないことは、前にも引用した濱島氏の研究動向［濱島89］によっても確認できる。

　この文章が對象としている分野に關わる、片山共夫氏の二つの論文が、そのいづれにおいても、モンゴルの支配する元朝という「冬の時代」を、江南の士人達がいかに生き延びたのか、という問題に深い思い入れを持たれて書かれていることは、理解できるし、そこで提出されている見通しにも首肯できる點が少なくない。片山氏は、中下層の士人層をめぐる問題の檢討の材料として、「鄕先生」と呼ばれる存在を、一方では專論として取り上げられ、もう一つの論考でも少なからず言及されている。これらの論文における氏のねらいは分らないのではないが、論中で展開される、史料を用いての實證の部分に關しては、首をかしげざるを得ないので一言觸れておきたい。この時代「鄕先生」が高い評價を得ていた例を、氏は多く擧げておられるが、いったい碑傳行狀に「しがない存在の塾の教師であったが」とか、家庭教師への禮狀に「あなたの學問の程度は低いが、それなりに良くやってくれた」などと書くことがあるのであろうか。さすがに後者に關しては、氏にも抵抗が有ったらしく、書簡の書式集に掲載されていることから、これが「社會的通念」であったと結論されている。しかし、こういった手紙の場合にそう書くことが「社會的通念」であったのであって、心からそう考えることではなかったはずである。唯一ニュートラルな性格を持つと言える『至正直記』が、「村館先生」という表現にはなっているものの、彼等への低い評價の内容であることは、この事の一つの證左であろう。その他、引用されている史料のうちには、氏が論じられているのとは反對の方向の史料とすべきものと、筆者には考えられるものがあるなどの問題がある。以上、氏の目指された方向そのものは理解できるが、この論文を讀んだ限りでは、從來からの「しがない田舍の塾教師」というイメージを、少なくとも私は修正することが出來なかった。この種の史料の讀み込みは難しく、私自身の過去に犯してきた過ちを顧みて、忸怩たるものがあるが、あえて書かせていただく。

さて、地域における知識人の在り方について考えるとき、かつて筆者の取り上げた、山東における李庭實の場合のように、知識人が地域の要望に應じて書いた公私の文章から、彼等の地域社會との關わりを見る試みは［森田83］、李庭實のような下層の士人に限らず可能であると考える。そこでは、同じく山東出身で延祐再開第一回の科擧における左榜の狀元であった張起巖を、李庭實と比較し、地域に根差した知識人と全國的擴がりを持つ知識人との對比を際立たせることによって、問題を論じたが、後者の場合にも在地と無縁な存在であったわけではない。ここでは、その例として二人の有名な思想家の場合での、研究の可能性を擧げてみよう。それは、王應麟と吳澄である。

王應麟の場合、『宋史』本傳を始めとする傳記では、南宋の滅亡の後、家の門を閉じて著述に專念し、『困學紀聞』の名著を生んだとされている。王應麟の文集は、もとは百巻あったというが、現行の『四明文獻集』（四明叢書所收）はわづか五巻に過ぎず、收められている遺文もあまりにも少ない。しかし、石刻資料や地方志に殘された彼の著述を探してみると、元朝支配下になってからの遺文がいくつか殘されていることが分かる（その多くは、これも四明叢書所收の清の葉熊輯『深寧先生文鈔摭餘編』に輯められている）。そして、それらの文章の中には、地方の官衙や學校のためのものがある。それは、現地の行政擔當者とのかかわりなしに書かれるはずのないものである。王應麟の年譜を見ていくと、至元二八年（一二九一）頃から、當時肅政廉訪副使分治四明の陳祥が、王應麟と接觸を持ち、それからこうした公的な碑文を書き出したようであるが、(8)これらの公的建造物への碑文の撰述は、彼が元朝の支配下においても、單なる一介の私人、隱遁者たり續けることができなかったことを示しているのではないだろうか。

論を實證の範圍を越えて飛躍させることをお許しいただくとすれば、南宋末の政變により、中央政界から引退した王應麟であるが、四明における知識人達のリーダーであることには變わりなく、公的な碑刻の建立に際しては、やはり碑の文章の撰者は彼でなくてはならないといった立場の存在であったのであろう。王應麟のこの様な立場が、やがてその受業の弟子である袁桷へと引き繼がれていったことは、袁桷の文集『淸容居士集』（こちらはかなりのヴォリュームを持つ、四部叢刊に所收）に含まれる多くの碑記を見ていけば理解できよう。すなわち、王應麟とその後繼者である袁桷は、いわば四明における學藝のリーダーとでも言うべき位置にあり、その故にこそ、元朝治下においても、公的事業に關わる碑刻には、彼等の撰文が必要であったということなのではないか。

一方、吳澄の場合、程鉅夫の推擧を受けてモンゴル朝廷に仕え、翰林學士などの顯官についた他、英宗實錄の編に當たるなどした人物である。彼の文集は四庫全書本で全百卷にのぼるが、そこでは、文章の主題となっているものは、大きく二つに分けることができる。一はモンゴル貴族を初めとする中央に關わるものである。しかし、中央の顯官であったとはいえ、彼の文章にはもう一方で、その出身地である撫州崇仁縣を中心に、在地の人々のために書かれた様々な文章が同居している。その一つのジャンルとして、彼が、撫州周邊の地域の人々の依賴に應じて、多くの族譜の序文を殘していることについては、筆者はかつて觸れたことがある［森田79］。吳澄において王應麟にとっての袁桷に當たるのは、虞集であろう。彼の通行の文集『道園學古錄』（四部叢刊所收）は、元の至正元年建安刊本の系統で、「應制錄」、「歸田稿」、「方外稿」とそれぞれの文章の書かれた場面によって分けられているが、最近影印本が出された『道園類稿』（臺北國立中央圖書館所藏明初刊本、元人文集珍本叢刊所收）は、至正五年撫州路學刊本の系統で、單に文の形式によって分けられている。このテキストについては、從來ほとんど注目されず、近時の影印と後述の『中國史籍解題辭典』における、植松正氏による紹介しかない。元代という比較的近い時代においても、史料のテキストに關する問題は存在するのであり、それが、その時代の本質にまで關わるのであるが、ただ、そこまで研究者の關心が及ばなかったのみであるのであって、元人の文集の編集とその出版という、史料の根本に關わる問題すら、誰も檢討したことはないのである。

以上のような問題は、ここに揭げた人物のみならず、さらにその他の多くの文人達の文集の構成の分析を通じて、より具體的に明らかにされるべき問題であるが、在地社會において知識人の果たした役割と、その空閒的範圍、さらにはそのネットワークを、撰述した碑文の追跡という作業を通じて、目に見える形で後追いすることが可能なのではないかと考えている。

五　おわりに

最後にもう一つ、元代における知識人の位置についてのイメージを形成する上での、研究史上重要な業績として、吉川幸次郎氏の『元雜劇研究』（岩波書店　一九四八）所收の諸論文、とくに、「元雜劇の作者」［吉川43］について、觸れておかねばならないと考えている。吉川氏は、雜劇の作者の出身階層の分析を通じて、金朝滅亡後の華北の士大夫について、蒙古の統治による生活倫理の變革が生じ、科擧の廢止をその代表とする傳統の破壞、その結果としての傳統によらぬ生活への興味が、新しい學問である曆學や數學、さらには新來の朱子學の流行などを生み出したとともに、舊來の文學の埒外にあった雜劇の脚本へと向かわせたと言う。その社會的因子としては、金元の革命における士人階層を見舞った「激烈な變動」があり、實務家である吏の重用による、士の社會への吏の進出、混入があったとする。これに對し、江南においては、その社會の基本的構造は破壞されず、士大夫は「作詩三昧」という舊生活の延長に耽り得たとし、その理由を、吉川氏は、征服時點でのモンゴルの漢地觀の差の故とする。

吉川氏も指摘している「士」と「吏」との關係の混淆については、牧野・片山兩氏においては、中心的問題の一つであるのであるが、本稿ではあえてこれを取り上げてはいない。元代における「吏」の制度については、牧野氏の著書『元代勾當官の體系的研究』（大明堂　一九七九）をはじめ、少なくない研究の蓄積がある。しかし、元代における「吏」をいかに考えるべきか、とくに單に制度の問題ではなく、士人の心の問題として、「官」と「吏」の關係が如何にとらえられていたのか、についてのイメージが、筆者には全く抱くことができないゆえに、あえて避けさせていただいた。この問題は、元代の士人階層を考える上で最も重要なポイントとなるものであると思われるだけに、力不足をおわび申し上げたい。

以上、元代における士大夫をめぐる研究の現況について、史料の問題に視點を置きつつ論じてきた。實は元朝に關する史料の問題で、もう一つ觸れておきたい書物がある。それは、神田信夫・山根幸夫共編の『中國史籍解題辭典』（燎原書店　一九八九）の元代關係の項目である。これらの項目は、ほとんどが植松正氏の執筆になるのであるが、元代漢文史籍の解題としては、筆者の知る限り、今までの類書に比して、對象となっている書物の數、個々の項目の著述の内容ともに、一頭地を拔いたものとなっていると考える。もし讀者が丁寧にこれらの項目を見ていかれるならば、上に述べてきた史料の他にも、從來ほとんど利用されていない「新史料」が、この時代においても實は存在することに氣附かれるであろう。非漢語史料はともかくとしても、漢文史料の中でも、今回取り上げた『廟學典禮』や『元典章』に代表される、特異かつ難解な文體を持つ史料の讀解・利用にのみ注目がいく元朝史研究であるが、文集の數一つを取ってみても、年數で割ると、宋代よりも高い密度で現存しているのであり、石刻資料については、その差はさらに大きくなるのであって、史料の存在狀態は決して薄いとは言えない。にもかかわらず、この文章をここまで讀んでこられればお分かりいただけるように、研究狀況の整理とは稱するものの、對象としている研究者の數は、十人にも及ばない。これを冒頭でも引いた、宋代の士大夫についての小島毅氏の研究ノートと對比されれば、この時代に對する研究者の層が、いかに薄いかをご理解いただけることと思う。一つの中國王朝としての元朝研究、とくに宋代以降の中國における支配階層である士大夫階層の元代における在り方についての研究が、より多くの研究者の參加によって進展することが、何よりも期待されるのではないだろうか。

最後になったが、この文章が、平成元年度三島海雲記念財團による奬勵研究の成果の一部であること、また、やはり同財團とゆかりの深い京都大學文學部羽田記念館での、何回かの研究會における議論の中でのさまざまな示唆に負うところの大きいことを記して、感謝の氣持ちを申し上げておきたい。

註

(1) 他に、宋代の官僚を引退した士大夫の在地における活動については、劉子健氏に論文があり［劉78］、筆者自身の士大夫階層に對する一般的イメージについては、「士大夫と科擧」［森田89］を參照されたい。

(2) ついでながら、孔子自體への尊崇に關しては、大德一一年（一三〇七）に行われた、孔子への「大成至聖文宣王」の加封に注目しなければならないと考えている。それは、何もこの時の稱號が現在も使用されているからなのではなく、すでに入矢義高氏によって指摘されているように、この時の聖旨碑は全國に立てられ、しかも多數現存しており、［入矢56］、法制的には聖旨の傳達という問題についての貴重な例となるとともに、この聖旨にしばしば各地で附刻されている「碑記」を見ていくことによって、建て前の世界とはいえ、當時の孔子および儒教に對する姿勢を見ることができるからである。

（3）この碑が曲阜の孔子廟に現存することは、筆者も一九八九年に實見しており、將來機會があれば、この字句の問題を現地で確認したいものである。

（4）なお、この表現は『廟學典禮』の巻一・「秀才免差發」にも、「已前的聖旨、如今也罷了者、咱毎的聖旨裏、和尚毎・葉爾羌毎・先生毎・達什愛滿毎體例裏、漢兒人・河西秀才毎不揀甚麼差發徭役不教當者」とあるが、文中の「如今也罷了者」という表現の指すところが、筆者には理解できないこと、またこの文章全體に掛けられた「羊兒年」とは何時のことなのかも分からない（ちなみに、中統二年は辛酉）などのため、筆者には史料として使いこなせないので、注記するに止めたい。

（5）「執把聖旨」については、愛宕61を參照のこと。

（6）その他では、入矢義高氏が、この『廟學典禮』に含まれる白話史料の存在について言及されているくらいではないだろうか［入矢56］。

（7）この史料を利用しての研究として、高橋氏自身による「宋代の士人身分について」［高橋芳86］があり、木田知生氏（法制史研究三六）および筆者による評（史學雜誌九六―五）に述べられているような問題はあるものの、ここで問題としている點との關わりは大きい論考である。

（8）王應麟と陳祥との關係については、これらの碑文の中にも見えるが、張大昌撰の年譜には、このことの出典として、『清容居士集』所收の陳祥の神道碑を擧げる。しかし、四部叢刊本には陳祥の神道碑は見出だし得ない。

文獻目錄（年代順、＊は單行本）

田中萃一郎　元の官吏登庸法について（史學雜誌二七―三　一九一五）
箭内　亙　元代社會の三階級（滿鮮地理歴史研究報告三　一九一六）
有高　巖　元代科擧考（史潮二―二　一九三二）
吉川幸次郎　元雜劇の作者上・下（東方學報　京都一三―三、四　一九四三）

小林新三　世祖と儒者―元朝成立の一側面として（史潮四七　一九五二）
岩村　忍　元典章刑部の研究―刑罰手續（東方學報　京都二四　一九五四）
蔡　美彪　元代白話碑集錄（科學出版社　一九五五）＊
入矢義高　蔡美彪氏編「元代白話碑集錄」を讀む（東方學報　京都二六　一九五六）
安部健夫　元代知識人と科擧（史林四二―六　一九五九）
愛宕松男　元朝に於ける佛寺道觀の税粮優免について（塚本博士頌壽記念佛教學論集　一九六一）
海老澤哲雄　約會に關する覺書（元史刑法志の研究譯注　一九六二）
宮崎市定　元朝治下の蒙古的官職をめぐる蒙漢關係（東洋史研究二三―四　一九六五）
愛宕松男　元の中國支配と漢民族社會（岩波講座世界歷史・中世三　一九六九）
愛宕松男　アジアの征服王朝（カラー版世界の歷史第一一巻　一九六九）＊
梅原郁・衣川強編　遼金元人傳記索引（京都大學人文科學研究所　一九七二）＊
黃　清連　元代戶計制度研究（國立臺灣大學文史叢刊　一九七七）＊
蕭　啓慶　元代的儒戶（東方文化一六―一・二　一九七八）
劉子健著・梅原郁譯　劉宰小論（東洋史研究三七―一　一九七八）
八田眞弓　元朝の世祖と漢人知識人層（史窓三六　一九七九）
牧野修二　元代勾當官の體系的研究（大明堂　一九七九）＊
牧野修二　元代の儒學教育―教育課程を中心にして（東洋史研究三七―四　一九七九ａ）
牧野修二　元代廟學書院の規模について（愛媛大學法文學部論集文學科編一二　一九七九ｂ）
牧野修二　元代生員の學校生活（愛媛大學法文學部論集文學科編一三　一九八〇）
大島立子　元代戶計と徭役（歷史學研究四八四　一九八〇）
大島立子　元代の儒戶について（中嶋敏先生古稀記念論集下　一九八一）

蕭　啓慶　元統元年進士錄校注（食貨月刊一三—一・二、三・四　一九八三）
森　正夫　宋代以後の士大夫と地域社會（中國士大夫階級と地域社會との關係についての總合的研究　一九八三）
森田憲司　濟南路教授李庭實をめぐって（中國士大夫階級と地域社會との關係についての總合的研究　一九八三a）
森田憲司　元代前半期の碑刻に見える科擧制度用語（上）（奈良大學紀要一一　一九八三b）
森田憲司　蕭啓慶著『元代史新探』を讀む—元代における士大夫の問題をめぐって（奈良史學一　一九八三c）
片山共夫　元代の士人について（元明清期における國家〝支配〟と民衆像の再檢討　一九八四a）
片山共夫　元代の鄉先生について（モンゴル研究一五　一九八四b）
竺沙雅章　宋代の相法と相士（一〇世紀以降二〇世紀初頭に至る中國社會の權力構造に關する總合的研究　一九八五）
小島　毅　宋朝士大夫の研究をめぐって（中國—社會と文化一　一九八六）
高橋文治　泰山學派の末裔達（東洋史研究四五—一　一九八六）
高橋芳郎　宋代の士人身分について（史林六九—三　一九八六）
川上恭司　科擧と宋代社會—その下第士人問題（待兼山論叢・史學二一　一九八七）
竺沙雅章　宋代の術士と士大夫（東方學會創立四十周年記念東方學論集　一九八七）
牧野修二　金末元初における士人の轉換（日野開三郎博士頌壽記念論集　一九八七）
植松　正　元代江南の地方官任用について（法制史研究三八　一九八九）
濱島敦俊　中國の鄉紳（歷史研究の新しい波　一九八九）
森田憲司　士大夫と科擧（週刊朝日百科世界の歷史四七　一九八九）

補記

今日の時點で、この論文が書かれた時期の研究状況について簡單に述べておこう。それには、この論文の文末の文獻目錄所載の論文の執筆者を見ていただくのがいいだろう。そこには、愛宕松男氏などの戰前からの研究者や、牧野修二、植松正、大島立子といった當時すでに元朝史の專家として名をなしていた方々の名前の他に、片山共夫、高橋文治などの、いわば新しい世代の名が見え、今日の元朝史研究の隆盛への道がはじまりつつあったことがわかる。また、文中には名前は見えないが、モンゴル帝國史研究の側でも、杉山正明氏、あるいは松田孝一氏の活動もはじまっていた。

そして、私自身について言えば、フィールドをそれまでの宋から多彩な史料群が魅力的な元朝にずらしつつあり、いくつかの論文を發表していたが、この論文を書くことで、今後の課題を自分自身にも明確にすることができ、上述したようにその後の十年間の研究の原點と言うべきものとなった。

そして、今日では、以下の各章の論考が中でも述べているように、史料についても、研究環境についても、そして學界の人々の關心のありようについても、すっかり變わってしまった。當然のことながら筆者以外にも、ここで論じた問題を取りあげた論考が少なくない。二〇〇二年には、雜誌『中國史學』第一二輯に、櫻井智美氏が、「日本における最近の元代史研究―文化政策をめぐる研究を中心に」と題した論文を發表しておられる。知識人の問題に關心が深い櫻井氏のこの論文は、その後の十數年もふくめての學界の動靜をよく概觀されているので、あわせて參照していただければありがたい。

なお、この論文で取り上げた課題に關しては、その後の資料狀況をふまえ、一九九七年に羽田記念館講演會において、「元代漢人知識人研究の課題二、三　石刻資料と地方志から見て」と題して發表をおこなっている。

第二章　元朝社會についての筆者の理解と石刻資料研究の現況

本章では、まず元代の社會と文化についての筆者の基本的な考え方を、知識人の問題を中心に述べ、次に本書において基本的な史料として用いている石刻資料と元朝史研究との關係についても述べておきたい(1)。

一　元朝社會について

筆者の元朝社會への基本的視點としては、次の三つがある。

その第一は、「前代との繼續性」である。この問題については、華北と江南、すなわち舊金領と南宋領とで、大きな差がある。つまり、それ以前の社會・文化の狀況がほぼそのまま繼續したと言ってよい江南と、征服戰爭の戰亂に巻き込まれ、さらにその後の對南宋戰爭のための軍事支配の下に置かれた華北とでは、かなり様相を異にしており、江南においては、南宋と元との閒に明確な一線を引くことが難しい局面が少なくない。一方、華北では、とくにモンゴルの支配の初期においては、現地の支配者によって、地域による差があった、たとえば、社會の復興に力を注いだ嚴氏の支配した東平と、最前線で無人に近かった河南では狀況を異にする。

第二の問題は、モンゴル、色目、漢人、南人という、民族閒の嚴密な四身分閒の差別と、モンゴルの征服支配の下に置かれた漢民族の悲哀という、元朝史を論ずる際には從來からしばしば示される圖式が、あてはまるのかという疑問である。このことがとくに問題とされてきたのは、士大夫階層＝知識人をめぐってであった。

第三には、上で述べたことと矛盾するようであるが、宋から淸朝の滅亡、あるいは人民共和國の建國まで續いた舊中國社會のシステムとは異質のものが、この時代には少なからず存在するという事實もまた、無視できないという點である。ただし、それがどのような點であり、なにに由來するのかを考えることは、重要な研究上のテーマではあるが、特異性の強調のみでは、元朝の社會、文化は理解できないと考える。

それでは、モンゴルの中國に對する支配を、どのようにとらえればよいのか。筆者は、この問いに對して、「集團主義」というキーワードを利用したい。これは、人閒の集團それぞれに對して、その長たるものを選定し、彼を通じて各集團內部のルール（本俗法）に據って支配を貫徹するというシステムを、モンゴルは採っていたという考え方で、この考え方を用いることによって、この時代の諸問題は理解しやすくなると、筆者は考えている。(2)

一番問題となる漢民族に關して見てみると、單純に「漢人」（あるいは「漢人」と「南人」）という一色に區分されていたのではなく、その所屬する戶籍上の集團によって異なったルートを通じて支配が行なわれていた。一般の漢人農民は、「民戶」として州縣制度の枠で掌握されるが、次に述べるように、士大夫は「儒戶」という集團として扱われる。その他、職業あるいは元朝によって課せられた負擔による區分として、軍戶をはじめ、匠戶、鷹坊戶、打捕戶、竈戶、站戶、茶戶などがあり、それらについては、それぞれの都總管府が管轄した。あるいは、宗教集團によるものがあり、道教、佛教の各宗派や也里可溫（ネストリウス派キリスト教）、達失蠻（ムスリム）などを擧げることができる。

さらに、一般農民でも、華北においては、何度かにわたるカアンの一族や功臣への分撥の對象となった地域では、投下の領主との關係もからんでくる。

こうして見ていくと、從來から論じられてきた「四身分制度」、すなわち蒙古、色目、漢人、南人という區分説と、この考え方との關係が問題となる。こうした區分は、ともすればピラミッド的にとらえられがちであるが、そうではなく、より並列的な集團としてとらえるべきではないのかということが、問題である。そこで考えるべきことは、これらの民族區分の閒にあったとされる「差別」は、どのような實體であったのかという點である。一般的には、この時代の諸制度は、モンゴル至上主義で貫かれ、例えば、各官廳の長はモンゴル人であるのが原則で、モンゴルに人材なき時は色目が用いられ、官界から漢民族は排除されていたと論じられる。これは、原則の問題としては正しいかもしれない。しかし、この問題は、根本的には元朝におけるさまざまな問題の鍵となる「根脚」の問題として理解するのが適當であると、筆者は考える。「根脚」とは、それぞれの個人や集團とモンゴル朝廷＝カアンとの關係の古さ・深さを指す言葉であり、その度合いによって、モンゴル政權での處遇が變わる。從って、民族的には漢民族ではあっても、漢地征服の早い段階からモンゴルに協力して大きな功績を建てた史氏の一族などは、モンゴルとして扱われていたことは、史天澤の從孫の史耀に對する「大尉、漢人と同じかる可けんや、其の孫、國人に非らずして何ぞや」というクビライの言葉を例證として擧げることができよう(3)。そして、このような視點からすれば、モンゴルの征服過程で、早い段階で服屬したウイグルをはじめとする西方の諸民族の處遇が、漢民族に比して良好なのは、當然とも言える。その色目人にしても、モンゴルの協力者として政權にかかわったり、軍の中樞にいた人々よりも、西方遠征の際の俘虜として、モンゴリアや中國に連れてこられた人々の方が、數の上では多かったであろう。「色目人」については、舩田善之氏が最近精力的に研究を發表しているが、氏は「色目人」という語は、非漢語史料には存在しないこと、いわゆる「四階級制」論の根據とされてきた事例には問題點があることを指摘し、それへの批判、疑問を提示する研究が出現しつつあることを、紹介している。(4)

もちろん、豐かな經濟力と傳統的文化のレベルの高さを有する漢民族に對して、モンゴルの側が警戒心を抱いていなかったというわけではない。非漢民族、とくにウイグルの重用の理由の中には、文化的レベルのバランスへの配慮があったことは否めない。そして、モンゴル、色目がそれぞれ百萬内外であったのに對して、舊金領で一千萬、舊南宋領では六千萬という漢民族の壓倒的な人口は、モンゴル政權にとって、何にもましてはなはだ危險なものであった。華北では、かなりの人口が軍戶として戶籍に登錄され、軍事要員の提出を義務づけられたが、江南では、かつての南宋軍こそ「新附軍」の名で元朝の軍隊に組み込まれたが、その老朽化による自然消滅を待つだけで、新たに軍戶の設定は行なわれなかった。さらに、南北を問わず武器の所藏は禁止されており、中國における傳統的な治安制度である保甲の制度も、武器の禁止との關係で、元代には行なわれなかった。

なお、このような集團閒にトラブルが生じた場合に機能するのが、「約會」という制度である。この語は、本來は單に會合というだけの意味であるが、元朝の法制においては、異なる集團の代表者が集まって、相互閒に生じた問題について話し合うという意味で用いられている。ここでも集團を單位とし、その代表者を通じて支配するというシステムが生きている。「約會」をめぐる問題については、本書第五章「約會の現場」において、その具體的な姿について論じているので、參照していただきたい。

二　モンゴル支配下の漢民族知識人

次に、もう一歩つっこんで、「モンゴル支配下の漢民族知識人」という、本書の主題とでも言うべき問題についても、筆者の見方を簡述しておきたい。

この問題を論ずる時に必ず引き合いに出されるのが、「九儒十丐」という、有名な言葉である。筆者は、この語についてはこれまでにも繰り返し述べてきたが、あらためて事實關係を確認しておきたい。

「九儒十丐」の出典としては、例えば、謝枋得の「送方伯載歸三山序」（『疊山集』巻六）があり、「我大元制典人有十等、一官、二吏、先之者貴之也。貴之者謂益於國也。七匠、八娼、九儒、十丐、後之者賤之也。賤之者謂無益於國也。」と述べている。あるいは、鄭思肖の『心史』（『北京圖書館古籍珍本叢刊』九〇）では、「韃法、一官、二吏、三僧、四道、五醫、六工、七獵、八民、九儒、十丐」とある（大義略叙）。しかし、これらの文章の著者である、謝枋得（疊山）と、鄭思肖（所南）について見てみれば、謝枋得は、南宋滅亡の際の忠臣として知られる文天祥とともに兵を擧げ、滅亡の後大都に召し出されても元に仕えるのを肯んぜずに、絶食して死んだ人物であり、もう一方の、鄭思肖は、その「肖＝趙（宋室の姓）を思う」という名前にも見られるように、元には仕えず、寢るときも北を向かず、また好んで描いた蘭には土を書かずに、「土地は蕃人に奪われた」と稱したことで知られている人物である。しかも、『心史』は、明が滿洲族に惱まされていた崇禎年間に、蘇州の古寺の井戸から鐵函に入って發見されたという、いわく附きの物である（もちろん、夙に桑原隲藏が、『蒲壽庚の事蹟』において、本物であることを考證してはいるが）。いずれにせよ、これらの文章は極めて強い民族意識の產物として書かれたものであり、反モンゴルスローガン、あるいは自嘲としての側面は否定できず、この時代の一つの空氣をあらわすシンボリックな發言としては意味があるとしても、それが現實をどの程度反映しているかの吟味なしに、こうした表現によりかかるのには、疑問がある。

それでは實態は、ということになるが、まず、華北占領當初から見ていく必要がある。金朝滅亡直後の華北における知識人政策については、それに關わりの深い石刻資料を紹介しつつ、本書の第三章で論じているが、現實に漢地を經營をしていくのには、漢民族知識人の力なしでは不可能であり、モンゴル政權の初期から、彼らは登用されていた。とくにクビライは、即位以前の潛邸時代からブレインとしての漢民族知識人集團を持っており、元朝の官制の基本も、劉秉忠や許衡といった、漢民族知識人によって作り上げられたものである。また、南宋征服の後にも、程鉅夫などを派遣して「遺賢」を捜させ、江南知識人から人材を政權に吸收しようとしている。嶽瀆の祭祀への使者の派遣といった宗教的な行爲に際しても、その機會を利用して人物の捜索がおこなわれたことは、すでに金文京氏が指摘しているところであり(5)、筆者自身も、元朝の代祀についての論考の中で言及しておいた(6)。

もちろん、元朝はあくまでも征服者モンゴルによる政權であり、クビライ時代のアフマッドを中心とする尙書省の活動のように、ウイグル人をはじめとする非漢民族もその中樞に參加していた。從って、漢民族政權の場合とは、條件は初めから異なっているのは當然なのであり、上述のような政權と關係を持った人々を特殊な例外として排除して、漢民族、とくに知識人の不遇のみを強調するのは、穩當なものとはいえないと考える。とくに、地方行政の現場での、彼らとモンゴルや色目との關係は、いまだほとんど研究されていないというのが現狀である。また、史料に見える非漢民族名を名乘っている人々が、本當にすべてそうであったのか（つまり、漢民族がさまざまな理由で異民族風の名前を名乘っていた例はなかったのか）という疑問も殘る。

話題を「九儒十丐」に戻して、この表現は極端なものだとしても、モンゴルは中華文明を、無視、冷遇し、一方、漢民族の知識人、とくに舊南宋領の知識人達は、鄭思肖の語ったようなモンゴルの支配に對する不滿を共有する、そういったレベルなら實態として存在していたのだろうか。たしかに鄭思肖のように反元の言動をあからさまにしないまでも、異民族王朝である元朝には仕えず、門を閉ざして學問や文學に專念した知識人（隱逸）が存在したことは、よく紹介され、有名なところでは、『資治通鑑』に注釋をした胡三省や、『文獻通考』の編者の馬端臨などの名前が擧げられる。

しかし、元朝の官職に就かなかったことが、卽ち元朝支配への無視、離脱を示すのだろうか。本書では、第七章において、『困學紀聞』や『玉海』などの著者である王應麟を中心とする浙江省慶元（寧波）の知識人達の場合について、檢討を加えている。そこで得た結論は、南宋滅亡後は「杜門究學」した人とされている王應麟であるが、彼が書いた碑文には、元朝地方行政機關からの依賴で書かれたものが少なくなく、在野の人士といっても、必ずしも元朝の支配體制と無緣に生きていたのではなかったというものである。しかも、同樣の事例は、他のこの時期の公共的建造物においても見出すことができる。元朝に仕えた人々と仕えなかった人々が立場の違いで對立することなく、相互に交流があったことが、詩文の依賴や應酬の關係から知ることができることについては、すでに村上哲見氏が指摘している(7)。江南の知識人社會は、王朝の交替にかかわらず繼續していたのである。

また、元朝支配下の漢民族知識人の問題で見落とすことができないのが、「科擧」である。宋朝の建國から數えれば三百年を經過したこの時代、彼らにとっての最大の關心事は科擧であり、官員としての地位であった。その科擧が、元朝においてはほとんど行なわれず、かつ意味を持たなかったとされ、それがモンゴル支配下における漢民族の不遇を論ずる時の最大の論據とされる。本書では、第六章で科擧關係資料について論じているが、ここでは元朝における科擧について、簡單に述べておく。

元朝で科擧實施の詔敕が出されたのは、仁宗の皇慶二年（一三一三）のことで、延祐二年（一三一五）に元朝最初の進士五六人が誕生し、以後三年一試を原則にして、一六回の科擧が行われた。一次の科擧の合格者數は百人と定められていたが、實際にはそれを充足することはほとんど無く、したがって、元朝全體でも科擧の合格者の數はきわめて少なく、すべての科擧を合計して、一一三九人（史料によっては一一三五人）に過ぎない。このことが、元朝における、「科擧の輕視」という形で、これまでもしばしば論じられ、モンゴルの漢民族文化への相對視、實務主義などの理由づけがなされるとともに、元朝における漢民族知識人の冬の時代というイメージを生み出した一因となっている。

漢族知識人とモンゴル政權との關係に關して、官界への進出については、以下に觸れる機會がないので、ここで述べておきたい。元朝における官僚制度の中には、確かに他の王朝とは異なった性格の部分もあった。とくに、官衙における正官と首領官との區別は、元代獨自の制度であった。首領官とは、各官廳に置かれて、その官廳の長官を助けて、文書の處理や胥吏の監督にあたる官員である(8)。その官職名は、經歴、都事、主事、知事、提控案牘、典史などいろいろあったが、あくまでも正官であり、胥吏の上に立つ存在ではあるものの、仕事の内容は、どの官廳にも共通した事務處理であり、政務にはタッチできなかった。これらの役職に就くのは、多くは各官廳の胥吏を勤めあげた人々であったが、士大夫の中からもこのコースに入る者が出た。

これでも分かるように、宋代になって大きな力を振るうようになった胥吏と正官との關係が、元代においては、はなはだあいまいなものとなっていた。これは、漢地に對して、そこからどれだけの物を吸い上げられるかが、政權にとって第一の課題であったモンゴル政權としては、古典に基づく政治に對する見識よりも、行政實務の能力の方が必要であった故であると理解できよう。さらに、「吏人歳貢」という制度が存在し、試驗を行なって、吏人を採用することになっていた。この試驗は、計算や文書處理能力とともに、經書の知識も問うものであった。試驗を受けるのは、各地の儒學に登錄されている人物を對象としたから、受驗者の中心は、儒人＝士大夫であった。この點においても、元代においては、儒と吏との關係は他の時代とはかなり異なったものであった。士大夫達にとっての現實問題として、とりあえず官につくためには、胥吏から上がって行くのが、普通のコースであり、このルートを選ぶ者もいた。よして、首領官に初めからなれるのであれば、それで満足できた人々も少なくなかったはずである。儒と吏との關係は、この時代の士大夫階層について考える上で重要なポイントであるとされているが、果して彼ら自身がこの點についてどのように考えていたのかが、いまだ明らかにされておらず、他の時代における儒吏の關係を單純に適用して考えてよいのかが問題として殘る。

たしかに、國家體制の中樞部は、モンゴルや非漢民族の人々、さらにはモンゴルの中國征服過程に早くから參加した人々やその子孫によって占められていた。後になれば、科擧の實施をはじめ、翰林國史院の制度などの整備によって、中央政府に入りこむ漢民族知識人の數は增えていったが、その場合も、「遺逸の採訪」といった、個人的な關係による拔擢の形を取ることが多かった。こうした點から見れば、政權の上層のほとんどを科擧出身者が占めている宋以後の諸王朝とは異なっている。

しかし、漢民族知識人たちの社會的基盤という角度から考えてみると、その多くは、在地の有力者（多くは地主）であった。彼らにとってまず必要なのは、地域社會におけるステータスであり、その將來にわたっての維持に役立つ特權の確保であった。科擧に合格し、中央官廳において「政務」にあたる道が「閉ざされた」（あるいは狹められた）ことは、價値の問題としては大きな意味があるとしても、儒戶という制度による身分、特權の確保と比べたら、ずっと先にある問題ではなかったか。科擧の全盛期ともいえる宋朝や清朝でも、人口に對しては言わずもがな、受驗者數に占める合格者數の比はきわめて小さいものである。氣持ちの問題、人生設計の問題としての意味はさておくとしても、科擧については、知識人社會全體から見る視點が必要だろう。

さらに、長江をモンゴル軍が越えて以後、南宋の國都臨安の陷落に到る過程は、臨安が無血開城したことに代表されるように、「モンゴルによる征服」という言葉が生み出すイメージに比べれば、混亂は少なかったようである。南宋の官員の多くも新政權に横滑りした。また、その後の統治においても、モンゴルが必要としたのは財政收入の確保であり、その税制において從來からの兩税法が繼承されたように、南宋時代の江南に形成されていた地域社會の構造は大きな變更を逼られることはなかったと考えるほうがいいようだ。もちろん文化の違いからくるトラブルは少なからず發生したであろうが、政權の交代に伴って、新しい政權の支配者として乘りこんだ者と在地の人々との閒の摩擦の發生は、異民族による征服でなくても存在するものである。

それにしても、自らを元朝の支配體制に組み込むことのできた知識人の數は、前代と比べれば限られたものであり、殘りの人々は、それ以外に活動の場を求めざるをえなかった。館客先生、あるいは琴士といった道については、片山共夫氏が、「元代の家塾について」（『九州大學東洋史論集』二九　二〇〇一）の中で論じているので、ここでは省略する。また、このような人々の行き場の一つとして、この時代に最盛期を迎えた雜劇や小說類の作者があったのではないかということも、從來から指摘されている。さらに、すでに南宋時代に出現する現象であるが、科擧を受けることをあえてせず、市民として一生を終えるという人々が存在する。古來あえて政權に參加せずに、一生を終える知識人を、「處士」と呼ぶが、處士が世俗を離れて道に生きるというイメージであるのに對して、都市において人々の日常の中に暮らしながら官とは關わらないで一生を送る人々は、「市隱」と呼ばれる。この時代、異民族であるモンゴルの支配に抵抗して、市隱としての道を選ぶ人々も出てきた。

問題を、モンゴル政權の中華文明全體への態度というように擴げて見てみるとどうなるだろうか。モンゴル政權の中國支配の在り方については、最近、いろいろな角度から視點の轉換を求める議論が提出されており、その一つに、モンゴル政權における傳統的中華文明への尊重の指摘がある。孔子一族への加封やその子孫である曲阜の衍聖公家の厚遇、國家による祭祀などの、孔子その人および儒教に對する尊崇や、五嶽をはじめとする中華の皇帝が昔からおこなってきた山川への祭祀への元朝の熱意、あるいは、現在の北京の原形となった元の國都大都が、『周禮』に見られる王都についての規定に基づいて設計された最初の國都とされることなどが、その例として擧げられ、古典に基づく禮制が、他の王朝と比べて、むしろ熱心におこなわれたことが指摘されている。そして、南宋滅亡後の江南においても、金の滅亡後の華北と同じく、中華の傳統的な價値への配慮がおこなわれた。浙江省衢州の孔家南宗（金による華北占領の際に南へ逃がれ、南宋の皇帝から衍聖公の位を與えられた孔子の子孫）や、道教の總本家ともいうべき江西龍虎山の天師道の張天師などが、早い段階で大都のカアンのもとに招かれて、それぞれの地位を安堵され、張天師は江南における道教の統率者に任命された。こうした視點を提示している研究としては、宮紀子氏に「大德十一年「加封孔子制誥」をめぐる諸問題」（『中國－社會と文化』一四　一九九九）をはじめとする研究がある他、本書でも取りあげている箇所がある。

念のために書いておくが、元朝は中華文明を舊體制のままで受け入れて、成立しつつあった新しい要素に目を向けなかったわけではない。例えば、一二世紀の華北に出現した全眞教をはじめとする新道教の諸宗派は、元朝と結びつくことでその勢力を發展させたし、當時は新しい學派であった朱子學を學んだ人々が政權の中樞にいたこともあって、やがて科擧での經書解釋に朱子學が採用され、以後の全盛への道が開かれたことなどは、中國近世における新しい社會文化の流れを元朝が取り込んだ例と言えよう。

三　石刻資料をめぐる現況について

次に、石刻資料を主な資料に用いて元朝社會を見ていくための前提として、近年の石刻資料とその利用を取巻く狀況を整理しておく。

石刻資料を歷史研究の資料として利用することは、古くさかのぼれば北宋時代の歐陽脩や司馬光にまでたどり着くが、今日の石刻資料の史料としての利用に直接つながるものとしては、淸朝における學術の一分野としての金石學の發展を擧げねばならないであろう。臺灣の新文豐出版公司から出版された、『石刻史料新編』（一九七七）、『石刻資料新編第二輯』（一九七九）、『石刻史料新編第三輯』（一九八六）に收錄されている膨大な石刻書群は、淸朝から民國にかけて、多大のエネルギーがこの學問分野に注がれていたことを我々に傳えてくれる。また、近代日本における東洋學の歷史においても、少なからざる先學が石刻資料の史料的價値に注目し、石刻書を利用しての硏究がなされるとともに、多くの石刻資料が拓本の形でわが國に招來されたことは、杉山正明氏が述べているとおりである。(9)

そして、この十數年の閒に、石刻資料及びその利用を取卷く環境に大きな變化が生じてきた。

その第一は、中國を中心に多數の石刻文獻が刊行されるようになったことである。雜誌『唐代史研究』の第四號（二〇〇一）「墓誌石刻特集」に、高橋繼男氏の「近五十年來出版の中國石刻關係圖書目錄（稿）」が掲載されている。この目錄には多數の文獻が紹介されており、全體像をつかむには、それを參照していただけば十分なのだが、ここでは元朝石刻を中心に本書に關わりのある點についてだけ、石刻關係の文獻の狀況について簡單に觸れておきたい。

まず擧げねばならないのは、大部の資料集の刊行である。その代表は、上記の『石刻史料新編』初―三輯であり、中國からは石刻書の內容を時代別に整理した『歷代石刻史料彙編』（北京圖書館出版社　二〇〇〇）も刊行された。これらの資料集によって、多數の石刻書が硏究者の座右での利用が可能になった。あるいは何種類かの地方志影印叢書の刊行によって、石刻書以外では最大の石刻資料の來源である地方志の利用が容易になったことの意味は大きい。さらには、『四庫全書』、『四庫全書存目叢書』の影印刊行も、石刻資料もしくは關連資料の利用にとって大きな助けになっていることは、本書の以下の敍述においてもおわかりいただけるであろう。そして、『北京圖書館藏中國歴代石刻拓本匯編』全一〇〇巻（北京圖書館金石組編　中州古籍出版社　一九九〇）や、『大理叢書　金石編』全一〇巻（張樹芳編　社會科學出版社　一九九三）などをはじめとする、石刻資料の拓本の影印を主體とした資料集の刊行によって、我々は多數の石刻資料の拓本圖版を手元において、研究を進めることができるようになった。從來の拓本影印が書道史的視點からの、「名品」中心のものが多いのに對し、これらの書物は近代にまで對象を擴げた資料的側面の強い編集となっている。とくに、地下に埋藏されるのが一般である故に墓誌の出土が多く、各種の墓誌資料集が出版されている。これについては、上記の高橋目錄を見ていただきたい。

一方、石刻資料の錄文集の刊行も增加しており、元代石刻に話を限定すれば、北京大學圖書館所藏の拓本資料をフルに活用した、『道家金石略』（文物出版社　一九八八、『陳援菴先生全集』〔新文豐出版公司　一九九三〕第四―八巻所收）は、たんに道教だけではなく、元朝史研究全體に重要な意味を持つ資料集である。また、曲阜所在の石刻を集めた、駱承烈著『石頭上的儒家文獻』（齊魯書社　二〇〇一）も刊行された。この書物も、元朝史料としての價値は大きい。ただし、石刻の錄文集については、かつて、入矢義高氏が『元代白話碑集錄』（蔡美彪編　科學出版社　一九五五）について鋭く指摘したように、(10)錄文やそれに附された訓點の精度はもとより、碑名の命名、年代の比定など、提供されている資料のデータの面でも問題は少なくない。筆者は、『道家金石略』、『石頭上的儒家文獻』の雙方について、問題點を整理した論文を執筆している。(11)そのうち元朝治下の漢人知識人に關わりの深い『石頭上的儒家文獻』について、その問題點も含めた紹介を本節の附錄としたので、こうした石刻資料の整理の持つ課題については、それを參照していただきたい。

さらに、地域を限定した石刻資料集や目錄の刊行も相次いでおり、北京について、『北京圖書館藏北京石刻拓片目錄』（徐自強主編　書目文獻出版社　一九九四）がある他、陝西省では、目錄として、『陝西石刻文獻目錄集存（陝西金石文獻叢書）』（陝西省古籍整理辦公室編　三秦出版社　一九九〇）がある他、『陝西金石文獻匯集』が三秦出版社から刊行されており、拓影と錄文が登載されている。[12]また、山西省については、存佚兩方の石刻のデータを集めた、『三晉石刻總目』（山西古籍出版社）があり、運城、長治の二地區がすでに日本に入荷している。さらに、こうした公開出版された資料集のほかに、各地の文物管理委員會レベルでは、所在あるいは所出の石刻について、目錄や資料集が發行されているものと思うが、外部の者には入手が難しく、その全貌は把握しきれない。その點から言えば、『全元文』、『全遼金文』などの新編の總集は、新出の石刻や錄文集、さらには地方志所收の石刻遺文を少なからず輯めており、石刻錄文集として見逃すことのできない文獻である。

一方、おそらくは經濟開發の副產物が多くを占めるのであろうが、各種の報刊における新出石刻の紹介も少なくなく、改革開放の結果として、地方レベルでの發掘情報を日本で讀むことができるようになったことによって知ることのできる情報の量も大きい。こうした情報については、氣賀澤保規氏が繼續的に作成している新出石刻文獻目錄が研究者を裨益すること大である。

しかし、石刻資料研究を取卷く環境の最大の變化は、中國の改革開放政策による國內旅行の自由化によって、石刻の實物に觸れる機會や、各圖書館が所藏する拓本などの資料の調查の機會が增大したことであろう。元朝石刻におけるそうした研究成果の代表的なものとして、中村淳・松川節兩氏による少林寺の蒙漢合璧聖旨碑の研究がある。[13]なお、こうした調查の前提として、石刻の現況（存佚、現在地の確認）の把握が必要となるが、これについては、筆者に文獻調查の試みがあるので參照していただきたい。[14]

石刻資料をめぐる狀況の問題は、新資料の出現だけに止まるのではない。上でも述べたように、戰前から我が國には石刻資料の拓本が招來され、各圖書館に所藏されてきているが、物としての拓本の特殊性から必ずしも十分な利用が圖られず、石刻書所載の錄文を用いての研究が主流であった。石刻書の中にも、『金石苑』や『江蘇金石志』のように、原碑の形態に忠實であることを目指した錄文方式を採用しているものもなくはないが、大部分の石刻書は、たんに錄文を提供するだけであった。それが、原碑（あるいはその寫眞）であれ、拓本（あるいはその影印）であれ、「實物」を利用しての研究が可能になったことの意味は大きい。すなわち、まず、從來の石刻書における錄文の再檢討が可能になったことがある。元朝の石刻をこうした「オリジナルな」材料で檢討しつづけてきている筆者らの經驗では、錄文に關しては、一字の訂正、再檢討の必要のない錄文は皆無といってよい。この點については、近刊の資料集についても同樣である、あるいはむしろ問題が多いことは、本節に附錄した『石頭上的儒家文獻』についての檢討でご理解いただけるであろう。

そして、おそらくそれ以上に研究上重要なことは、原碑の形態そのもので石刻資料を讀めるようになったことである。このことのもたらす意義としては、一つには、これまでの石刻書における錄文において省略されがちであった部分が利用できるようになったことがある。立碑關係者の題名や宗派圖の類がその例であり、とくにそれが碑陰所刻の場合には、石刻書の錄文では省略されてしまっていることがしばしばである。また、刻石者名なども省略される場合がある。比較的丁寧な仕事をしている『道家金石略』でも、そうした例が見られることについては、註11の拙稿を參照していただきたい。とくに前者は地域社會や制度史の研究史料として意味が大きいのであるが、これまでは文章として石刻を見る際には不要なものと考えられがちであった。そしてもう一つが、原碑における字配りにかかわる問題である。原碑の各行の字詰めだけではなく、改行、擡頭、空格などを再現している石刻書は多くはない。中國史研究において石刻資料が重視される一つの理由が、公私を問わず古文書の現存が極度に少ない中國において、石刻の中には、公文書を中心にその原形を留めているものが少なからず存在していることであり、そうした視點から石刻資料を利用しようとするとき、拓本や石刻の寫眞を利用することによってはじめて知ることのできる情報が少なくない。もちろん、石に刻する際に、原文書の形を留めることがどの程度意識されたのかという問題は殘るのであり、石刻と他の文獻資料中の公牘との比較については、本書では至元三一年の「崇奉儒學聖旨碑」を材料に檢討を加えて檢討している（第四章）。

附　駱承烈編『石頭上的儒家文獻―曲阜碑文錄』をめぐって

二〇〇一年に齊魯書社から刊行された駱承烈編『石頭上的儒家文獻―曲阜碑文錄』は、孔廟、孔林、顏廟などの曲阜地區の史蹟に殘された石刻につき、漢代から民國期に至るまでの全部で一一二五點を錄文し、句讀を施して掲載するとともに、各碑刻について、年代、寸法、撰者、書者、立碑者、所在地、關連資料などの基礎的なデータを注記しており、後述するように、曲阜に現存する少なくとも元朝期の石刻については網羅的に收錄されている。ここでは、これまで述べてきた石刻資料および研究の狀況の一つの例として、『石頭上的儒家文獻』の占める位置と、その價値について見てみたい(15)。

この資料集は、中華の傳統的價値の總本山とも言える孔子の聖地である曲阜地區における石刻資料を集成したものであり、上で述べたような研究狀況とも關連深く、元朝政權の漢民族知識人政策を考える上で一つの重要な手がかりを提供してくれるものであることは言うまでもない。長い歷史の閒にほとんどの石刻がこの世から姿を消したといっても、今日に殘る石刻の數は膨大なものがある。しかし、特定の地域、史蹟に關係する石刻がまとまって現存する點では、孔廟、孔府を中心とする曲阜地區に勝るものはないであろう。今日では、各地に碑林が設けられ、石刻の保存が圖られているとはいうものの、それは、例えば西安の碑林に見られるように、周邊各地から府縣學などに石刻が集められたもので、その場所にはじめから屬するものではない。それらと比べると、曲阜地區の石刻群は、おそらく史上最大の石刻への災厄であろう文化大革命をもくぐりぬけ、立碑の現地で今日に至っている點で、特筆すべきものである。『石頭上的儒家文獻』によれば、曲阜地區全體に現存する石刻の數は、約五千という。孔林の墓碑を含む數というが、それにしてもその膨大さは驚くに足る。

曲阜という場所や衍聖公家をはじめとする「聖賢の家」（この用語については、六七頁以下參照）に關しては、これまでに多くの書物が編まれており、それらには、歷代の詔敕や碑記が收錄されることが少なくない。しかし、收錄されているのは、これらの石刻のうち、著名な、あるいは代表的なものに限られており、その全體像を見ることはできなかった。『石頭上的儒家文獻』の特徵とすべき點は、まずここにある。というのも、本書冒頭の「編纂說明」の「甲」において、不收錄の對象を列擧しており、逆に言えば、それ以外の石刻は網羅することを原則としたと考えられるからである。元朝時代の碑刻について網羅性を明言しているわけではないが、筆者の調べたかぎりでは、明の劉濬が編んだ『孔顏孟三氏志』以外の闕里關係の書籍に所收の元朝碑刻のほとんどが本書に收錄されていることから見ても、現存の碑刻についてほぼ網羅されていると考えることができる。本書の特長の第一は、その網羅性にあると言えよう。上でも述べたように、石刻書における採否の判斷基準は、その時代の價値觀であり、今日において「役に立つ」石刻が收錄されているとは限らないからである。上に擧げた山西や陝西の例を紹介した地域別の石刻資料集の類では悉皆性が目指されているが、この背景には、あまりにも多くの石刻が失われたことがあると言えよう。

もう一つの特長とすべき點は、前代の文獻にすでに掲載されているものについても、他書の移錄の轉載ではなく、一律に原碑による採錄に努めたとされている點である（編纂說明丙ー一）。上にも書いたように、傳統的な文獻では、石刻を移錄するにあたって、ともすれば本文（場合によっては、その主要部分）のみに限ることが少なくなく、史料としての價値を減じていた。本書が、このような方針で編まれていることは、本書の利用價値を高めている。ただし、ここの錄文を見ていくと、碑陰の省略がある他、立石の日附や、立碑者名が錄文には無いにもかかわらず注記には明記されている場合があって、移錄の際に、完全な移錄ではなく、なにかが省略されているのではないかという疑問が殘る石刻がある。また、「編纂說明」では、擡頭、改行は反映しないとしているが（乙ー三）、これについても石刻によっては反映されていたりして、不統一である。

個々の石刻の錄文や句讀についての檢討は、拓影が提供されていない現狀で、推測による錄文の補正をおこなうことは、かえって混亂を生じると考えるので觸れないが、補正の必要な箇所が少なからず存在するのは事實で、第三章のテーマである「大朝崇褒祖廟之記」について、筆者が機會を得て拓本に基づいて作成した錄文（九四頁揭載）と、本書の錄文を比較檢討したが、首を傾げざるを得ない箇所が存在する。あるいは、元朝資料の特色である非文言的な文體や、非漢語的語彙への處理についても、問題がある。もっとも、これらの點は、『石頭上的儒家文獻』に限ったことではないが。

このように比較的最近に刊行された錄文集においても、提供されている錄文について、基本的な事項に問題が存在するのであり、拓本や原碑に據る必要が生じるのである。そうした點から、上に記したような、拓本や原石へのアプローチの可能性の擴大は、石刻研究上意味が大きいのである。(16)

註

（1）以下の、元朝社會に對する筆者の基本的な考え方は、一九九七年に出版された『世界歴史大系　中國三』（山川出版社）の擔當部分「元代の社會と文化」、および「中華の傳統文化とモンゴル」（『月刊しにか』二〇〇一年一一月號）をベースにしたものである。

（2）「集團主義」という語は耳慣れないかもしれない。文字として用いられている例としては、杉山正明氏の『大モンゴルの世界』（角川書店　一九九二）の二七六頁以下がある。また、筆者も『世界歴史大系　中國三』（山川出版社　一九九七）の、「元代の社會と文化」の部分で用いている。

（3）『牧菴集』巻一六「榮祿大夫福建等處行中書省平章政事大司農史公神道碑」

或請以國人首相。帝曰、太尉（史燿）可同漢人耶、其孫非國人何。

（4）船田善之「元朝治下の色目人について」（『史學雜誌』一〇八−九　一九九九）

（5）金海南『水戸黄門「漫遊」考』（新人物往來社　一九九九）

（6）「元朝における代祀について」（『東方宗教』九八　二〇〇一）

（7）「文人・士大夫・讀書人」（『未名』八　一九八八、後『中國文人論』［汲古書院　一九九四］所收）

（8）大島立子「元朝の首領官」（『明代史研究』三〇　二〇〇二）

（9）杉山正明「碑はたちあがり歴史は蘇る」（『世界の歴史』九「大モンゴルの時代」中央公論社　一九九七）

（10）入矢義高「蔡美彪氏編「元代白話碑集錄」を讀む」（『東方學報』京都二六　一九五六）

（11）書評・陳垣編『道家金石略』（『奈良史學』七　一九八九）、曲阜地域の元代石刻群をめぐって（『奈良史學』一九　二〇〇一）

（12）既刊は、筆者の知るかぎりでは、咸陽（一九九〇）、安康（一九九一）、昭陵（一九九三）、高陵（一九九三）、樓觀臺道教碑石（一九九五）、重陽宮道教碑石（一九九八）、潼關（一九九九）、澄城（二〇〇〇）の八種。

（13）中村淳、松川節「新發現の蒙漢合璧少林寺聖旨碑」（『内陸アジア言語の研究』八　一九九三）

（14）「北京地區における元朝石刻の現況と文獻」（科學研究費基盤研究B「碑刻等史料の總合的分析によるモンゴル帝國・元朝の政治・經濟システムの基礎的研究」［研究代表者　松田孝一］報告書　二〇〇二）

（15）この『石頭上的儒家文獻』に收錄されている元朝時代の石刻資料のデータを基礎にして、それに補正を加えるとともに、他の文獻所收の碑記の類（多くは現存しないのであろうが）を含めた曲阜地域の元朝期の石刻目錄を作成したものが、森田の「曲阜地域の元代石刻群をめぐって」（『奈良史學』一九　二〇〇一）である。個々の石刻についての著錄にかかわる問題については、それを參照していただきたい。

（16）なお、前掲の高橋氏の目錄や書店の廣告によれば、曲阜の石刻五千餘點を影印した『曲阜碑刻全集』なる企畫が、香港の出版社から豫告されている。もし、刊行されれば、直接拓影を用いての研究が可能になるが、本書執筆段階では、いまだその姿を見ていない。かりに拓影が利用できるようになったとしても、筆者らの經驗で言うならば、先行する錄文が存在するのとそうでないのとでは、碑文檢討の作業の能率ははるかに異なるので、その點において、問題は多くはらむものの本書は有用の書であると考える。

第二部　元朝の知識人政策　制度と資料

第三章　モンゴルの中國支配初期における知識人政策の形成

一　はじめに

以下、本章では、モンゴルが金王朝を滅ぼし、名實ともに華北を支配するようになった一二三〇年代における、漢族知識人への政策について、石刻資料を材料に述べていく。

筆者は、本書の冒頭に掲げた「元代漢人知識人研究の課題二、三」をはじめとして、元代の漢民族知識人政策の發端として、丁酉年（太宗九／一二三七）における、「聖賢の家」（第一章では「先聖の家」と呼んでいる）への蠲免と儒人の選試についての聖旨の發布（いわゆる戊戌の選試）とについて考えてみる必要があることについて言及してきた。このうち、「戊戌の選試」については、安部健夫氏の「元代知識人と科擧」（『史林』四二―六　一九五九、後『元代史の研究』［創文社　一九七二］所收）をはじめ、これまでにも言及する研究は多く、今後の研究の展開には、今しばらく作業の積み重ねが必要であるので、ここではその經緯について簡述するにとどめることとしたい。

モンゴルの中國侵入と、それにともなう戰亂は、金朝治下の士大夫階層に大きな混亂と苦痛をもたらした。モンゴル軍にとっては、戰場で捕虜とした人間は、捕獲者の私有財產となるべきものであったから、多くの士大夫がモンゴル人の奴碑となった（驅儒）。これらの人々もふくめて、文言と古典についての試驗がおこなわれ、合格した場合には身分が保證され、徭役も免除された。これが、いわゆる「戊戌の選試」であり、一二三七（丁酉）年から翌一二三八（戊戌）年にかけておこなわれた。この選試は、モンゴルの華北支配の初期において、知識人を選別して、支配の末端を擔わせようとしたものであると史料は言い、『元史』には、四千人あまりが合格したとするが、[1]實際にどれだけの人數がその結果として認定され、具體的に登用されたかは、分かっていない。また、選別という問題で言うと、この後にも、至元八年（一二七一）、一三年に、華北においては「儒戸」の再認定のための試驗が行なわれており、これも一種の科擧として人々に受けとめられていたようである。

ところで、戊戌の選試と言えば、前引の『元史』の太宗本紀や耶律楚材傳の記事から、合格者の地方官への任命の部分ばかりに眼がいきがちなように思われるが、この選試を通過した人々の碑傳を見ると、選試が行なわれたことを述べた後に、「中者復其家終身」といった表現が續く場合がままあり、當時の人々にとっては、地方官への採用よりも、蠲免の附與の方が關心事であったことがうかがわれる。その一例を擧げると、劉因の「處士寇君墓表」（『靜修先生文集』巻一七）には、「中書令耶律楚材奏疏すらく、使を遣して、諸道を分かちて科を設けて士を選び、中せる者は其の家を復すること終身、疏通せる者を擇びて、郡縣の詳議に補せ」[2]とあり、蠲免が合格者全體に關わる問題であるのに對し、採用の方はさらにその一部についてであったと述べている。

このように、戊戌の選試には儒人に對する優遇策としての側面があるのであるが、この問題については、『廟學典禮』巻一・選試儒人免差條の丁酉年聖旨、同・秀才免差發條の羊兒年聖旨に見える儒人への蠲免についての規定を檢討して、この蠲免の中身が具體的に何なのか、ということを中心に、牧野修二氏が、「元代の税役用語差發について（下）」（『愛媛大學法文學部論集』文學科編二九　一九九五）の中に論じられているので、それを參照していただきたい。

さて、選別をへた士大夫達は、漢地における戶籍制度が整備されると、「儒戶」という戶籍區分に登録され、所在地の廟學に所屬して、經書の講義を受けたり、孔子を祀る儀式に參加したりしながら、任用を待つこととなる。この「儒戶」については、「文言という特殊な言語をあやつって文書を作る能力を有し、官や吏をそこから出す職業集團」という考え方を設定することが可能であり、そうすることによって他の職業集團と並行する存在として位置づけることができ、彼らに對する免役の理由を理解することもできる。南宋が滅亡し、江南が元朝の支配下に入ると、舊南宋の士大夫達も、かつての科擧合格者を中心に、儒戶として編籍され、同じような處遇を受けたが、その認定には混亂もあった。儒戶については、黃清連氏の『元代戶計制度研究』（國立臺灣大學文史叢刊四五　一九七七）や、大島立子氏の「元代の儒戶について」（『中嶋敏先生古稀記念論集下』　一九八一）をはじめ、多くの論考がすでに發表されており、また、筆者も、「元代前半期の碑刻に見える科擧制度用語㊤」（『奈良大學紀要』一一　一九八二）や蕭啓慶氏の『元代史新探』（新文豐出版　一九八三）への書評の中で論じたことがあるほか(3)、本書第四章において、「至元三一年崇奉儒學聖旨碑」に關係する問題について言及している。

問題をもう少し擴げて、金、南宋兩朝の征服後における前朝の知識人の體制への組み込みについて見ていくとどうなるだろうか。ここでは、その一つの例として衍聖公家への處遇の形成を、石刻資料を通じて見ていきたい。

二　聖賢の家への處遇とその資料

中國においては、一つの家系が長期にわたって尊貴な地位を繼承し續けることは、古來稀であるが、例外的な存在として、孔子（衍聖公家）、孟子（鄒國公家）、さらには孔子の弟子の顏回（兗國公家）、曾參（宗聖公家）といった人々の子孫の家系があり、歴代の王朝から尊崇を加えられてきた。したがって、金元二代續いた異民族支配の下で、曲阜の孔子廟と、孔子の後繼者たる衍聖公家、さらにその他の聖賢の子孫達が、どのような運命をたどったのかという問題は、たんに一地方の歴史、あるいは名家の運命といった問題にとどまらず、これら二つの異民族王朝の漢民族の傳統文化とその擔い手である士大夫階層への姿勢の問題を考えるための一つの材料としても、意味があると考える。ここでは、こうした家系を「聖賢の家」と呼び、モンゴルの中國支配の初期における「聖賢の家」への蠲免の成立と、それを傳える史料をめぐる問題について考えてみたいと思う。なお、この時代の衍聖公家については、すでに陳高華氏が、「金元二代之衍聖公」（『文史』二七　一九八六、後『元史研究論稿』〔中華書局　一九九一〕所收）という優れた論考を發表し、金元二朝における衍聖公家の變轉、政權との關わりについて通述している。

そして、最近になって「聖賢の家」の研究に關する資料環境が急速に整ってきた。まず前章で簡介したように、『石頭上的儒家文獻』が、これまで錄文のなかったものを含めて、多くの曲阜地區の石刻の錄文を提供してくれている。さらに、やはり前章で觸れたように、『四庫全書存目叢書』をはじめとする近刊の各種の叢書に、聖賢の家や闕里に關る文獻が多く收錄された。すなわち、

孔顏孟三氏志（明・劉濬撰　北京圖書館古籍珍本叢刊〔成化一八年張泰刻本〕）
闕里誌（明・陳鎬撰孔弘幹續　北京圖書館古籍珍本叢刊〔嘉靖三一年孔承業刻本〕）
闕里廣誌（清・宋際他撰　四庫全書存目叢書〔清康熙一三年刊本〕）
闕里誌（清・孔胤植重修　四庫全書存目叢書・孔子文化大全〔雍正年間增修本〕）
闕里文獻考（清・孔繼汾撰　中國文獻叢書〔乾隆二七年刊本〕）

などである。その他、これらの叢書には、やはり聖賢の家に關わる文獻である『三遷志』、『陋巷志』、『宗聖志』、『東

野志』なども影印されている。『孔顏孟三氏志』を除いては、これまでも各所藏機關において閲覧は可能ではあったが、影印によって利用が容易になったことは、この分野の今後の研究を進展させるであろう。これらの文獻の元朝時代の石刻に關する部分については、筆者の「曲阜地域の元代石刻群をめぐって」（『奈良史學』一九　二〇〇一）の中で言及し、『石頭上的儒家文獻』所收の石刻との對照表を作成しているので、參照していただきたい。

さて、丁酉年の聖賢の家への蠲免については、「大朝崇褒祖廟之記」（以下、「崇褒祖廟記」と略）や「丁酉年鄒國公家免差發箚付石刻」などの石刻資料があり、それが問題の解明に有用な材料となる。この問題については、蕭啓慶氏が、「大蒙古國時代衍聖公復爵考實」（『大陸雜誌』八五―六　一九九二）の中で、やはり石刻資料を用いて考察を加えており、筆者の見解と重なる點も多い。ここでは、この論文によって教えられた點も踏まえつつ、「崇褒祖廟記」と、その成立への檢討を中心にしてまとめ直して敍述したい。

まず、「崇褒祖廟記」について紹介すると、この石刻は現在も曲阜の孔子廟の大成門の東側に存在し、己亥、すなわち一二三九年に、第五一世衍聖公の孔元措によって立石されたもので、東平嚴氏の保護による衍聖公家の再興の經緯を述べている。『山左金石志』に著錄されてはいるが錄文はなく（巻二一）、『重修曲阜縣志』（民國二三年）巻八と『石頭上的儒家文獻』に錄文が收錄されているが、これらの錄文には、例えば、衍聖公家への蠲免が行なわれた年の箇所を、「乙酉」に誤るなど、史料としての利用に問題がある部分が存在する。『石頭上的儒家文獻』は、原碑に據って錄文を作成したとしながらも、『重修曲阜縣志』の誤りを繼承している（筆者の見た拓本では、はっきり「丁」に讀める）。また、後者はこの碑の年代についても、六〇年前の、金の大定一九年（一一七九）に、誤って比定している（ちなみに『重修縣志』は、元の部に入れている）。蕭氏の場合も、『重修縣志』以外のテキストを利用できなかったようであるが、年代の問題については、「歴史的環境」に合わないとして、内容から丁酉と斷定し、見識を示している。筆者は、日本國内の某所藏家からこの碑の拓本の調査の便宜を與えられ、より正確な錄文を作成することができたことが、この議論の基礎となっている。この校訂錄文および關連部分の訓讀を本章の最後に附したので參照していただきたい（資料一、二）(4)。なお、この碑文の撰者は、碑末に「上元日東原李世弼記」とある。李世弼については、高橋文治氏が、「泰山學派の末裔達」（『東洋史研究』四五―一　一九八六）の中で言及しており、それによれば、彼は東平の人で、金の興定二年（一二一八）の科擧で息子の李昶と親子で合格を果たしたことで有名であり、晩年には東平の教授であった（『元史』卷一六〇・李昶傳）。

三　丁酉年をめぐる四つの史料

聖賢の家への丁酉年の蠲免については、以下の四つの史料がある。すなわち、

ア　大朝崇褒祖廟之記（在曲阜孔子廟）

イ　丁酉年鄒國公家免差發劄付石刻（在鄒縣孟子廟、以下「丁酉年石刻」と略）

ウ　『孔氏祖庭廣記』卷五・歷代崇重所收命令文（四部叢刊續編所收）

エ　大蒙古國燕京大慶壽寺西堂海雲大禪師碑（在北京法源寺、以下「海雲碑」と略）

の四つである。このうち、アについてはすでに紹介したので、ここでは、イウエについて、簡單に紹介しておく。

イの「丁酉年石刻」については、次頁に拓本の圖版を掲載したが、現在鄒縣孟子廟の啓聖門に通じる道に沿って並ぶ碑刻群のうちの一つで、一つの石の上下に、ここで問題とする丁酉年の劄付が上に、延祐元年（一三一四）に出された、孟家と顏家の他の派に對する蠲免に關する劄付が下に、という形式で、一つの石の同じ面の上下に合刻されて

圖版 1　丁酉年鄒國公免差發箚附石刻（京都大學人文科學研究所所藏拓本）

おり、下截の末行に至順二年（一三三一）一〇月に孟惟恭によって立石されたことを記す一行がある。(5) つまり、この石刻は丁酉年から約百年後に刻されたことになり、はたして文書が忠實に刻されているのかという疑問は残る。この石刻については、蔡美彪氏が『元代白話碑集錄』に、「曲阜文廟免差役賦稅碑」と名附けて、錄文を收めている。ただし、所在地を「曲阜孔子廟現存」としているのがおかしいことについては、すでに入矢義高氏が書評の中で指摘されており、(6) 筆者はこの碑を鄒縣孟子廟の上記の場所で實見している。また、上にも書いたように、『元代白話碑集錄』が丁酉を一二九七年にあてているのは、內容から考えて、六〇年前の一二三七年とすべきであることは、すでに筆者の述べたところである。(7) この命令文についても、一九八九年に筆者が撮影した碑石の寫眞から作成した錄文を、本章末に掲げる（資料三）。なお『石頭上的儒家文獻』にも錄文が登載されてはいるが、『元代白話碑集錄』からの轉載である。

ウの『孔氏祖庭廣記』は、本章の主人公である第五一世衍聖公孔元措によって編まれた曲阜孔廟の志書とでも言うべきもので、序文に「正大四年歲次丁亥十月望日訖功」とあり、金末の正大四年（一二二七）に成立したことが分かる。ただし、通行の四部叢刊續編所收本は、刊記によれば、モンゴル支配下の壬寅の年（一二四二）に增補刊行されたものである。この再刊の問題については後述する。卷五に差發免除の聖旨がやはり收められている。ただし、この命令文には日附が附されていない。

最後に、エの「大蒙古國燕京大慶壽寺西堂海雲大禪師碑」は、當時の華北の佛教界の大立者である、臨濟宗の僧海雲禪師印簡のための碑石で、彼は後に述べるように、丁酉年の蠲免にあたって關係した人物の一人である。撰者は王萬慶で、「燕京編修所次二官」とあるが、『元史』卷二・太宗本紀八年六月に任命の記事がある。(8) この碑が立てられた年次については、碑末に「乙卯年九月望日」とあり、陳垣氏は、憲宗五年（一二五五）に比定する。(9) 碑文は石の兩面にわたり、全文で五千字を越えるかなり長文のものである。この碑刻については、陳垣氏に「談北京雙塔寺海雲碑」という紹介文があり[(10)]、それによれば、この碑石はもともとは北京城内西長安街の雙塔寺にあり、人民共和國建國後、長安街の擴張のためにこの寺とともに撤去され、當初は北海公園の天王殿に移されたらしいが、現在では、宣武區の法源寺の境内に立てられており、自由に見ることができる。

この碑刻を著錄・紹介する書物は多いが、全文の移錄は少なく、葉恭綽氏の『遐菴談藝錄』に収められた移錄と、『北京文物與考古』一（一九八三）の蘇天鈞著「燕京雙塔慶壽寺與海雲和尚」に侯堮氏による復元錄文が掲載されているものしか知らない[(11)]。後者については、かなりの文字が錄文されているが、他の文獻との對校の結果で錄文を作成したとあり、どこまで拓本などに忠實な錄文かは不明である。碑の現狀は、殘念ながら漫患が激しく、ここで直接關わる箇所にも讀み取れない部分が少なくない。ただし、碑文の内容を要約したと考えられる卒傳が、元の念常が撰した佛教史書『佛祖歷代通載』卷二一（『北京圖書館古籍珍本叢刊』七七〔影至正七年刊本〕、『大正新修大藏經』卷四九・史傳部一）の海雲の死去の條に掲載されているので、記事のおおよそは知ることができる。

四　丁酉年に至る衍聖公家

ついで、それぞれの史料の述べるところに從い、丁酉年における「聖賢の家」への蠲免の内容の檢討に入るべきところであるが、その前提として、この年に至るまでの、衍聖公家について見ておく必要があると考える。この時期の衍聖公家については、前述したとおり陳高華氏の論文があり、また筆者自身も以前に一般讀者向けに書いたことがあるので[(12)]、簡單に述べることとしたい。

一一二七年の宋室の南遷の際、當時衍聖公であった第四八世の孔端友も南方に逃れ、江南の衢州に留まった。彼の系統は、南宋滅亡時の第五三世孔洙に至るまで、以後六世代にわたって南宋王朝から衍聖公に封じられる（南宗）。それに對し、金朝でも端友の弟端操の子の孔璠を衍聖公に封じて、曲阜の孔家の祭祀を繼承させ、以後その子孫が衍聖公を襲封していく（北宗）。この系統の五一世目の衍聖公が、この丁酉の蠲免の主人公とでも言うべき孔元措である。

孔元措の生涯についての史料としては、孔元措自身の編んだ『孔氏祖庭廣記』巻一・世次の彼の部分や（ただし四部叢刊本のこの部分は補鈔）、『金史』巻一〇五・孔拯傳、『孔顏孟三氏志』巻三所收の党懷英「故贈正奉大夫襲封衍聖公孔公墓表」（孔摠の墓表）や、同書巻二・宣聖孔氏誌事類の彼の條などがある。ここでは、こうした史料によって、彼の前半生について簡單に觸れておきたい。

孔元措が生まれたのは、一一八二年、父は五〇世衍聖公の孔摠であった。明昌元年（一一九〇）に父が死ぬと、まだ幼年であった彼は、第五一世衍聖公の地位を繼承し、さらに承安二年（一一九七）には、父の後を承けて曲阜縣令にも任じられた。ちなみに衍聖公が曲阜の縣令を兼ねるのは、孔摠が大定年閒に金朝によって任じられたことに始まる。しかし、モンゴルの進攻によって始まる金元交代期の混亂に、彼も巻き込まれる。一二一四年五月には、中都に迫ったモンゴルの壓力を逃れるため、金の宣宗は都を汴京に遷したが（貞祐の南遷）、この年の七月に、孔元措は汴京に參じ、東平府判官の職を與えられる。ここで發生する疑問は、なぜ孔元措が曲阜を離れて汴京に行かねばならなかったのかということである。その理由として考えられるのは、この年の正月に、曲阜が兵災を受けたことである。『孔氏祖庭廣記』には、「貞祐二年正月二十四日、兵災本廟に及び、殿堂廊廡、灰燼となること什に五」（巻九・舊廟宅）とあり、また、同じく『孔氏祖庭廣記』の孔元措が書いた序文にも「兵災に因りて、闕里の家廟、半ばは灰燼となる」

とある。さらに、この時の被害が後にまで復舊しなかったことについては、「闕里宅廟落成後碑」（李謙撰、大德一一年／一三〇七、『孔顏孟三氏志』卷四、『石頭上的儒家文獻』二五一頁）に、「貞祐に一たび燬えて、久しくして未だ復さず」と書かれていることでわかる。また、金室の南遷によって、當時南流していた黃河の北にあった曲阜もまた、モンゴルの脅威に直接さらされることとなったことにも關係しよう。結局、母の死とモンゴルの進攻による黃河以北の混亂のため、彼は曲阜に歸ることができなくなってしまう。そのまま汴京に止められた孔元措は、改めて太常寺にポストを與えられ、金の末年には太常卿の地位に進んでいた。そして、一二三三年の汴京陷落を迎えることになる。このあたりから、「崇褒祖廟記」の敍述內容がはじまる。一方、衍聖公孔元措を缺いた曲阜では、孔元用が一族を率いていた。

五　「崇褒祖廟記」による鐲兒への經緯と問題點

以下、「崇褒祖廟記」の記事のうち、鐲兒の經緯に關わる、全體の約三分の二ほどの部分について見ていきたい。ここでは、まず段落に區切った碑文の訓讀を揭げ、その箇所についての考察を述べるという形で話を進める。すでに述べたように、碑文の錄文は本章末に揭載している。

戊戌の歲正月哉生明、襲封僕に謂いて曰わく、兵戈而來、復び縄里に還り、廟貌を拜瞻し、林域を糞除せるは、皆な祖先の德澤の致す所なり。請うらくは其本末を敍し、之を石に鑱して、以て來者に諭さんと欲す。僕は布韋を忝くすること久餘なるも、嘗て聖教に補すること無く、今ま老いたり。豈に文に能ならざるを以て、遂に辭せんや。謹しみて其事を記して、之を敬述して曰わく、戊戌の歳は一二三八年、哉生明は三日、襲封は言うまでもなく、襲封衍聖公孔元措である。次の段で述べられるように、モンゴルの侵入による混亂の中、彼は金の行在である汴京に移っていた。彼が、ふたたび曲阜に歸ることができたのは、汴京からモンゴルの手に移った一二三三年より遲れ、一二三七年頃ではないかと考えられることについては、後で検討する。また、「僕」とは撰者の李世弼で、碑末に「上元日東原李世弼記」とある。李世弼については、すでに述べた（七〇頁）。

宣聖五十一代の孫の襲封衍聖公を元措と曰う。太常卿を以て汴に寓するに、歳は癸巳、京城の變に當たり、領中書省耶律公の奏稟を被むり、檄えられて博に遷り、再び鄆に遷る。其の衣食の須いる所、舍館の安き、皆な行臺嚴相、之を資給す。親族三百指、坐して溫飽を享くるは、咸な其の賜わる所なり。以て歳時の祭祀、賓客の往來、閭里の慶弔、窮乏の贍濟に至る、庇を仰ぎて足を取らざる莫し。

孔元措が、金の滅亡の頃には太常卿の地位にいたことについては、『孔氏祖庭廣記』巻一・世次などに記事がある。孔元措は、癸巳歳（一二三三）の「京城之變」、つまりモンゴルによる汴京陥落に際し、事前に「領中書省耶律公」すなわち耶律楚材（『孔氏祖庭廣記』巻五・歴代崇重では、「丞相領省耶律楚才《ママ》」と表記している）の力によって、汴京を脱出する。この話は、『金史』の哀宗本紀や、『元史』の耶律楚材傳（巻一四六）、宋子貞撰の楚材の神道碑（「中書令耶律公神道碑」、『國朝文類』巻五七）などにも見られる有名な事件である。博州は東昌、鄆州は、これから孔元措の支持者となる嚴實の根據地の東平である。この時期の東平の學術文化については、すでに引用した安部健夫氏や高橋文治氏の論文がある。言うまでもなく、嚴實は、金末元初の華北に出現した「漢人世侯」の代表的な人物で、山東省西部をその地盤としていた。『孔氏祖庭廣記』では、「宣差東平路萬戶嚴實」と書かれている。この部分の嚴實の孔氏への厚遇の表現については後で觸れる。また、注目すべきは、孔元措が東平まで歸っていながら、何年間か曲阜には入っていないらしいことである。この點も後述する。

行臺は其の善を專らにするを恐れ、美を上に歸せんと欲す。廼ち之を中書に聞し、遂に孔氏の闔門をして賦を算すること勿からしむ。看林の廟戶と雖も、亦た然り。吾相の賢明にして本づく所を知ると謂う可きなり。

中書が耶律楚材であることは前述。孔氏全體への賦の免除については、後に「山相」のもとで最終的に決定することになるので、ここでは觸れない。林とは、曲阜に存在する孔家歷代の墓地「孔林」のことであり、孔林には、その管理のための「廟戶」が置かれていた。『孔氏祖庭廣記』卷八・給灑掃廟戶にその沿革が述べられている。

既にして都運張公は公に告げて曰わく、瑜は上司に申稟し、專ら本路の曆日の售る所の白金を以て、聖廟を修飾せんとし、中書も又た足らざるを慮い、幷せて（賣）曆の金を益するを以てこれを增せり。其の事は已に斷事官山丞相の麻に附せらるれば、君は當に親ら詣るべし。

「都運張公」は、『孔氏祖庭廣記』では「課稅所長官張瑜」となっており、耶律楚材が、太宗二年（一二三〇）に、十路徵收課稅所を設けた際に、東平路の長官となった人物として、『元史』太宗本紀に見える。[13]『元史』には、それ以外に張瑜の名は見えないが、『國朝名臣事略』巻一・太師魯國忠武王（ムカリ）に、「世家」からの文として、「己卯（太祖一四年、一二一九）、狼川の張瑜を以て右司郎中となす」という記事があることを、蕭啓慶氏が指摘している(14)。

曲阜孔廟の戰亂による損壞については上述したが、曆日銀の附與とそれによる曲阜孔廟の修復については、『孔氏祖庭廣記』の命令文にもあり、「仰せて（孔元措に）仍お祖廟を修完するを提領せしめよ。（中略）諸路の曆日銀の一半もて宣聖廟を修せしめ、益都・東平の兩路は數を盡くして襲封孔元措に分付し、曲阜の本廟を修完せしめよ」とある。この曆の賣上げによる曲阜孔子廟の維持という方策は、これ以後にもおこなわれており、例えば、世祖時代にも、王惲が『秋澗先生大全文集』巻八五の「用曆日銀修祖庭孔廟事狀」において、太宗時代と同様に東平・益都兩路の曆日銀で曲阜孔廟の修治管理にあてることを提案しているし、宋濂の「元故襲封衍聖公國子祭酒孔公神道碑」によれば、順帝の後至元年閒にも、山東の曆日錢の半分を以て廟の修飾の費に充てることが求められている（『石頭上的儒家文獻』三六五頁、『宋文憲集』巻一八、『孔顏孟三氏志』巻三(15)）。

斷事官山丞相については、後述。

公は之を聞き、忻然として遽に子弟を率い、駿乘を具して千里を遠しとせず、直ちに燕京に抵り、竹林堂頭簡老、長春宮大師蕭公に邂逅す。皆丞相の師友にして、喜びて相い許して之を優佑す。蕭は、詰朝に先往し、道は河を經たるに、冰未だ堅ならざれば、祝して曰わく、此の行は私に致すにあらず、宣聖の故を以てなりと。遂に馬を策して前む。餘の者は冰の圻せるを以て繼がず。簡は親ら行かざると雖も、繼いで侍者を以て往かしむ。皆な之が先容を爲して、山相に言いて曰わく、宣聖の治世の？（一字不明）は天地日月の能く形容すること能う莫きが如し、今ま其の孫の林廟の故を以て親ら來たる。其の事に贊成するは亦た善ならざらんや。丞相は敬いて之に從う。

この燕京で孔元措が會った二人については、次の節で述べる。『孔氏祖庭廣記』には、「竹林堂頭簡老」の名はなく、「長春宮大師蕭公」は、「古燕義士蕭元素」として出てくる。また、「丞相」については、『孔氏祖庭廣記』の命令文では、「與朝廷斷事官丞相耶律田山爲師友」とあって、耶律田山を指すことが分かる。

丁酉の歲、仲冬二十有六日、公は燕自りして固安の西に適き、山相の帳下に謁す。二師の先に言うの故に由りて、信宿して其の事に就く。宣聖の後は、悉く租賦を蠲せられ、顏孟の裔も亦た之の如し。襲封の職、祭祀の土田も並に舊に仍らしめらる。朝廷の優恤の德は至渥なり。然れども、行臺嚴公に權輿し、中書耶律公に維持せられ、丞相山公に成る。事は三相を歷して、舊觀を復せり。（以下略）

まず注目されるのは、「丁酉の歲、仲冬二十有六日」という日附で、これは、イの「丁酉年石刻」の命令文に附された日附と同じである。山相のいたという固安は、北京の南約五〇キロの場所である。

そして、「山相」であるが、『孔氏祖庭廣記』では、「朝廷斷事官丞相耶律田山」となっている。蕭氏が、「耶律尹山」としているのは、四部叢刊本の『孔氏祖庭廣記』では、彼の名前の左の一畫が缺けて見えることからであろう。いずれにせよ、「朝廷斷事官丞相」と碑文に書かれている人物でありながら、この人物について具體的なことは分からない。

一方で、「崇褒祖廟記」には見えないが、「丁酉年石刻」や『孔氏祖庭廣記』には、命令文の提案者として「扎魯火赤也可那演胡都虎斡魯不」という言葉が見える。すでに『元代白話碑集錄』に註されているように、「扎魯火赤也可那演」は、漢語では「斷事官大官人」と譯される語であり、「胡都虎」と「斡魯不」は、人名である。

このうち、胡都虎は、他の史料に「忽都虎」、「胡土虎」、「忽都護」などの表記で名前の見える人物で、太宗の六年「中州斷事官」に任じられ、この時期のモンゴル側の漢地支配、とくに一二三五年の乙未の編籍では、中心人物であった。したがって、「聖賢の家」への蠲免という問題にとっては、もっとも關係の深い人物の一人と言える(16)。もう一方の斡魯不については、蕭氏の指摘するように、『元史』の憲宗本紀に、憲宗元年に牙剌瓦赤などとともに燕京等處行尚書省事に任じられた人物の中に名前が見え、おそらくは同一人物であろうが、それ以外のことは分からない(17)。

ところで、後でも引用するように、「海雲碑」には、「大官人是の言を聞き、乃ち其の請に從い、復た其の爵を襲し、以て其の祀事を繼がしめたり」とあり、關係者として、「大官人」という表現が見える。「海雲碑」は前後が缺落しているが、これに對應する『佛祖歷代通載』巻二一の記事があり(次節に引用)、それによって缺落を補えば、「是の言」、「其の請」とは、海雲のものであることが分かる。つまり、海雲が孔元措の處遇について助言をした結果、襲爵が實現したということになる。これを、「崇褒祖廟記」では海雲が侍者を「山丞相」のところへ派遣し說得したとなっていることと重ね合わせれば、「大官人」＝「山丞相」＝耶律田山という可能性も考えられるのであるが、一方で、「海雲碑」では、この話題の直前に、漢人にタムガを施そうとする動きがあったのを、海雲が止めさせるエピソードがあり、そこには「忽都護大官人」という表現が見える。とすれば、ここで問題としている箇所の「大官人」も同様であると考えられ、胡都虎が、契丹姓の耶律を名乘る事は考えられず、別人物であるとするべきであろう。

さて、山相に會った結果、孔元措に對して、最終的に、顏孟の子孫をも含めての租賦の蠲免、さらに襲封の職と、祭祀のための田土についても從來通りということが認められたのである。また、この時の顏孟の子孫への蠲免についての命令文が、イの「丁酉年石刻」であることはいうまでもなく、そこでも、「亞聖の後は、仰せて僧道に依りて一體に差發を蠲免し去訖《おわ》んぬ」とあり、蠲免が行なわれたことが分かる。ただし、この碑の上段ですでに、中書省、すなわち耶律楚材によって「孔氏の闔門をして賦を算すること勿からしむ。看林の廟戸と雖も、亦た然り」とあり、それとここでの山相による命令とがどう關係するのかに疑問が殘る。

六　「竹林堂頭簡老」と「長春宮大師蕭公」

まず「簡老」については、すでに蕭啓慶氏が、程鉅夫の『雪樓集』卷六の「海雲簡和尚塔碑」に、海雲が竹林寺の住職であったと書かれていること、かれの名前が印簡であることから、海雲であるとの結論を出している。ただし、この塔銘を見るまでもなく、蕭氏も引用するように、「海雲碑」には、海雲と孔元措との關係が具體的に述べられているし、「住持竹林禪寺」とも書かれている。この碑文は、上述のように『遐菴談藝錄』と蘇天鈞論文に移錄されているので、全文を見ることができるが、筆者は、北京の法源寺にある碑石を實見し、碑面からの讀み取りをベースに、葉侯兩氏による錄文によって補正しつつ、關係の部分を引用すると、次のようなものである（＊は缺字を、［ ］は上記の論文で補なった部分を示す。讀み取りで從前の錄文の文字を改めた部分については、とくに示していない）。

初孔聖之後襲封衍聖公元措、自汴渡河、復曲阜廟林之祀。至燕以承＊＊＊師時言、（缺）［乃］＊之曰、夫儒者之道、上［唐］舜禹湯文武周公、聖人之道行、君［臣］父子位定。故人倫明于上、小民親于下。孔子生于周宋世、經戰國遍歷諸侯、而［主］＊、終不能正。乃自衞反魯、尊王黜覇、删定詩書、正［禮］樂＊春秋。（缺）得居人上之尊、臣下士民各守其［職業］、而不［敢］僭亂之者、天下共＊之。盖孔子天生聖人、善稽古典、以大中至正之道・三綱五常之理・性命禍［福］之原・君臣父子夫婦之道・治國齊家平天下・正心［誠］意之本。自［孔子至此襲封、凡五十一代」。有國者皆使之襲承祀事、未之或闕。大官人聞是言、乃從其請、使復襲其爵以繼其祀事焉。師復以相傳孔子之道顏子孟子、今其孫俱存、［及］習周孔之業爲儒者、亦皆獲蠲免其差役之賦、使之服勤其教。爲＊＊＊＊＊＊凡與當世王侯論治民之道、必以儒教爲［先、其］不偏泥如此。

前にも書いたように碑の狀態が悪く、この箇所についても殘念ながら缺落がはなはだしいが、『佛祖歷代通載』卷二一の該當の箇所は、次のようになっている（『北京圖書館古籍珍本叢刊』による）。

初孔聖之後襲封衍聖公元措者渡河、復曲阜廟林之祀。時公持東平嚴公書謁師、師以襲封事爲言於大官人。師爲其言曰、孔子善稽古典、以大中至正之道、三綱五常之禮、性命禍福之原、君臣父子夫婦之道、治國齊家平天下、正心誠意之本。自孔子至此襲封衍聖公、凡五十一代。凡有國者使之襲承祀事、未嘗有缺。大官聞是言、乃大敬信。於是從師所言、命復襲其爵以繼其祀事。師復以顏孟相傳孔子之道、令其子孫不絕、及習周孔儒業者爲言、亦皆獲免其差役之賦、使之服勤其教爲國家之用。

これを碑文の殘存箇所と比較すると、『佛祖歷代通載』には省略はあるが、ほぼ同じ內容であることが分かり、讀めない箇所については、それに據ってよいであろうと思われる。なお讀みづらい點を殘すが、『佛祖歷代通載』を參考にしつつ、碑文を讀んでみると（海雲が孔子の教えを述べた部分を除く）、

初め孔聖の後の襲封衍聖公元措、汴自り河を渡り、曲阜廟林の祀を復す。燕に至り、（缺落）師時に言へらく（中略）國を有つ者は皆な之をして祀事を襲承せしめ、未だ之を或は闕かず。大官人是の言を聞き、乃ち其の請に從い、復た其の爵を襲し、以て其の祀事を繼がしめたり。師は復た孔子の道を相傳せる顏子、孟子の、今ま其の孫の俱に存せる、及び周孔の業を習いて儒と爲れる者を以て、亦た皆な其の差役の賦を蠲免するを獲さしめ、之をして其の教に服勤せしむ。

このようにこの「海雲碑」には、海雲が、「大官人」に、孔元措をはじめ、儒者たちへの蠲免を說得したことが書かれている。もちろん、すべてが海雲の「大官人」への獻言のゆえとされ、さらには「周孔の儒業を習う者」への差役の免除まで、海雲一人の活躍の故のように書かれているのは、墓碑に常の過褒として理解してよかろう。

海雲については、岩井大慧氏に研究があり、その生涯や、元室との關係について詳しく紹介しており[18]、また最近では、冉雲華氏の「元初臨濟僧人—海雲的禪法和思想」（『華岡佛學學報』五　一九八一）がある。彼は、金の泰和七年（一二〇二）に生まれ、元の憲宗七年（一二五七）に死んだ臨濟宗の僧で、太宗の尊崇を受け、さらに憲宗元年には、道教の李眞常とならんで、佛教の管掌を命じられており[19]、太宗～憲宗朝の佛教界の代表的人物といってよいであろう。

次に、長春宮大師蕭公である。『孔氏祖庭廣記』では「燕京義士蕭元素」と書かれている。長春宮は、現在の白雲觀の西のあたりにあった道觀で、元來は天長觀あるいは太極觀と呼ばれていたが、チンギスカンの尊崇を受けた全眞教の教主丘處機がここに住み、丁亥の年（一二二七）に、チンギスカンから「大長春宮」の名前を賜っている[20]。このように、長春宮は全眞教の燕京における據點であったから、この蕭公はおそらくは全眞教の關係者であろうこと、しかも「大師」という稱號を附されている以上、かなりの地位にいた人物と見てよいと考えられるのであるが、全眞教關係の資料、例えば『道家金石略』所收の碑刻に見える宗系の類などを見ても、該當する人物を見出だすことはできない。

蕭公については、もう一つの可能性として、蕭姓は太一教の開祖の姓であり、以後の教主も、俗姓に關わらず、蕭姓も名乘っていたことや[21]、長春宮の前身天長觀は、北京が金の中都であった時代には、太一教に關係があったことなどから[22]、太一教に關係する人物であったことも考えられる。ただし、この宗派に關する資料は少なく、少なくとも、『道家金石略』所收の太一教の資料を見た限りでは、こちらにも該當する人物を見出だすことはできなかった。いずれにせよ、「崇褒祖廟記」の「長春宮大師」という呼び方や、『孔氏祖庭廣記』に見える「元素」という名前から考えて、宗派は別として道教教團の關係者であることは間違いないであろう。

このように、孔元措及び「聖賢の家」への蠲免の實現にあたっては、佛教の海雲、道教の蕭元素といった宗教關係者が關係している。ここで聖旨の文言をも參照しつつ、他の宗教との關連から丁酉年の蠲免について考えておきたい。

從來から、「聖賢の家」に限らず元朝における儒人に對する蠲免に關しては、當時の三教思想との關連や、さらにチンギスカンの大ヤサに見える宗教者への處遇との關連から論じられてきた。すなわち、儒教を他の佛道などと同様に、一つの宗教とみなして、宗教教團に對する優遇の一つとして儒人への優遇も與えられたという解釋である。とくに、ここで問題にしている丁酉年の「聖賢の家」への蠲免については、命令文中の「仰依僧道一體蠲免差發去訖」という表現から、儒人を佛道と同列に並べたものと理解されてきた。しかも、耶律楚材の神道碑によれば、この丁酉の年には、彼の提案によって、僧道への試驗も行なわれ、經文に通じない僧侶や道士を淘汰するようにと命ぜられている(23)。たしかに、そこには、「三教を汰す」とあり、それぞれのものが一連の施策であったようにも理解できるのである。

しかし、筆者は、丁酉年の命令文に關しては、關連する部分の讀みは、「仰せて僧道に依りて一體に差發を蠲免し訖わんぬ」、つまり「僧侶や道士の例に依って、同様に差發を免除した」というように理解し、あくまでも蠲免のやり方の前例として佛道への處遇を例示したものと解釋すべきであると考えている。この碑の下截に同刻されている、延祐元年の命令文の中に、「依僧道例」とあるのは、當時の人も、この語句を「僧道の例に倣って」と理解していた例證とできるであろう(24)。

ここで依據すべき先例とされている僧道に對する蠲免であるが、道教關係で現在知ることのできる最古の例は、重陽萬壽宮や濰縣玉清宮に残されている、癸未年（一二二三）のチンギスカンの聖旨碑であり、そこでは丘神仙とその弟子（すなわち全眞教道觀と道士）の差發賦稅を免除する旨が記されている。丁酉年に先行すること一四年前である。[25]

本書第五章で論じているように、例えば、裁判における「約會」の場合などでは、明らかに儒佛道三教を對立的に捉えており、儒が佛道と並列的に見られる場合が存在したことは確かである。しかし、こと丁酉年の蠲免に關して言えば、聖旨の文面からは、儒を佛道と並列的に扱っているとは理解し難いし、また、この蠲免は、言うまでもなく、同年に聖旨が出された儒人への選試の問題と切り離しては考えられず、この場合に關しては、モンゴルにおける宗教者への特權的處遇の問題としては考えないほうがいいのではないだろうか。それでは、ここに各宗教の宗教者が名前を連ねていることを、どう理解すべきかという事になるが、彼らが當時モンゴル政權と結びつくことによって持っていた力を、孔元措の衍聖公就任の背景として利用しようとする考え方に基づいているとみたい。その問題については次節で取り上げる。

七　襲封衍聖公主奉先聖祀事―建碑に至る事情

さて、『孔氏祖庭廣記』の命令文によれば、「この文字の到る日」に、孔元措を「舊に依って」、「襲封衍聖公主奉先聖祀事」とするとしている。[26] すなわち、この丁酉の年に、孔元措にすでに金朝から與えられていた衍聖公としての地位が、モンゴル朝廷によっても再確認されたということになるのである。丁酉襲封の記事を載せる史料は多く、「崇褒祖廟記」でも、孔元措が山丞相と會った後の話として「襲封之職、祭祀の土田は並に舊に仍らしめらる」と記しており、丁酉年の襲封と理解できる。あるいは、「海雲碑」でも、彼の手紙の勸めに從って、大官人が「復た其の爵を襲わしめ、其の祭祀事を繼がしめ」たと述べられている。さらに言えば、元代においては、曲阜では、孔元措の襲封は、この丁酉の事と考えられていたらしく、後至元五年（一三三九）に立碑された歐陽玄の「大元敕脩曲阜宣聖廟碑」(27)には、「太宗皇帝の金を平ぐるの初年、歲は丁酉に在り、首めて孔元措に詔して衍聖公を襲封せしむ」とし、以下この命令文の内容を述べている。

しかし、その一方で、よく知られているように、『元史』太宗本紀には、太宗五年（一二三三）六月に「詔して、孔子五十一世孫元楷（措）を以て衍聖公を襲封せしむ」とある。この閒の年代の相違はどのように理解すべきであろうか。

それには、話をふたたび一二一四年の貞祐の南遷に戻し、モンゴル進攻後の曲阜について見ていかねばならない。この問題については、すでに、陳高華氏が前掲論文で取り上げており、關連史料も提示しているが、ここでは、「崇褒祖廟記」の成立という視點から述べていく。

さて、すでに書いたように、孔元措は祖地の曲阜を離れ、行在の汴京に向った。主を缺いた曲阜では、彼に代わって孔元用が一族を率いる。孔元用の孫にあたる孔治の神道碑によれば、侵入してきたモンゴル軍に對し、孔元用は一族を率いて投降し、これを受けて、ムカリは、彼を衍聖公の地位と曲阜の縣令の地位に封じたとある。(28)次に見るように、孔元措は「金巳前襲封公」と呼ばれ、また後に嚴實の調停が必要となったことから見ても、元用の就位があったことは確かであろう。ムカリは太祖の一八年（一二二三）に死んでいるから、これらの出來事はそれより以前の事となる。孔元用は、やがて縣令の地位を息子の孔之全に讓り、自身は、丁亥の年（一二二七）に益都攻略に參加し、その地で戰沒したという。(29)孔元用は、排行から分かるように、孔元措と同じ第五一世ではあるが、四七世の時に枝別れをした系統の人物で、血筋としてはかなり離れている。(30)

一方、耶律楚材によって陥落寸前の汴京から救出された孔元措は、その年の六月に改めてモンゴル朝廷から衍聖公に封じられたから、いわば二人の衍聖公が出現したことになる。その孔元措が曲阜に歸ってきたわけであるから、當然の事ながら、曲阜の主の地位をめぐって問題が發生することになる。この二人の衍聖公という問題の解決は、東平の嚴實の調停に委ねられたのであるが、孔治の神道碑には、この事を次のように述べる。

> 金の巳前の襲封公元措來歸し、同に武惠嚴侯に謁す。公（孔之全）因りて、讓りて、「賢を以てしても、長を以てしても、責は吾が叔に在り」と曰い、公爵を以って之に遜る。元措は乃ち言いて曰わく、「子の父子は林廟を保全す、當に其の邑を世《つ》ぐべし」と。武惠、之を允し、仍お邑宰に居ること二十餘年なり。[31]

すなわち、曲阜の主たるべき人物が二人存在する事態になった時、曲阜をその中に含む東平の實質的な支配者である嚴實の調停によって、衍聖公は孔元措に、縣令は孔之全にという形で問題の解決が計られたのである。これが何時の事かについては、神道碑には記述がないが、「崇褒祖廟記」によれば、戰亂が始まって以來、はじめて曲阜に還ることのできた孔元措が、戊戌の歳の正月哉生明（三日）にその經緯についての碑を立てることを發案したとあるから、この調停はその前年、つまりここで問題としている丁酉年のことと考えるのが妥當であろう。

「崇褒祖廟記」には、孔元用、之全父子については、一言も觸れられていないが、この碑が立てられたについては、單に特權の附與の宣言というだけではなく、こうした背景もあったのである。おそらくは、汴京を脱出した孔元措は、その直後にモンゴル朝廷から襲封を認められたが、現地にはすでにムカリの任命した衍聖公が存在した。そこであらためて、調停者嚴實の要請や在燕の宗教關係者の後援によって、その他の處遇を含めて、モンゴル政權から再確認がなされたのが、丁酉年の命令文ということになるのであろう。そうした立場から「崇褒祖廟記」を見直してみると、孔元措および孔氏一族に對する嚴氏による保護について、「其の衣食の須いる所、舍館の安き、皆な行臺嚴相、之を資給す。親族三百指、坐して溫飽を享くるは、咸な其の賜わる所なり。以って歳時の祭祀、賓客の往來、閭里の慶弔、窮乏の贍濟に至る、庇を仰ぎて足を取らざるは莫し」と、長文にわたって、その至れり盡くせりであったことを強調するのもうなずける。嚴實によって衍聖公に復活できた孔元措としては、こうした贊辭は當然のことであった。

そもそも、一二三三年に汴京を脱出した孔元措が、曲阜に歸らず、なぜ東平に留まったのか、この問題には嚴實との關係もあろうが、曲阜における孔之全の存在と無關係であったとは考えられない。しかも、『孔氏祖庭廣記』に一連の記事として載せられている、孔元措による樂人の收拾は、『元史』巻六八・禮樂志二・制樂始末では、太宗一〇年一一月に孔元措が來朝して、樂官の散亡とその收拾について願い出、聖旨が下されたとしているのであるが、その聖旨の中に「各處管民官は、如し亡金の禮樂を知れる舊人有らば、其の家屬を幷せて徙して東平に赴かしめ、元措をして之を領せしむべし」とあり、孔元措が東平にいたことが確認できる。(32)さらに、この「崇褒祖廟記」の監造者として「五十世孫權襲封衍聖公主奉祀事㛹」の名が見える。彼については詳しいことはわからないが、「權襲封衍聖公主奉祀事」という肩書きから考えると、孔元措の方で曲阜に代理人を送り込んでいた可能性もあるのである。

同じく彼の襲封を命じた丁酉年の命令文を載せた、『孔氏祖庭廣記』の增補開版についても見てみよう。四部叢刊が影印した版本には、壬寅年（一二四二、皇后ドレゲネの稱制元年）の刊記がある。それには、「大蒙古國領中書省耶律楚材、奏して皇帝の聖旨を准け、南京於《よ》り特に襲封孔元措を取り、闕里に赴きて奉祀せしむ。來たりし時、祖庭廣記の印版を挈負する能わざれば、今ま謹みて增補校正し、重開して以て其傳を廣くせんとす。壬寅年五月望日。（下略）」（刊記の原文は資料五參照）とあり、增補改訂の經緯が書かれている。ここでは南京、すなわち汴京から脱出した孔元措が、すぐに闕里、すなわち曲阜に至ったかのように書かれていることも、これまで述べてきたことと關連して注目されるが、それ以上に注目すべきは、この本の重開という作業そのもの、とくにその改訂にあたって、丁酉の聖旨が増補されたことである。それは、上で述べた「崇褒祖廟記」の立碑と同様に、衍聖公孔元措の復活のマニフェストとしての性格をそこに讀み取ることができるのではないかと考える故である。實は、「増補校正」とは言うものの、現行本の中で筆者の見つけることのできた正大四年以後に關する記事は、巻一・世次の孔元措に關する部分（すでに書いたように、現行本ではこの部分は補鈔）とこの巻五の記事のみなのである。こうしてみれば、ますますこの「増補校正」（四部叢刊本には不自然な空白もあり、金朝關係の記事の中に、削除が行なわれた可能性もある）が目指したものの意味ははっきりするであろう。だからこそ、聖旨の引用の後に、世話になった人名を並べ、文章を「儒教、此れに由りて復興す」と結んでいるのであると言える。

このように、丁酉年の蠲免をめぐる史料には、孔元用、之全父子の名前は、全く見えない。いったん衍聖公家の主に返り咲いた孔元措によって殘されたこれらの石刻や書物の中には、彼らの名前は不要であった。これは、石刻資料の持つ「同時代性」という性格、すなわちそれが刻され、立てられた時點での内容の固定という側面をよく示している例と言える。しかし、皮肉なことには、孔元措には子供はなく、弟元紘の孫である湞が繼ぐが、すぐに地位を追われ、衍聖公は世祖クビライの治世を通じて空位となり、成宗テムルの即位した元貞元年（一二九五）になって、之全の子である孔治が繼承して、以後この系統に衍聖公の地位は移ることになる。そして、この系統としてはじめてモンゴルのカアンから正式に衍聖公に封ぜられた孔治の神道碑に書き殘された、祖父元用、父之全についての記事から、我々ははじめてこの閒の事情を知ることができるのである。というよりは、そのような事情で襲封した孔治の神道碑であったからこそ、父祖についての記事がそこに書き留められねばならなかったのである。

註

（1）『元史』巻二・太宗本紀
（九年）秋八月、命朮虎乃・劉中試諸路儒士、中選者除本貫議事官、得四千三十人。
『元史』巻一四六・耶律楚材傳
丁酉……乃命宣德州宣課使劉中隨郡考試、以經義・詞賦・論分三科、儒人被俘爲奴者、亦令就試、其主匿弗遣者死、得士凡四千三十人、免爲奴者四之一。
（2）天下既定、中書令耶律楚材奏疏、使分諸道設科選士、中者復其家終身、擇疏通者補郡縣詳議。
（3）「蕭啓慶著『元代史新探』を讀む―元代における士大夫の問題をめぐって」（『奈良史學』一　一九八三）
（4）錄文の原載は、「「大朝崇褒祖廟之記」再考―丁酉年における「聖人の家」への優免」（『奈良史學』一二　一九九四）
（5）「至順二年十月吉日家長惟恭立石」とあり、惟恭については、明・史鶚撰『三遷志』巻六・宗系に略傳がある。
（6）「蔡美彪氏編「元代白話碑集錄」を讀む」（『東方學報』京都二六　一九五六）
（7）「元代漢人知識人研究の課題二、三」（『中國―社會と文化』五　一九九〇）、「石刻資料による元代漢人社會の研究　その一史料としての在鄒縣孟子廟丁酉年石刻をめぐって」（『三島海雲記念財團研究報告書』平成元年度　一九九〇）
（8）彼が王庭筠の子であることなどについては、註10の陳垣論文に考證がある。
（9）次に紹介する蘇天鈞論文は、六十年後の延祐二年（一三一五）とする。しかし、文中で、モンケを「蒙哥皇帝」とし、クビライの事を「護必烈大王」と呼んでいることを考えると、陳氏の一二五五年とする比定が妥當であろう。
（10）原載は『人民日報』一九六一年四月二三日。その後、『藝林叢錄第二』（香港商務印書館　一九六二）、『陳垣先生近廿年史學論集』（存萃學社編　一九七二）、『陳垣學術論文集第二集』（中華書局　一九八二）などに再錄されている。このうち、『陳垣先生近廿年史學論集』には、『遐菴談藝錄』の錄文も併せて收められている。この石刻およびその他の墓誌などの海雲關係の石刻に關する文獻については、森田の「北京地區における元朝石刻の現況と文獻」（『科學研究費基盤研究Ｂ「碑刻等史料の總合的分析によるモンゴル帝國・元朝の政治・經濟システムの基礎的研究」[研究代表者　松田孝一] 報告書』二〇〇一）

參照。

(11) 侯氏の移錄が、碑の移動の後のものであることは、錄文のはじめに書かれた文章によって分かる。

(12) 「孔子の子孫に見る知識人支配の實態　元朝治世下の衍聖公」（『歴史群像二六　ジンギス・カン下』學研　一九九一）

(13) 『元史』卷二・太宗本紀

（太宗二年）冬十一月、始置十路徵收課稅使。以（略）張瑜・王銳使東平。

(14) 蕭氏は、『蒙韃備錄』に見える、ムカリの下に「左右司二郎中」がいて通譯の任に當たり、彼らは「金人の舊太守で、女眞人」であったという記事について、王國維が『蒙韃備錄箋注』において張瑜に當てていることも紹介している。

(15) 元重紀至元五年、上疏請修飾廟像。順帝可其奏、賜山東曆日錢之半、給其費。（『宋文憲集』による）

(16) 『元史』卷二・太宗本紀

（六年）秋七月、以胡土虎那顏爲中州斷事官。

『元史』卷一四六・耶律楚材傳

（丙申）秋七月、忽都虎以民籍至。

(17) 『元史』卷三・憲宗本紀

（元年六月）以牙剌瓦赤、不只兒、斡魯不、覩答兒等、充燕京等處行尙書省事、賽典赤、匿昝馬丁佐之。

(18) 「元初に於ける帝室と禪僧との關係について」（『東洋學報』一一―四、一二―一、二　一九二一、一九二二、後『日支佛教史論攷』［東洋文庫　一九五七］所收）

(19) 『元史』卷三・憲宗本紀

（元年六月）以僧海雲掌釋教事、以道士李眞常掌道教事。

(20) 例えば、姚燧の「長春宮碑銘」（『國朝文類』卷二二）には、「惟是太祖格天之年、丁亥夏五、詔因其號、易所居太極爲太長春宮」とある。

(21) 『道家金石略』所收の太一歴代の墓碑・行狀などに例がある。例えば、第二代韓道熙の墓碑の篆額は「太一二代度師贈嗣教重明眞人蕭公墓碑銘」であり、王若虚撰の第三代王志冲の墓表は「太一三代度師蕭公墓表」（『滹南遺老集』巻四二）と題されている。

(22) 例えば、王若虚撰の「清虚大師侯公墓碣」（『滹南遺老集』巻四二）は、「明昌初、以高德應詔、入住中都天長觀」と述べる。また、第三代王志冲の「太一三代度師蕭公墓表」にも天長觀に住んだ記事がある（『滹南遺老集』巻四二）。

(23) 『國朝文類』巻五七・宋子貞撰「中書令耶律公神道碑」

丁酉、汰三教。僧道試經、通者給牒受戒、許居寺觀、儒人中選者則復其家。公初言僧道中避役者多、合行選試。至是始行之。

(24) 碑には次のようにある。

孟子子孫合該税石、於丁酉年開奉聖旨、依僧道例特各家該地税免了。

(25) この一二三三年の聖旨は、各種の文獻に収められている。たとえば、『道家金石略』、『元代白話碑集録』など。

(26) 「襲封」「主奉」などを動詞に讀むべきように見えるが、「崇褒祖廟記」の文末には、「五十一代孫襲封衍聖公主奉祀事元措立石」と書かれており、全部を肩書と理解するべきであろう。

(27) この石刻は、拓影が『北京圖書館藏中國歴代石刻拓本匯編』第四九册に、錄文が『石頭上的儒家文獻』二九一頁などに收められており、碑の末行に「至元五年歳次己卯十一月吉日建」とある。また、『圭齋文集』巻九には「曲阜重脩宣聖廟碑」として収められている。その他の關係資料については、森田の「曲阜地域の元代石刻群をめぐって」（『奈良史學』一九　二〇〇一）の該當項目參照。

文集の該當箇所は次のとおり。

太宗皇帝平金初年、歳在丁酉、首詔孔元措襲封衍聖公、復孔顏孟三世子孫、世世無所與。增給廟戶、皆復其家。是歳曆日銀、諸路以其半東平以其全給、脩宣聖廟。

(28) 『孔顏孟三氏志』巻三・蔡文淵撰「故中議大夫襲封衍聖公孔公神道碑」

時天兵壓境、公（元用）以林廟爲重、乃率孔族曁庶姓以降。其大帥太師國王承制封拜、以公夫子嫡派授承德郎襲封衍聖公、世襲曲阜縣令。以公有文武才、復拜其子之全襲封衍聖公仍令其邑。

『闕里誌』（嘉靖本）巻二・世家志

元用字俊卿元孝弟。初貞祐二年襲封元措從宣宗遷汴、擬元用攝祀事。及宋克平山東、寶慶元年授權襲封衍聖公仙源令。（中略）元朝太師國王木華里統諸道兵至、承制拜襲封衍聖公世襲曲阜令、給降衍聖公印。乙酉年太師征益都以元用偕行。（下略）

(29) 孔治の神道碑による。戰沒年については、『孔顏孟三氏志』巻二・宣聖孔氏誌事類の次の記事による。

乙酉年太師征益都以元用偕行、丁亥年四月初五日歿於城下。

(30) 同じく四六世宗愿の子である、孔若蒙の子孫が孔元措であり、孔若愚の子孫が孔元用である。

(31) 金巳前襲封公元措來歸、同謁武惠嚴侯。公因讓曰、以賢以長責在吾叔。以公爵遜之。元措乃言曰、子父子保全林廟、當世其邑。武惠允之、仍居邑宰二十餘年。

(32) 太宗十年十一月、宣聖五十一代孫衍聖公元措來朝。（中略）於是降旨、令各處管民官、如有亡金知禮樂舊人、可并其家屬徙赴東平、令元措領之、於本路稅課所給其食。（ただし、同月ということを考えあわせると、『元史』が一年誤っている可能性もある）

資料一「大朝崇褒祖廟之記」錄文

大朝崇褒　祖廟之記
戊戌歳正月哉生明襲封謂僕曰兵戈而來復還繩里拜瞻　廟貌糞除林域皆　祖先德澤之所致請敍其本末欲鑱之石以諭來者僕忝布韋
久餘嘗＊無補於　聖教今老矣豈以不能文而遂辭謹記其事而敬述之曰　宣聖五十一代孫襲封衍聖公曰元措以太常卿寓于汴歳癸
巳當京城之變　被領中書省耶律公奏稟檄遷于博再遷於鄆其衣食所須舍館之安皆　行臺嚴相資給之親族三百指坐享溫飽咸其所
賜也以至歳時之祭祀賓客之往來閭里之慶弔窮乏之贍濟莫不仰　庇而取足焉　行臺恐其專善而欲歸美於
上廼聞之　中書遂令孔氏闔門勿算賦雖看　林廟戶亦然　吾相賢明可謂知所本矣既而　都運張公告公曰瑜申稟
上司事以本路曆日所售白金修飾　聖廟　中書又慮不足幷以益＊曆金增焉其事已附斷事官　山丞相麻君當親詣焉公聞之忻然遽
率子弟具駿乘不遠千里直抵燕京邂逅竹林　堂頭簡老長春宮　大師蕭公皆　丞相之師友喜而相許優佑之　蕭詰朝先往道經河
冰未堅祝曰此行非致私以　宣聖故遂策馬而前餘者以冰坼不繼　簡雖不親行繼以侍者往皆爲之先容而言於　山相曰　宣聖治
世之＊如天地日月莫能形容今其孫以　林廟故親來贊成其事不亦善乎　丞相敬而從之丁酉歳仲冬二十有六日公自燕而適固安之西
＊謁山相帳下由　二師先言故信宿而就其事　宣聖之後悉蠲租賦而　顏孟之裔亦如之襲封之職祭祀土田並令仍舊
朝廷優恤　德至渥也然權輿於　行臺嚴公維持於　中書耶律公成於　丞相山公事歷　三相而復舊觀雖曰天不人不因自非
＊流光遠何以臻此噫昔　吾夫子抱堯舜禹湯文武之道而無堯舜禹湯文武之位秉堯舜禹湯文武之德而無堯舜禹湯文武之時廼刪詩定書
執禮正樂繫周易作春秋六藝析中爲致治之成法俾二帝三王之道日新而＊窮以福後世者　夫子之力也凡聖君賢臣循吏孝子修身齊家治
國平天下之道擧在於此由之則昌忽之則亡順之則治逆之則亂道固不變也　夫子道之宰也何莫由斯道也日新而無窮孔子子孫宜與之
而無窮百王知道之可尊所以尊　夫子也萬古知　夫子之可尊所以尊道也　夫子之道如天地之覆載日月之照臨無得而言焉其見於
諸子載於史籍志於傳記者特太山之一塵滄海之一滴適所以贅也無得而言焉姑述其事之本末者以此上元日東原李世弼記

歳次己亥春八十有三日五十一代孫襲封衍聖公主奉　祀事元措立石
五十世孫權襲封衍聖公主奉　祀事掄監造
五十世孫摯書丹幷篆額　李信刻

○は縣志と讀み變えた字、□は拓本では讀めない字、＊は縣志でも讀めない字、?は拓本から讀んだが疑問の殘る字

なお、印刷の都合で字體が原碑と異なるものがある。

資料二「大朝崇褒祖廟之記」訓讀

戊戌の歳（一二三八）正月哉生明（三日）、襲封僕に謂いて曰わく、兵戈而來、復び縄里に還り、廟貌を拜瞻し、林域を糞除せるは、皆な祖先の德澤の致す所なり。請うらくは其の本末を敍し、之を石に鑱して、以て來者に諭さんと欲す。僕は布韋を忝くすること久餘なるも、嘗て聖教に補すること無く、今ま老いたり。豈に文に能ならざるを以て、遂に辭せんや。謹しみて其の事を記して、之を敬述して曰わく、宣聖五十一代の孫の襲封衍聖公を元措と曰う。太常卿を以て汴に寓するに、歳は癸巳、京城之變に當たり、領中書省耶律公の奏稟を被むり、檄えられて博に遷り、再び鄆に遷る。其の衣食の須いる所、舍館の安き、皆な行臺嚴相、之を資給す。親族三百指、坐して溫飽を享くるは、咸な其の賜わる所なり。以て歳時の祭祀、賓客の往來、閭里の慶弔、窮乏の贍濟に至る、庇を仰ぎて足を取らざる莫し。行臺は其の善を專らにするを恐れ、美を上に歸せんと欲す。廼ち之を中書に聞し、遂に孔氏の闔門をして賦を算すること勿からしむ。看林の廟戸と雖も、亦た然り。吾相の賢明にして本づく所を知ると謂う可きなり。既にして都運張公は公に告げて曰わく、瑜は上司に申稟し、專ら本路の曆日の售る所の白金を以て、聖廟を修飾せんとし、中書も又た足らざるを慮い、幷せて（賣）曆の金を益すを以てこれを增せり。其の事は已に斷事官山丞相の庥に附せらるれば、君は當に親ら詣るべし。公は之を聞き、忻然として遽に子弟を率い、騶乘を具して千里を遠しとせず、直ちに燕京に抵り、竹林堂頭簡老、長春宮大師蕭公に邂逅す。皆丞相の師友にして、喜びて相い許して之を優佑す。蕭は、詰朝に先往し、道は河を經たるに、冰未だ堅ならざれば、祝して曰わく、此の行は私に致すにあらず。宣聖の故を以てなりと。遂に馬を策して前む。餘の者は冰の圻せるを以て繼がず。簡は親ら行かざると雖も、繼で侍者を以て往かしむ。皆な之が先容を爲して、山相に言いて曰わく、宣聖の治世の？（一字不明）は天地日月の能く形容すること能う莫きが如し、今ま其の孫の林廟の故を以て親ら來る。其の事に贊成するは亦た善ならざらんや。丞相は敬いて之に從う。丁酉の歳、仲冬二十有六日、公は燕自りして固安の西に適き、山相の帳下に謁す。二師の先に言うの故に由りて、信宿して其の事に就く。宣聖の後は、悉く租賦を蠲せられ、顏孟の裔も亦た之の如し。襲封の職、祭祀の土田も並に舊に仍らしめらる。朝廷の優恤の德は至渥なり。然れども、行臺嚴公に權輿し、中書耶律公に維持せられ、丞相山公に成る。事は三相を歷して、舊觀を復せり。（以下略）

資料三　「丁酉年鄒國公家免差發箚付石刻」錄文

皇帝聖旨裏
扎魯火赤也可那演胡都虎斡魯不衆扎魯火赤
那演言語今准襲封衍聖公孔措申曲阜縣見有
宣聖祖廟其　亞聖子孫歷代並免差發目今
兗國公後見有子孫八家鄒國公後見有子孫二
家事除已行下東平府照會是
亞聖之後仰依僧道一體蠲差發去訖並不得
夾帶他族仰各家子孫准上照會施行奉到如比
　右箚付
　　亞聖兗國公鄒國公之後子孫准此
箚付兗國公鄒國公子孫事
　丁酉年十一月　二十六日

資料四　『孔氏祖庭廣記』所載命令文

扎魯火赤也可那演胡都虎・斡魯不、衆扎魯火赤那演言語。據襲封衍聖公孔元措來申、宣聖子孫歴代並免賦役。見有一十五家、歴代舊有地土六百頃、免賦役供給祭祀。又看林廟戸舊設百戸、見有十戸、不搆洒掃等事。如文字到日、仰孔元措依舊襲封衍聖公主奉先聖祀事、仍提領修完祖廟。據孔氏子孫一十五家・亞聖顔子後八家・鄒國公後二家・廟戸依舊百戸、計一百二十五戸奉上絲線顔色税碩軍役大小差發、並行蠲免。上項戸計盡行豁除、不屬州縣所管。諸路暦日銀一半修宣聖廟、益都東平兩路盡數分付襲封孔元措、修完曲阜本廟。宣差東平路萬戸嚴實・課税所長官張瑜申稟朝省、丞相領省耶律楚才重道出于特意、古燕義士蕭元素、與朝廷斷事官丞相耶律田山爲師友、獨蕭公親詣以爲先容、具道其所以然、儒教由此復興。

〔訓讀〕

扎魯火赤也可那演の胡都虎・斡魯不、衆の扎魯火赤那演の言語《ことば》。襲封衍聖公孔元措の來申に據るに、宣聖の子孫は歴代並びに賦役を免ぜられたり。見に一十五家有り、歴代舊有の地土は六百頃、賦役を免ぜられて祭祀に供給せり。又た看林の廟戸は舊と百戸を設けらるも、見に十戸有り、洒掃等の事を搆せず、如し文字到る日には、仰せて孔元措は舊に依りて「襲封衍聖公主奉先聖祀事」とし、仍お祖廟を修完するを提領せしめよ。孔氏の子孫一十五家・亞聖顔子の後八家、鄒國公の後二家、廟戸は舊に依るの百戸、計一百二十五戸の奉上せる絲線、顔色、税碩、軍役、大小差發に據きては、並びに蠲免を行なえ。上項の戸計は盡く豁除を行ない、州縣の所管に屬せざらしめよ。諸路の暦日銀の一半もて宣聖廟を修せしめ、益都・東平の兩路は數を盡くして襲封孔元措に分付し、曲阜の本廟を修完せしめよ。（以下略）

資料五　『孔氏祖庭廣記』刊記

大蒙古國領中書省耶律楚材奏准皇帝聖旨、於南京特取襲封孔元措、令赴闕里奉祀。來時、不能挈負祖庭廣記印版、今謹增補校正、重開以廣其傳。壬寅年五月望日。門生曹國王恕重校　門生冀州伊莘重校

〔訓讀〕

大蒙古國領中書省耶律楚材、奏して皇帝の聖旨を准け、南京於《よ》り特に襲封孔元措を取り、闕里に赴きて奉祀せしむ。來たりし時、祖庭廣記の印版を挈負する能わざれば、今ま謹みて增補校正し、重開して以て其傳を廣くせんとす。壬寅年五月望日。門生曹國王恕重校、門生冀州伊莘重校。

第四章　石刻と編纂資料―至元三一年七月崇奉儒學聖旨碑の場合

一　はじめに

元の至元三一年、西暦では一二九四年、の七月、この年の四月に祖父の世祖クビライの死を承けて卽位した、元朝の新帝、成宗テムルから、次のような聖旨が發せられた。

上天眷命。皇帝聖旨。諭中外百司官吏人等。孔子之道垂憲萬世、有國家者所當崇奉。曲阜林廟・上都・大都・諸路府州縣邑應設廟學書院、照依世祖皇帝聖旨、禁約諸官員使臣軍馬、毋得於内安下、或聚集理問詞訟、褻瀆飲宴、工役造作、收貯官物。其贍學地土產業及貢士莊、諸人毋得侵奪。所出錢糧、以供春秋二丁朔望祭祀、及師生廩饍、貧寒老病之士爲衆所尊敬者、月支米糧、優卹養贍。廟宇損壞隨卽修完。作養後進嚴加訓誨、講習道藝、務要成材。若德行文學超出時輩者、有司保擧、肅政廉訪司體覆相同、以備選用。本路總管府・提擧儒學・肅政廉訪司、宣明教化、勉勵學校。凡廟學公事、諸人毋得沮擾。據合行儒人事理、照依已降聖旨施行。彼或恃此非理妄行、國有常憲、寧不知懼。宜令准此。至元三十一年七月　日。

［讀み］

上天眷命。皇帝の聖旨。中外の百司の官吏人等に諭す。孔子の道は憲を萬世に垂れ、國家を有もつ者の當に崇奉すべき所なり。曲阜の林廟・上都・大都・諸ろの路府州縣邑の應ゆる設けられたるの廟學・書院は、世祖皇帝の聖旨に照依して、禁約すらく、諸ての官員・使臣・軍馬は、內に於いて安下し、或いは聚集して詞訟を理問し、褻瀆飲宴し、工役し造作し、官物を收貯することを得る毋かれ。其の學に贍られたる地土產業及び貢士莊は、諸人侵奪することを得る毋かれ。出だすところの錢糧は、以て春秋二丁・朔望の祭祀、及び師生の廩饍に供し、貧寒老病の士の衆の尊敬するところとなる者は、月ごとに米糧を支し、優卹養贍せよ。廟宇の損壞すれば隨卽に修完せよ。後進を作養して嚴に訓誨を加え、道藝を講習し、務めて材を成すことを要めよ。德行文學の時輩に超出せる者の若きは、有司保擧し、肅政廉訪司の體覆して相い同じければ、以て選用に備えせしめよ。本《そ》の路の總管府・提擧儒學・肅政廉訪司は、教化を宣明し、學校を勉勵せよ。凡そ廟學の公事は諸人沮擾することを得る毋かれ。合さに行うべき儒人の事理に據きては、已降の聖旨に照依して施行せよ。彼れ或いは此れを恃みて非理妄行せば、國に常憲有り、寧んぞ懼るるを知らざらんや。宜しく此れを准けしむべし。　至元三十一年七月　日。

以上が、これから見ていくようにいくつもあるこの聖旨の碑刻のうち、『北京圖書館藏中國歷代石刻拓本匯編』第四八册（中州古籍出版社　一九九〇）一三六頁の圖版によって、もっとも鮮明な拓本のコピーが利用できる紹興府學の石刻に據った、この聖旨の本文とその讀みである[1]。

この聖旨に說かれている內容は、四段に分けることができる。すなわち、

圖版 2　紹興府學至元31年崇奉儒學聖旨碑
（『北京圖書館藏中國歷代石刻拓本匯編』第48册）

（一）廟學への保護、とくに官員・使臣・軍馬による擾亂の禁止
（二）廟學の田產について
（三）廟學の任務としての人材の養成
（四）各地方行政機關への廟學保護の命令

の四つであり、それらの政策が、前代のカアン、クビライと變わりなきことの宣言と言える。

ところで、元朝石刻研究、とくに聖旨碑についての研究について考えてみると、これまで重ねられてきた個別碑刻の研究は少なくないが、それらの多くは、白話碑、とくにモンゴル文との合璧のものを對象とすることが多かった。そして、そこでの關心は、その聖旨の持つ歷史的意味・背景というよりは、蒙漢いずれに對してであれ、碑刻に記されている言語に對するそれが中心となりがちであった。今回取り上げた、至元三一年七月の儒學尊崇についての聖旨は、純然たる文言で書かれた聖旨である。また、內容の面から見ても、從來から關心を集めてきた碑刻における聖旨の多くは、特定の寺觀にかかわる命令（主として特許狀）であった。それに對して、この聖旨で說かれているのは、廟學への尊崇についての一般的な原則である。こうした聖旨は、單なる「お言葉」として受け取れば、それでいいのであろうか。だからこそ、儒人をめぐる各種の公牘において、その書き出しに、後段で觸れるような他の同種の聖旨（それらは、すでに前カアンとなったクビライのものであり、效き目は薄くなっているはずなのだが）とともに、ずらずらと並べられているだけの存在なのであろうか。

ここでは、各種の元朝時代の史料に收められているこの聖旨を、それぞれのテキストに基づいて比較檢討することによって、各史料の持つ性格の違いをより明らかにすることを目指すとともに、聖旨が出された時期の漢民族知識人をめぐる問題について見ていきたい。以下この聖旨については、「至元三一年七月聖旨」と呼ぶこととする。

ア　成宗の卽位と三一年七月聖旨の頒降

さて、この聖旨については、『元史』巻一八・成宗本紀一・至元三一年七月壬戌の條に、「中外に詔して孔子を崇奉せしむ」（詔中外崇奉孔子）と記事があり、また同巻七六・祭祀志五・郡縣宣聖廟には、「成宗卽位し、詔すらく、曲阜林廟・上都・大都・諸ろの路府州縣邑の廟學・書院の、學に贍られたる土地及び貢士莊は、以て春秋二丁・朔望の祭祀に供し、廟宇を脩完せよ」とこの聖旨を要約し、「これより、天下郡邑の廟學、完葺せざるなく、釋奠は悉く舊儀の如し」と結んでいる(2)。

元朝時代においては、皇帝＝カアンの代替りに際して、先朝の與えたさまざまな特權について、再確認のための皇帝の聖旨が出されるのが常であり、それによって、當代での特權の繼承が確認されることになる。佛教道教の寺院で、歷代皇帝によって出された特許狀の類を、一括して一つの石に刻したものや、碑文の中に歷代カアンの名を列擧してその加護を受けてきたことを宣言している石刻資料が少なくないのは、このゆえである。この聖旨において、「照依世祖皇帝聖旨」、「照依已降聖旨施行」と、冒頭と末尾で、前代からの繼續が繰り返し述べられているのも、こうした理由による。

成宗の場合、この年の四月の卽位に際して出された卽位の詔書があり、廟學に對する尊崇についての一條も、すでに含まれている（『元典章』巻二・聖政一・興學校、または『廟學典禮』巻四・正官教官訓誨人材議貢擧撥學田）。そこには、「學校の設けらるるは、本より人才を作成するを以てなり。各處の教官・正官に仰せて、先皇帝已降の聖旨に欽依し、敦勸を主領し、嚴に訓誨を加えしめ、務めて材を成すことを要め、以って擢用に備えよ。中書省に仰せて、貢擧の法を行なうを議せしめよ。其の學田無きの去處《ところ》は、荒閑の田土を量撥し、生徒に給贍し、所司は常に存恤を與えよ」と述べられている。(3) そして、七月になって、廟學のみを主題とした聖旨が發せられたわけである。讀み比べてみればわかるように、この二つの詔勅は、同主旨のものであり、類似の表現も少なくない。新カアンによる儒學尊崇の繼承は、即位の聖旨ですでに宣明されているにもかかわらず、三ヵ月後になって、あらためてそれだけを主題とする聖旨が發せられたことになる。

イ　至元三一年七月聖旨の史料

ところで、この三一年七月聖旨は、元代を代表する法制史料である『元典章』(巻三一・禮四・崇奉儒教事理)と『通制條格』(巻五・學令)に、それぞれ收められている他、この時代の知識人政策についての基本史料である、『廟學典禮』(巻四・崇奉孔祀教養儒生)にも收められている。

また、元代においては、儒學や儒人に關する聖旨が發せられると、それが各地の廟學において石碑として立てられる例が多い。その最も代表的なものが、大德一一年(一三〇七)に孔子の封號を「大成至聖文宣王」と加封した時の詔書の碑刻であり、この時代の石刻について最も多くを著錄する、吳式芬の『攈古錄』巻一八、九に載せられた各地の廟學のこの聖旨の碑刻は、八四にのぼる(大德加號碑については、宮紀子氏の「大德十一年「加封孔子制誥」をめぐる諸問題」[『中國―社會と文化』一四　一九九九]參照)。

ここで取り上げている至元三一年七月の聖旨の場合も、それよりはずっと少ないとはいえ、多くの石刻が存在する。まず、羅常培・蔡美彪編の『八思巴字與元代漢語 [資料彙編]』には、紹興府學、松江府學、東平府學の三ヶ所の石刻の拓本の寫眞が掲載されているばかりでなく、曲阜の孔子廟に立つパスパ文のみで書かれたものまで掲げられている。このうち、紹興府學の碑刻については、『北京圖書館藏中國歷代石刻拓本匯編』にも拓影が掲載されており、上引の聖旨はこれに據ったことについては、すでに書いたとおりである。しかも、この聖旨の石刻資料は、これにとどまらない。くわしくは、後に一覽するが、『江蘇金石志』をはじめとして、各種の石刻書に移錄または著錄されており、とくに、『攈古錄』の巻一七には、八件の碑刻が著錄されている。また、さらには、『大德昌國州圖志』巻二・學校にも引かれている。ちなみに、『元典章』と『廟學典禮』とにおいて文書が共通して收錄されている例は、一一一頁の表に掲げたように一三通あるが、石刻も併せて存在するのは、この聖旨以外には、後にも觸れる至元二五年（一二八八）の儒人の免役についての聖旨碑しかない。

そして、問題は、これら各種の文獻に載せられているこの至元三一年の聖旨が、その形式や字句を比較した時、まったく同じものはないという點なのである。

二　元朝法制史料閒における差異

この節では、まず、『元典章』・『通制條格』・『廟學典禮』の三種の文獻に收められた至元三一年七月聖旨の文字の異同について見てみよう。異同をチェックするためのテキストとしては、本章の最初で使用した紹興府學の石刻の拓本を再び用い、今回は、改行・擡頭についても、拓本のそれに從った。これは、石刻の拓本が、常識的に考えてもっとも聖旨の原形に近いと考えられるゆえであるが、實際には、後段で行なう石刻相互の比較においてわかるように、必ずしもそれぞれの石刻がまったく同じというわけではない。なお、『元典章』は故宮博物院所藏元刊本、『通制條格』は內閣大庫明鈔本、『廟學典禮』は文淵閣本四庫全書のそれぞれ影印本によった。

上天眷命　　冒頭の表記については＊を參照
皇帝聖旨諭中外百司官吏人等孔子之道垂憲萬
世有國家者所當崇奉曲阜林廟上都大都
諸路府州縣邑應設廟學書院照依　　「應設」元・通ナシ
世祖皇帝聖旨禁約諸官員使臣軍馬毋得於內安下
或聚集理問詞訟褻瀆飲宴工役造作收貯
官物其贍學地土產業及貢士莊諸人毋得　　元・通「官物等」、元・通「莊田外」
侵奪所出錢糧以供春秋二丁朔望祭祀及　　「以」元ナシ
師生廩饍貧寒老病之士爲衆所尊敬者月
支米糧優䘏養贍廟宇損壞隨卽修完作養　　元「贍養」
後進嚴加訓誨講習道藝務要成材若德行
文學超出時輩者有司保擧肅政廉訪司體　　「超」元「高」、「保擧」廟「擧保」
覆相同以備選用本路總管府提擧儒學肅　　「選」通「擢」
政廉訪司宣明教化勉勵學校凡廟學公事
諸人毋得沮擾據合行儒人事理照依已降　　「擾」元・通「壞」
聖旨施行彼或恃此非理妄行國有常憲寧不知懼
宜令准此　　廟「欽此」
至元三十一年七月　　日

＊日附については文獻ではいずれも文頭にあり
　廟、至元三十一年七月日皇帝聖旨
　元、至元三十一年七月日皇帝聖旨
　通、至元三十一年七月欽奉聖旨

　比校の結果で最も特徴的なことは、石刻と『廟學典禮』との本文の近さである。この二つが異なっている箇所としては、まず文末の「宜令准此」が、『廟學典禮』では「欽此」となっていることを擧げねばならない。これは、文書のあり方に直接關わる重要な差異であるが、これについては、次節で他の石刻をも含めて考えることとしたい。それを除いては、「保擧」の轉倒一箇所であり、これは『永樂大典』か『四庫全書』での轉鈔に際しての誤りと考えてよかろう。

　これに對して、『元典章』が石刻との字句の相違が最も大きく、『通制條格』はそれより違いが少ない。しかも、比校を見れば分かるように、『元典章』と『通制條格』とが共通して石刻と異なっている字句が複數存在する（第四行「應設」がないこと、第七行「貢士莊諸人」が「貢士莊田外人」となっていることなど）。次節で述べるように、形式その他では必ずしも同じではない各地の石刻ではあるが、これらの字句については、すべて紹興府學のものと（すなわち『廟學典禮』とも）、一致している。

　石刻資料と文獻資料の差異を見るために、『元典章』と『廟學典禮』とに記事があり（一一一頁の表のI）、石刻も並存するもう一つの例である、至元二五年一一月の聖旨（やはり紹興府學のものの拓影が、『北京圖書館藏中國歷代石刻拓本匯編』四八冊の一一〇頁に載っている(4)についても同じ作業をしてみよう。この場合には、さらに無錫のものが、蔡美彪編『元代白話碑集録』に移録されているので（三四頁）、録文に疑問はあるが、それとも比較しておく(5)。なお、この聖旨も『大德昌國州圖志』巻二・學校に引かれている。

長生天氣力裏　　この二行は石刻のみ
大福廕護助裏
皇帝聖旨據尚書省奏江淮等處秀才乞兒雜泛差　　「乞」無錫・廟ナシ
　役事准奏今後在籍秀才做買賣納商税種
　田納地税其餘一切雜泛差役並行蠲免所　　「地」元「租」
　在官司常切存恤仍禁約使臣人等毋得於　　「常」無錫「當」、「切」元「加」、「仍」「人等」無錫ナシ
　廟學安下非理搔擾准此　　「准」元「欽」
　　至元二十五年十一月　日
　（至元二十六年正月十九日到開讀訖［無錫］）

この碑の場合、短い分だけ、字句の相違する箇所は三一年七月聖旨より少ないが、紹興の石刻と『廟學典禮』の違いは、「乞」一字の脱落に過ぎず、これに對し、『元典章』と石刻とでは、何ヶ所かで字句を異にしている（無錫については拓本を確認していないので相違點の指摘にとどめる）。

『元典章』には、字句に問題の少なくないことについては、これまでも指摘され、校訂の努力が重ねられてきてい

る。ここで比校した二つの聖旨における、『廟學典禮』や石刻などとの字句の相違についても、意味の上でそれほど大きな影響を與えない文字の置き替わりや、轉倒・脱落に過ぎないとも言えそうである。しかし、それが單なる『元典章』出版に際しての技術的な問題だけを理由とするものかどうか、もう少し考えてみたいと思う。

上にも述べたように、石刻とこれら文獻資料が併存するのは、上記の二例のみであるが、『廟學典禮』と『元典章』との閒であれば、一三通の文書が共通している（これら二つの聖旨を含む）。今、その一三通のリストを次頁に掲載した。次の作業として、これらの文書の比較が必要となる。

さて、兩書の閒で一番違いの大きい文書は、一覽表でMとした、元貞元年（一二九五）の中書省の江西行省への咨文である。『廟學典禮』では、「該」とはされているものの、かなり詳しく文書の內容が分かる。すなわち、景星書院山長の盛應春の在任が四十ヶ月になったことについて、行省から中書省へ咨文が出され、それを受けて吏部、翰林國史院の閒で文書が往復し、檢討の結果として、彼を江南のどこかの路の教授に任命すべきという結論が出される。その結果、吏部から中書省への呈を受けて、この咨文が出されたのであるが、『元典章』においては、吏部の返事を受けての中書省の咨文の中から、任期滿了の學正・山長に對する處置についての一般的な規定のみが載せられていて、盛應春の名前はまったく見えなくなっている。『廟學典禮』の記事と比較として考えれば、大きく原文書とは離れてしまっていると言えよう。これは極端な例であるが、字句の相違でも、表のFの巻二「儒職陞轉保擧後進例」（『元典章』巻九・吏三・保選儒學官員）の、中書省から行中書省への咨文で、『廟學典禮』では、「平陽・益都・太原等路の各轄の州府の一十餘處」と具體的に書かれている部分を、『元典章』は、「各處」の二字でかたづけている。これら二つの例は、『元典章』の編纂に當っては、原文書の不用な字句・箇所の整理が行なわれたことを示しているものであろう。

『廟學典禮』と『元典章』に共通する文書（「通」は通制條格）

A　廟　巻1　先聖廟歲時祭祀禁約搔擾安下（中統2年6月聖旨）
　元　巻31・禮4　禁治擾擾文廟（「通」巻27にもあり）
B　廟　巻1　官吏詣廟學燒香講書（至元6年4月聖旨）
　元　巻31・禮4　朔望講經史例（「通」巻5）
C　廟　巻1　釋奠服色（至元10年2月29日中書吏禮部符）
　元　巻29・禮2　秀才祭丁當備唐巾襴帶
D　廟　巻1　歲貢儒吏（至元19年9月御史臺咨）
　元　巻12・吏6　隨路歲貢儒吏
E　廟　巻2　江南學田與種養（至元23年2月21日聖旨）
　元　巻31・禮4　種養學校田地
F　廟　巻2　儒職陞轉保擧後進例（至元24年2月中書省咨）
　元　巻9・吏3　保選儒學官員
G　廟　巻2　學校事宜儒戶免差贍學糧子（至元24年2月15日聖旨）
　元　巻31・禮4　立儒學提擧司
H　廟　巻2　江南儒戶免橫枝兒差發（至元25年10月18日聖旨）
　元　巻31・禮4　橫枝兒休差發
I　廟　巻2　江淮等處秀才免差役廟學禁搔擾（至元25年11月聖旨）
　元　巻31・禮4　秀才免差役
J　廟　巻4　三教約會（至元30［33］年正月9日聖旨）
　元　巻53・刑15　儒道僧官約會(前半のみ)
K　廟　巻4　正官教官訓誨人材議貢擧撥學田（至元31年4月14日登寶位赦詔）
　元　巻2・聖政1　興學校
L　廟　巻4　崇奉孔祀教養儒生（至元31年7月聖旨）
　元　巻31・禮4　崇奉儒教事理、(「通」巻5）
M　廟　巻4　山長充教授廉訪司體覆（元貞元年3月中書省咨）
　元　巻9・吏3　學官考滿體覆

以上の二例は、いづれも官廳開の往復文書であるが、最も權威が求められるはずの皇帝の聖旨の場合はどうであろうか。上で見た石刻の併存する二例においては、聖旨の字句にも相違が存在していたが、それ以外の聖旨においても、文書の傳達についての記述が、兩書で異なっていることは別にして、その他の字句についても、いずれの聖旨でも多少の違いがある。それぞれの聖旨についての比校は、餘りに煩瑣となるために、ここに逐一揭げることは省略するが、もう一例、一覽表ではHとなっている比較的短い聖旨でそれを比較してみよう。『廟學典禮』を本文とし、『元典章』での違いを注記する形で示す。

至元二十五年十月十八日、察察爾集賽第一日（元、至元二十五年十一月行尙書省准尙書省咨該）、奏過事內一件、江南（元、二字ナシ）秀才每、做賣買呵與商稅（元、者アリ）、種田呵（元、呵ナシ）與地稅者、除外（元、其餘）橫枝兒不揀甚麼（元、雜泛二字アリ）差發、休與者。麼道、執把著的聖旨索有、俺商量的、執把著的聖旨、他每根底與呵、怎生麼道奏呵（傍線部分、元「聖旨」とのみ）、那般者、聖旨了也（元、四字ナシ）。欽此。（原註　尙書省十一月咨江淮等處行尙書省）

こうしてみると、聖旨の場合でも、二つの書物の開には字句に違いが存在することが分かる。そして、それは、やはり『元典章』の方に、より編纂の手が加えられた結果であると考えられる。このことは、この聖旨における、尙書省の上奏とそれへの裁可についての部分の、『元典章』における省略を見れば明らかであろう。

こうしたことが存在する背景としては、まず第一に、それぞれの書物の成立の事情との關わりを當然考慮せねばならないし、さらには、「聖旨」＝「皇帝のおことば」であり、それは本來モンゴル語で出されたはずのものであるが、それが漢語に譯されるのが、それぞれの現地においてであり、いかに飜譯のためのマニュアルがあって機械的に行なわれていたとしても、いくぶんの字句の差異が生じうるという解釋もありえよう。(6) しかし、ここで問題としている三一年七月聖旨の場合、次節で見ていくように、それを刻すること自體を目的とした石刻資料に關するかぎり、華北・江南を問わず、上の文獻資料間の比校で指摘したような字句の異同は全く見られないから(7)（後述するように、兗國公家の場合は事情を異にする）、少なくともこの聖旨に限って言えば、やはり中央で飜譯されたものが各地に傳達されたとする方が妥當であり、聖旨の漢文正文が存在していたと考えるべきであろう。にもかかわらず、これらの書物においては、一字一句も違えずに聖旨を收錄しようとする態度が見られないということになるのである。

三　石刻における至元三一年聖旨

ア　至元三一年七月聖旨碑刻の比較

a　碑刻の形式

この節では、三一年七月聖旨を刻した石刻を取り上げて、それぞれの碑刻の閒には、どのような違いがあるのかを比較してみたい。すでに述べてきたように、文書史料の現存することの極端に少ない中國では、文書に「準ずる」史料として、石刻資料の占める價値は大きい。石刻が文書に「準ずる」とされるのは、一つには、石刻はそれが刻された時點でその内容が固定され、その後の變改が加えられていないためでもあるが、それとともに、文書そのものが石に刻されている例が少なくないことにもよる。ここで取り上げている至元三一年七月聖旨なども、後者の例と言えるのであるが、そうした視點から石刻資料を見るとき、石刻と原文書との關係の如何ということが問題となる。言い換えれば、石刻がどこまで忠實に原文書を石に刻しているのか、ということについて考える必要があるということである。從來の研究においては、石刻そのもの、拓本、石刻書という石刻資料の來源のそれぞれの間に大きな區別を置かず、ただ本文の語句を利用できればよいという姿勢が少なからず見られた。これには、前二者の利用が必ずしも容易ではなく、現實には石刻書を用いるしか方法がない場合が少なくなかったという背景があるとはいうものの、問題によっては、必ずしもそれでは濟まない場合もある。ここでは、こうした點への反省をも含めて、さいわいにも同じ聖旨の石刻が複數残っている、この聖旨の場合について考えてみたい。

まず、現在までに知ることのできた至元三一年七月聖旨の碑刻について、これまで引用してきた紹興府學のもの以外の碑刻を整理してみると、次のようになる（他に資料のあるものについては、『攈古錄』での著錄は省略）。

蘇州府學（江蘇、『江蘇金石志』卷一九に移錄）＊
松江府學（江蘇、『八思巴字與元代漢語［資料彙編］』に拓影、『江蘇金石志』卷一九に著錄）＊
無錫縣學（江蘇、『江蘇金石志』卷一九に著錄）
溧水縣學（江蘇、『江蘇金石志』卷一九に著錄、卽位詔と併刻）
崑山縣學（江蘇、『崑山見存石刻錄』卷二に移錄）＊
曲阜孔廟（山東、『八思巴字與元代漢語［資料彙編］』に拓影、『山左金石志』卷二二に著錄）＊
東平府學（山東、『八思巴字與元代漢語［資料彙編］』に拓影）＊
山西某縣（『山右石刻叢編』卷二七に移錄、卽位詔と併刻）＊

定州（河北、『攈古録』巻一七に著録）
曲陽縣（河北、『攈古録』巻一七に著録）
太和縣（雲南、『攈古録』巻一七に著録）

つまり、紹興のものと併せて、一二件の石刻の存在が確認でき、そのうち紹興および＊を附した六つ、合せて七つの石刻については、それに刻された聖旨を、なんらかの形で讀むことができる。[8] そして、拓本の圖版によって具體的な姿を知ることのできる三つ、それに、碑刻の形狀がよく分かる『江蘇金石志』所收の蘇州府學の聖旨碑を比べてみると、[9] 同じ聖旨を刻しているとはいうものの、それぞれの碑刻は、異なった形式をとっていることが分かる。

すなわち、これまでもたびたび引用してきた紹興府學の石刻は、パスパ文字による聖旨を上段に掲げ、漢字文のものを下段とする。このパスパ文聖旨が、大德一一年の孔子加封碑にも見られるように、聖旨のモンゴル文ではなく、たんに漢字音をパスパ文字で標記したものに過ぎないものであることはすでに指摘されている。[10] また、漢文聖旨について言えば、對校のためのテキストとして活字化したものでも分かるように、一八行、行二〇字で、皇帝、世祖皇帝、聖旨の各字で、おのおの三字擡頭するが、五行目だけは、擡頭の字詰めがうまくいかず、一字多くなってしまっている。次に、松江府學のものは、やはりパスパ文が上段に刻され、漢文聖旨が中段、下段には松江知府張之翰の撰になる碑記が刻されている。[11] 漢文聖旨は、二一行、行一九字で、紹興府學と同じ箇所で、はっきり四字分擡頭している。また、蘇州のものは、『江蘇金石志』によれば、上段には漢文聖旨を刻し、下段には平江路儒學の學官の題名を刻しており、聖旨は、一三行、行三二字で、擡頭はやはり四字分である。おなじく『江蘇金石志』によれば、無錫のものは、聖旨のみのようであるが、一〇行、行三三字とある。

東平府學の聖旨碑についていては、文書形式をふくめていくつかの問題を含むので、後で取りあげることとして、これら四つを比較すると、碑全體としては、まず何が刻されているかに、このような違いがある。そして、問題を漢文聖旨に限定しても、たしかに聖旨の字句には異同はないが、聖旨の刻され方が異なっていることに注目したい。すなわち、上に掲げたこの聖旨の石刻で、同じ字詰めのものは一つもない。このように碑によって字詰めのやり方に違いが存在するということは、石刻が必ずしもこれらの學校にもたらされた原文書について、その形式を忠實になぞって作られたものではないということになるであろう。また、蘇州の碑についていては、『江蘇金石志』によれば、日附の部分に「寶」と書かれ、なんらかの印璽が捺されていたことがわかるが、他の碑の拓本には、印璽の存在は刻されていない。以下に引用する、東平の中書省の牓諭や、曲阜孔廟の碑の碑陰、あるいは、福建への聖旨の傳達を述べた『廟學典禮』の記事などには、どれにも「御寶聖旨」とあって、この聖旨に印璽のあったことは確かで、ここでも石刻と原文書との距離の存在を考える必要が生ずる。

このうち、字數・行數の違いは、單純に石の寸法の問題から來ているに過ぎないと言ってしまえば、それで濟む問題かもしれない。しかし、この三一年七月聖旨が、もし一種しか現存していないとしたら、おそらく我々は、それをこの聖旨の原文書の姿を傳えるものとして見るであろう。こうしたことは、三一年七月聖旨だけに存在することではない。この聖旨とよく似た性格を持つ、大德一一年の孔子加封碑は、『北京圖書館藏中國歷代石刻拓本匯編』だけでも五種類の拓影を見ることができるが、やはり、行數字數、さらには擡頭の箇所まで異にしている場合もある。當時の原文書の姿をほうふつとさせるのが、石刻の史料としての魅力の一つであると我々は考えがちであるが、この例は、そこに落し穴の存在する可能性を示している。

b 「欽此」と「准此」

次に、現在拓本を見ることのできるもう一つの例である、東平府學の碑刻について見てみよう。これは、これまで取り上げた三つとは、文書の内容が異なっている。まず、書き出しの一行は、「皇帝の聖旨の裏に中書省の欽奉したる［皇帝の聖旨に］」（皇帝聖旨裏中書省欽奉［皇帝聖旨］）となっていて、この聖旨が中書省から傳達された時の形式によっている。また、最後は、

已に御寶の聖旨を頒降せられ、本學、欽收安奉したるを除くの外、都省、今ま牓を出して省諭するに、「欽依して施行し、合さに牓示を行なえ」とあり、右、省諭を牓して諸人に通知せしむ。（除已／頒降／御寶／聖旨、本學欽收安奉外、都省今出牓省論、欽依施行、合行牓示者、／右牓省論諸人通知）［斜線は改行、以下同じ］

と、東平府學が、中書省からの諭文を受けてこの聖旨を榜示する旨が附記されている。さらに末行の日附の上に、印章の形が彫られているなど、府學の榜示そのままの形式で刻されている。この石刻は、一つの文書をその本來の形式で傳えているものと言えよう。そして、この石刻の場合、聖旨本文は「欽此」で終えられている。つまり中書省から傳達された聖旨本來の形が、この石刻の場合には殘されていると言えるわけである。

いうまでもなく、この至元三一年七月聖旨は、一般的に儒學に對する尊崇について述べたものであり、廟學一般を對象としている。このような聖旨は、その對象、この場合であれば地方行政の各レベルごとに設けられた廟學、のそれぞれにどのように傳達されたのか。

この聖旨の傳達についての史料としては、上に引いた東平府學の聖旨碑の他に、次の二つがある。

まず、曲阜孔廟のこの聖旨碑の碑陰(12)。

至元三十一年八月、徵事郎監察御史張澄、及び燕只不花、御寶の聖旨を傳奉し到れり。九月、省の牓を降し到れ

り。元貞二年六月、奉直大夫兗州知州兼管本州諸軍奥魯兼本州勸農事の趙銳、摹寫幷びに題額し、五十三世の孫中議大夫襲封衍聖公、石に刻せんことを、敬まって命ず。［以下立石關係者についての記事ゆえ略］（至元三十一年八月、徵事郎監察御史張澄及燕只不花、傳奉到／御寶／聖旨。九月降到／省牓。元貞二年六月、奉直大夫兗州知州兼管本州諸軍奥魯兼本州勸農事趙銳摹寫幷題額、五十三世孫中議大夫襲封衍聖公／敬命刻石）

すなわち、至元三一年の八月に、中央から使者の徵事郎監察御史張澄と燕只不花とがやって來て衍聖公家にこの聖旨を傳え、翌九月には省榜がとどいている。これは、東平の場合と同じく、この聖旨を榜示することを命じたものと考えてよいであろう。そして、元貞二年六月になって、知兗州の趙銳の手になる聖旨碑が、五三世衍聖公の孔治によって一族に命じて立てられたという次第である。これによって、儒學の總元締めとも言うべき、衍聖公＝孔家のいる曲阜には、中央から直接官員が派遣されて聖旨が傳達されたことが分かる（省榜と立碑については後述）。

また、『廟學典禮』巻五・行臺坐下憲司講究學校便宜の福建閩海道肅政廉訪司の中にも、この聖旨の傳達が述べられている。それには、

承奉した行御史臺の劄付の該に、准けたる御史臺の咨に、奏して頒降を准されたる聖旨の節該に（聖旨略）とあり、官を差し來たらしめて、御寶の聖旨を齎擎し、到來せしめらること有るに及び、開讀し訖り、恭迎して、福建道の廟學に前去きて、欽領安奉したる外[13]

とあり、この聖旨が發せられた際に、中央から、江南行臺を經て官が派遣されて、福建の肅政廉訪司まで傳達され、それがさらに廟學に至った次第が記されている。つまり、地方行政の制度に沿った形で、中央から地方へと傳達されているのである。

別の聖旨の例を見てみると、至元二五年一〇月の、儒人の差發の免除についての聖旨について、『元典章』（巻三一・

禮四・學校・横枝兒休差發）は、「至元二十五年十一月に行尙書省が准けたる尙書省の咨」として書き出し、一方、『廟學典禮』（巻二・江南儒戶免横枝兒差發）の方も、「尙書省十一月咨江淮等處行尙書省」と文末に注記していて、いずれの書物でも、この聖旨が、中央の尙書省から、咨文の形式で各行尙書省に傳達された痕跡を留めている。前に見た無錫の至元二五年儒人免役碑の日附が、「至元二十六年正月十九日到開讀訖」となっているのも同様であり、後に引く、溧水縣學の即位詔が、四月ではなく、「五月五日」となっていることなども、こうした頒降と現地への傳達の時閒差の反映の例と言える。

このように、聖旨が皇帝の「お言葉」として發せられてから、それぞれの關係の官廳を通って、聖旨の對象となる現場、そこで石に刻して立てられることになるわけであるが、にたどりつくのであり、この聖旨が實際に各廟學に届けられたときには、各段階での傳達を記した文書が添えられていたはずである。東平府學の石刻は、それが石刻に殘された例である。

そうしてみると、最初に擧げた江南の各地（紹興・松江・蘇州）に石刻で殘されたこの聖旨が、「宜令准此」と、同格の官廳閒の往復文書の形式で終わっていることへの理解も可能になるのではないか。すなわち、江南各地の廟學にこの聖旨が傳えられるには、上の福建の場合のように、御史臺→行臺→肅政廉訪司→廟學のルートか、さもなければ、中書省→行省→路總管府→廟學のルートによったと考えられ、聖旨の末尾にこの句が用いられているのは、この聖旨が、皇帝からこれらの學校へ直接賜わったものではなく、こうした官廳閒の文書の移動を經て、廟學へと傳達されたものであることを示すものと考えることができよう。逆に言えば、上の東平の場合は、皇帝から聖旨を直接受けた中書省であればこそ、諭文に引用している聖旨の最後を、「欽此」と結んでいるのである。

それでは、『廟學典禮』に收錄されているこの聖旨が、石刻をはじめ、『元典章』や『通制條格』とは異なって、

「欽此」で結ばれていることは、どう説明されるのか。『廟學典禮』が、江南、それも浙東で成立したものであると考えられることについては、かつて論じたことがあるが[14]、石刻が立てられた各廟學と、『廟學典禮』の編まれたであろう官廳とでは、聖旨の傳達をめぐる事情は變わらない。しかし、『廟學典禮』の編者は、聖旨の前後に附せられていたはずの、その過程を記した各官廳の文言をすべて取り去ってしまい、聖旨そのもののみを殘したのであろう。『廟學典禮』にしろ、『元典章』にしろ、聖旨が直接發せられるレベルで編まれたものでない以上、頒降・傳達の過程を略し、「欽此」で終えられているものについては、そう理解するのが妥當であると考える。ただし、これが『廟學典禮』の編者の一貫した立場かというとそうでもない。至元二五年一一月の差發免除の聖旨の場合は、逆に、『元典章』は「欽此」で文を結び、『廟學典禮』の方が「准此」で終える。石刻は、この場合も、「准之」であることは、前節でおこなった比校に示したとおりである。

このようにして見てくると、上でも書いたように、「準文書」とは言われるものの、アで見た形式、このイでの内容と、いずれの面においても、石刻と原文書との閒には乖離があるのであり、石刻を史料として扱っていく場合、本文中の語句に據って何か論を立てようとする場合はともかくとして、古文書學的に利用することを考えるならば、そしてそれが可能なことが石刻資料の魅力なのではあるが、まだまだ解決しなければならない方法論的な問題が横たわっていると言わざるをえないのである。

イ　至元三一年聖旨を引用する碑刻

a　卽位詔書との併刻

もう少し異なった形でこの聖旨を刻している石刻もある。それが、『江蘇金石志』巻一九に「學校撥田地詔書碑」

と題して載せられている溧水縣學のものと、『山右石刻叢編』巻二七所収の所在不詳（縣名の箇所が墨釘となっている）のものとである（碑刻リスト參照）。

溧水縣學の碑文は、三段に分けられ、第一截は、「至元三十一年五月五日欽奉皇帝登寶位詔赦内一款」として、即位詔の學校の條が刻されている。聖旨の日附が、發せられた日とずれているのは、上でも觸れたように、現地への傳達の日附を刻したものであろう。第二截は、七月の聖旨、[15] 第三截は縣ダルガチの曲烈以下による謝表となっている。一方、『山右石刻叢編』所收のものは、編者によって「勉勵學校詔」と題されているが、碑文自身には、第一行目に、「皇帝累降詔旨」とあるから、これが本來の碑名というべきであろう。碑文は、まず「上天眷命」にはじまる三一年七月聖旨の全文が書かれ、「不知懼」でこの聖旨が終わると、改行もなく、「今欽奉詔書内一款」として、成宗即位詔の、學校の條を刻して終るという形式をとっている（結びの字句はない）。そして、末行の日附は、「至元三十一年七月日」と刻され、日附の箇所に「寶」とある。すでにその内容を見てきたように、これら二通の詔敕は、廟學への保護を命じた同主旨のものであるから、それが一緒に石に刻されて廟學に立てられたということであろう。こうした例もあるのである。

b　兗國公廟の榜示

さらに違った形でこの聖旨が石に刻されている例を見てみたい。それは、曲阜にある兗國公廟、すなわち孔子の弟子の顏回を祀った廟の保護を命じた二つの榜諭である。どちらの石碑も、現在も顏廟に立っており、また、その拓影は『北京圖書館藏中國歴代石刻拓本匯編』の第四八冊（一九三頁）、第四九冊（二三頁）に、それぞれ收められている。第四八冊のものが、大德一一年（一三〇七）一〇月の中書省の榜諭、第四九冊のものは大德一〇年二月の中書禮部の

榜諭（皇慶元年八月立石、一三一二）である。(16)

まず、大徳一〇年の榜諭を見てみると、

皇帝の聖旨の裏に、中書省禮部、濟寧路兗州曲阜縣の顏氏五十三代の孫、顏澤の狀告に據るに、亞聖兗國公の廟宇有るも、別に官給の榜文無し、恐るらくは、閑雜の人ら非理に褻瀆するを致さん、告げて禁治せられん事を乞う、得此。照し得たるに、至元三十年欽奉したる聖旨の節該に（皇帝聖旨裏、中書省禮部、／據濟寧路兗州曲阜縣顏氏五十三代孫顏澤狀告、有／亞聖兗國公廟宇、別無官給榜文。恐致閑雜人等非理褻瀆、告乞禁治事、得此。照得、至元二十年欽奉／聖旨節該）

と始まり、至元三一年七月聖旨の節該を引用した後（「欽此」で結んでいる）、

欽依するを除くの外、省部は合さに榜を出だして曉諭するを行なうに、聖旨の事意に欽依し、諸人は褻瀆騷擾することを得る毋かれ。如し違犯の人有れば、所在の監司に仰せて、就便に究治、施行せしめよ、須からく議して榜すべき者なり。右、榜して曉諭し、諸人に通知せよ」（除欽依外、省部合行出榜曉諭、欽依／聖旨事意、諸人毋得褻瀆搔擾。如有違犯之人、仰所在監司、就便究治施行、須議榜者。／右榜曉諭諸人通知）

と結ぶ。このうち、「右榜曉諭諸人通知」の一行は大字となっている。

一方、大德一一年一〇月の榜示の方は、

皇帝の聖旨の裏に、中書省の會驗したる先に欽奉したる詔書の節該（皇帝聖旨裏、中書省會驗先欽奉／詔書節該）として、至元三一年七月聖旨を引き（これも「欽此」で結ぶ）、それに續いて、

欽遵するを除くの外、照し得たるに、亞聖の兗國公の廟宇も、亦た合さに一體に禁約すべし。別に行したるを除くの外、都省は合さに榜を出だして曉諭するを行ない、如し違犯の人有れば、嚴に治罪を行なう。須からく榜に

至るべき者なり。右、榜して曉諭し、各のに通知せしめよ（除欽遵外、照得、／亞聖兗國公廟宇、亦合一體禁約。除別行外、都省合行出榜曉諭、如有違犯之人、嚴行治罪。須至榜者。／右榜曉諭各令通知）

と結ぶ。最後の一行が大字となっているのは同じである。

言うまでもなく、これら二通の榜諭は、顏子の廟に對して保護の命令を請うた顏回の子孫に對して、孔子廟（およびそれに屬する廟學）を對象として發せられている至元三一年七月聖旨を、顏子廟にも援用することを中書省が命じたものである。もっとも、兗國公家に對する元朝の保護はこれに始まるものではない。すでに、丁酉年（一二三七）に、鄒國公家（孟子の子孫）とあわせて、差發の免除が行なわれていることについては、第三章で見たとおりである。それから約六〇年を經たこの時期になって、今回は廟への保護の命令が出されたことになる。

ところで、この二つの榜諭の間には、いくつかの違いがある。まず、文書を發給しているのが、前者が禮部、後者は中書省であること、また、次に見るように、引用されている聖旨が、後者の方が長文であること、などである。これらのことについては、大德一〇年に出された榜諭が禮部のものであり、かつ聖旨の引用が短いために、その效力のほどを疑った兗國公家が、改めて中書省に發給を願った結果、こうなったという説明が、一應はつく。

ただし、わずかな間隔を置いて二つの聖旨碑が立てられたことについては、もう一つの説明も可能である。次の年表を見ていただきたい。

禮部榜諭	大德一〇年二月	一三〇六
＊武宗卽位	大德一一年三月	一三〇七
中書省榜諭	大德一一年一〇月	
＊仁宗卽位	至大　四年三月	一三一一

大徳一〇年榜諭碑立石　　皇慶　元年八月　　一三一二

すなわち、成宗時代の末期の大徳一〇年（一三〇六）になって、廟學保護の聖旨の援用を、禮部の榜諭の形式で獲得した兗國公家であったが、まもなくカアンが武宗に代わったため（大徳一一年三月、一三〇七）、新カアンのもとで再度保護の確認を受けたのが、大徳一一年の中書省の榜諭であり、舊榜諭が立石された、皇慶元年（一三一二）の前年には、新カアン仁宗が卽位（至大四年三月、一三一一）している。つまり、これらの榜諭やその立石の時期には、それぞれカアンの代替りが關係しているわけで、上にも述べた、既得の特權の新カアンによる確認に關連させて考えることもできるのである。しかし、いずれの考え方によっても、なぜ皇帝が仁宗に代わった皇慶元年になって、古い方の榜諭を改めて石碑にして立てたのかということは、なお疑問として殘る。(17)

さて、これらの碑刻で引用されている三一年七月聖旨であるが、上でも書いたように、それは、「節該」であり、聖旨の全文が引かれるのではない。それぞれに引かれている聖旨を掲げてみると、次のようになる。

大徳一〇年榜諭

孔子之道垂憲萬世有國家者所當崇奉曲阜林廟諸路府州縣邑應設廟學書院禁約諸官員使臣軍馬毋得於內安下或埋問詞訟褻瀆飲宴」凡廟學公事諸人毋得沮壞欽此

大徳一一年榜諭

孔子之道垂憲萬世有國家者所當崇奉曲阜林廟上都大都諸路府州縣邑廟學書院照依世祖皇帝聖旨禁約諸官員使臣軍馬毋得於內安下或聚集理問詞訟褻瀆飲宴工役造作收貯官物其贍學地土產業及貢士莊諸人毋得侵奪」本路總管府提

舉儒學肅政廉訪司宣明教化勉勵學校凡廟學公事諸人毋得沮壞據合行儒人事理照依已降聖旨施行欽此

これを石刻の聖旨と比較してみると、本章の最初で行なった分段で言えば、(一)と(四)、つまり廟學の保護に關する命令の箇所が拔き出されて榜示されていることが分かる。いずれの榜諭も引用文の中で」で示した箇所で、聖旨の前後を區切ることができるが、一〇年の方は、引用も短く所々に節略があるのに對し、一一年碑では節略は行なわれず、しかも引用は長文にわたる。

このうち、大德一一年の榜諭に引く聖旨については、先に掲げた比校の行數で、第四行目の「應設」がないこと、また二碑とも第一五行目の「沮擾」が「沮壞」であるという二點において、『元典章』・『通制條格』の字句と一致する。中書省や禮部で顏廟の榜諭にかかわった人々が、この聖旨を、何にもとづいて引用したのかはわからないが、中央での聖旨の引用の例であり、聖旨の字句の異同の問題は、ここでも課題として殘る。

いずれにせよ、本來は孔子廟を對象として出されたこの聖旨が、顏回の廟においても、中書省の命令により、對象を擴大して、しかもくりかえし榜示されていることは、至元三一年七月聖旨が、その表現の與える一般論的な印象にもかかわらず、たんなる形式的な「お言葉」ではなく、現實にその效力を期待させるものであったことを示すものであると言えよう。

ウ　聖旨の刻石

四月と七月の二通の聖旨を併刻したものや、その兗國公家への適用を命じたものなども含めて、各地の廟學にこの聖旨の碑が立てられた經緯を考えてみると、東平府學の碑に刻された中書省の諭告では、この聖旨を榜示することが命ぜられているし、曲阜の場合も、九月に「省牓」が届いており、これも同じ内容のものではないかと考えることは、上にも書いた。だとすれば、他の各地の廟學における至元三一年七月聖旨碑の立石も、こうした上部からの指示に基づいたものである可能性が大きい。現在のところ、江南各地の至元三一年七月聖旨碑には、立碑と上級官廳の關係について言及したものが見出だせないので、その閒の事情は明らかにできず、これについては、新たな資料の出現を待つ他はないのであるが、上に掲げた現存例からも見ても、この聖旨碑が各地の廟學に立てられるについては、曲阜や東平と同じように、上級官廳からの指令があったと考えて差しつかえないであろう。

一方、各寺觀において門前に立てられた、特權に關わる聖旨の石刻の場合、その聖旨に盛り込まれた授與特權の對外的な宣言という性格を持つとすれば、全國の廟學にこの聖旨が立てられたのも、儒人・廟學にとってのそれとしての性格を持つのであろうか。しかし、立碑の經緯が分かる二例は、いずれも上からの命令による、あるいは地方官廳とのかかわりの中での立碑であって、寺觀の場合とは、いささか事情を異にしているようにも思われる。

モンゴル=元朝の支配は、宗教に關しては、どの宗教についても寛大であり、かつ平等に取り扱ったとされ、儒學もまた、いわゆる「三教」の一つとして、佛道と同じように一つの宗教集團として扱われたという理解がある。事實、『廟學典禮』の中にも、三教をセットとして相互の關係を定めた規定、例えば約會に關するもの、が含まれていて、元朝のこうした政策を示すものとしての理解が可能である。あるいは、儒人達に對する免役などの優免の付與についても、道佛に對するものがそのモデルとなったことを示す史料もある（本書八四頁以下參照）。しかし、儒人達に關しては、その集團から官あるいは吏、もしくはその候補生を出すべき集團とされ、それが權益の根據の一つとされていて、他の宗教集團と全く同じ扱いではなかったことも、もう一方で事實であり、彼らに對する特權擁護を命じたこの聖旨の立碑が、中書省の命令によって行なわれていることによって、各廟學における、そこに屬する儒人達の權利宣言であることを否定することはできない。

また、これらの至元三一年七月聖旨碑は、中書省からの諭文を刻した東平のものをも含めて、聖旨の發せられた至元三一年七月という年月が刻されているのみで、實際の立石の日附が刻されているものはない。ただ、曲阜の場合、翌々年の元貞二年になって、兗州知州趙鋭の書丹・題額で、五三世衍聖公の孔治によって立石されたことが、碑陰の記事によって分かることは、先にも書いた。『廟學典禮』に見られる福建の場合でも、聖旨を傳達する行臺の文書を受領したのは九月一六日で、やはり、聖旨の傳達には時間がかかっている。大德の孔子加封碑の例を見ると、かなり時間を經過してからの立石もありうるので、(18) これまでに見てきた各地の聖旨碑が、至元三一年七月にこの聖旨が出されてすぐに立てられたものかどうかは、問題が殘る。このことは、この聖旨に對し、どのような時期に、どのような效力が期待されていたのかという問題とつながるのであるが、今のところ、これ以上は明らかにできない。

次に、各地の廟學に立てられた、至元三一年七月聖旨や成宗即位詔書の碑刻の果した役割、あるいはそれに期待されたものについて考えるために、『廟學典禮』を史料として、この時代、すなわち世祖末から成宗年間にかけての儒人問題について見てみたい。

四　『廟學典禮』での至元三一年七月聖旨

『廟學典禮』が、『元典章』や『通制條格』と異なるのは、後者の二つの書物が、聖旨・通達・判例といった文書類を、廣い範圍にわたって整理・集成したものであるのに對し、『廟學典禮』は、廟學という特定の主題についての文書を集めて編纂されたものであるという點である。その結果として、『廟學典禮』の場合、そこに集積された文書の内容が稠密なものとなっており、一つの問題をめぐる複数の文書が掲載されていることによって、その問題の展開の過程を追いかけることができるという特徴を持つ。

至元三一年七月聖旨についても、『元典章』では、聖旨そのものを掲載しているだけであるが、『廟學典禮』を見ていくと、それ以後の各種の文書で、この聖旨が引用されており、九通一一ヶ所にのぼる。『廟學典禮』に収められている文書は、大徳五年（一三〇一）のものが最後であるから、この聖旨が出されてから足かけ八年間しかなく、かつ『廟學典禮』が収めるその間の文書の數は、二一通であるから、九通一一ヶ所という數は、至元三一年七月聖旨が成宗一代の儒人政策の中で占めた比重の大きさを示していると言えよう。

元朝時代の他の文獻における公牘の場合と同様に、『廟學典禮』所收の文書において聖旨が引用される場合、全文が引かれることはなく、「節該」などの字句を冠しての、一部の引用、もしくは要約である。最初にも書いたように、至元三一年七月聖旨の内容は四段に分けることができるが、『廟學典禮』所收の文書における引用では、とくに、(四)の地方官廳への廟學保護の命令の箇所の引用が多く、「本路總管府・提擧儒學・肅政廉訪司、宣明教化、勉勵學校」という一節を引く文書は、七通にのぼる。また、それに續く、「凡廟學公事、諸人毋得沮擾。據合行儒人事理、照依已降聖旨施行」の箇所を引くものも、七通ある。これに對應する事情、つまり、學政を擔當する提擧儒學司はもとより、行省の系統の總管府、行臺の系統の肅政廉訪司と系統を異にする官衙の名を列ねて、廟學への保護を命じなければならないような、あるいは、「廟學の公事」が「沮擾」され、「儒人の事理」につき、過去に發せられた聖旨に權威を求めねばならない、そうした事情が、この時期に存在したのであろうか。念のために申し添えておきたいが、ここで言う「公事」とは、日本語の「公事沙汰」といった用法で思い浮かぶように、「裁判」の意味に限定されることはなく、この時代の史料では、より廣く「公務」、あるいは「に關する案件」といった意味に用いられている。(19)したがって、この場合も、「廟學に關わる事柄については、關係者以外の者が、じゃまをしたり混亂させたりしてはならない」という意味に理解すべきであろう。

それでは、『廟學典禮』所收の至元末から成宗年閒の文書においては、何が主たる問題となり、これらの聖旨が主張の根據として引用されていたのであろうか。

『廟學典禮』を見ていくと、この時期の文書で取り上げられている問題は、一つには學校制度、とくに學校での課程と教官の身分の問題であり、それとともに、繰り返し文書が往來しているのが、モンゴル支配下での漢民族知識人の處遇、とくに免役をめぐる問題であった。儒人の認定と處遇をめぐっては、江南征服の直後からトラブルが發生しており、この問題についてはいくつかの研究があって、その閒には見解の相違も見られるが、ここでは、『廟學典禮』の記事の範圍で述べるにとどめたい。

南宋の滅亡後、舊南宋の士大夫達は、華北の場合と同樣に「儒戶」として編籍され、廟學を中心として組織されて、免役などの優免を與えられるはずであった。例えば、これまで繰り返し引用してきた、至元二五年一一月の免役についての聖旨においても、このことは明言されている。しかし、『廟學典禮』に收錄された文書を見ていくと、そこにしばしば用いられる「欺漏」という表現に見られるように、その當初から、元朝地方官による儒戶の認定作業のズサンさと、儒戶に編籍されて優免特權を得ようとする江南地主層の存在という狀況のもとで、トラブルの發生が少なくなかった。さらに、至元の末年から成宗時代にかけての時期になると、儒人の權益を制限する方向の動きが出現するようになる。至元三一年七月の聖旨は、そうした狀況のもとで發せられた。

それでは、『廟學典禮』に見られる儒戶の權益の制限の動きとは、どのようなものなのか。具體的に、『廟學典禮』の文書から例を引いてみよう。まず、至元三〇年に鹽官縣の海塘修築について、「戶計を問わず役に充てよ」という命令が出て、儒戸も引っ張りだされる事件があり[20]、この問題を取り上げた、江南浙西道肅政廉訪司の榜文には、「至元二五年の免役の聖旨があるにもかかわらず、各地の胥吏どもが法を弄んで、儒人を民戸とともに差役に充てている」とある[21]。

こうした儒戸の免役をめぐるトラブルについての『廟學典禮』の記事のうちで、いちばん詳しいものとして、巻六の「籍定儒戸免役」を擧げることができる。これは、四庫全書本で七葉弱にのぼる長文の文書であるが、その内容は、元貞元年（一二九五）に出された「江南の富戸は、その戸計にかかわらず、差役に充てよ」という聖旨を根據として[22]、平江路、嘉興路、杭州路、紹興路、慶元路など、江南各地で儒戸の差役へのかり出しが發生していることが列擧されており（その對象となった人物の中には、袁桷のような有名人の名も擧げられている）、それに對して、儒人・廟學、あるいは肅政廉訪司系統の官廳からの反論が繰り返され、結局、江浙行省は、編籍の儒戸については役が免除されることを再確認する結果となった。それを、浙東海右道肅政廉訪司に傳達した江南行臺の劄付が、この文書の全體である。

江南各地の地方官廳が、儒人達に差役を課そうとする時に、その根據とした元貞元年の聖旨とは、元貞元年一二月二五日に出されたもので、富戸による欺瞞の存在と、その結果としての貧戸への差發の負擔轉化を理由として、江南の富戸については、戸計にかかわらず差役に當てることを許されんことを、江浙行省が中書省を通して請うたのが認められたものである。實は、この聖旨の中には、富戸が逃れているとされる戸計の中に、「僧道」とはあるが、「儒」の語はなく、そのことが、儒人保護の聖旨の存在とともに反論の根據となり、行省側に編籍の儒戸の免役を再確認させることになった。なお、中書省がカアンにこの聖旨を乞うたのは、江浙行省平章の特穆爾（帖木兒、のちに也速解兒）、穆爾布哈（明里不花）などの「陳說」に據ったものであるとしているから[23]、戸計にかかわらず富戸に差發を科そうとするのは、江浙行省の政策として行なわれたものであると考えられるが、この時期の江浙行省のあり方全體から見るべき問題であると考えるので、ここでは後考を待ちたい。

さて、こうした問題が發生した際に、儒戸達の權利を述べて反論するのに用いられるのが、至元二五年一一月の免役の聖旨であり、この三一年七月の聖旨、さらには、至元六年（一二六九）の提刑按察司の設置についての條畫の中の學校について命じた條[24]、なのである。至元二五年一一月の聖旨の引用も、『廟學典禮』の文書全體の中で、少なくとも六回にのぼるが、それが引かれる場合は、「今後、在籍秀才、做買賣納商税、種田納地税、其餘一切雜泛差役並行蠲免、所在官司常切存恤」という表現に要約され、當然のことながら、免役に關わる問題以外に引用されることはない。これに對し、三一年の聖旨では、廣く一般的に廟學およびそこに屬する儒人への保護の原則が述べられ、新カアンたる成宗テムルが、祖父クビライの政策を繼承することが、宣明されている。それゆえに、これまで見てきたように、いろいろな場面で引用されることとなる。江浙行省が、儒人あるいは廟學の利益に相反する政策を取るという狀況のもとで、この聖旨が繰り返して引用されているのは、この種の聖旨も、單なる「お言葉」にしかすぎない存在なのではなく、それなりの意味と力があったゆえであると言えるであろう[25]。だからこそ、中書省の榜諭があったとはいえ、各地の廟學で石に刻され、兗國公家に對しても、その援用が命ぜられたのである。

五　おわりに

以上、至元三一年七月、成宗テムルの卽位の數ヵ月後に出された儒學保護を命ずる聖旨を材料に、元代の法制資料としての、『廟學典禮』と石刻について、その方面での代表的な史料である『元典章』と比較して見ていくことによって、特徴と史料として利用していく際の問題點を考えてみた。また、はじめにも書いたように、特定の對象に對して發せられた聖旨については、これまでも、その言語に對する關心もあって、譯注をはじめとして、分析・研究が行なわれてきた。しかし、この至元三一年聖旨のように、文言で、しかも一般的な内容を述べたものに過ぎない聖旨については、從來あまり關心が拂われてこなかったのではないだろうか。さいわいにもこの聖旨には複數の材料が存在しており、それを手がかりとして、この聖旨が、どのような時代背景で出され、それ以後、各種の文書の中でどのように引用され、あるいは石刻として立石されているのかを見ていくことができ、石刻資料と文獻資料との性格の差について考える上で、一つの材料を提供できたのではないかと考えている。

註

（1）紹興府學の聖旨碑は、『八思巴字與元代漢語［資料彙編］』にも、拓本の寫眞が掲載されている（圖版二八）。同書には、この寫眞がどこにある碑のものか書かれていないが、『北京圖書館藏中國歴代石刻拓本匯編』の圖版と比較すると、同じ碑のものと考えられる。また、石刻書では、『兩浙金石志』巻一四、『越中金石記』巻七に移録されている。

（2）『元史』七六・祭祀志五・郡縣宣聖廟

成宗卽位、詔、曲阜林廟・上都・大都・諸路・府州縣邑廟學書院、贍學土地及貢士莊、以供春秋二丁朔望祭祀、脩完廟宇。自是天下郡邑廟學無不完葺、釋奠悉如舊儀。

（3）『元典章』によって掲げる（『廟學典禮』とは若干文字が異なる）。

學校之設、本以作成人才。仰各處敎官・正官、欽依先皇帝已降聖旨、主領敦勸、嚴加訓誨、務要成材、以備擢用。仰中書省、議行貢擧之法。其無學田去處、量撥荒閑田土、給贍生徒。所司常與存恤。

この成宗の登寶位詔については、植松正「元代條畫考・五」（『香川大學教育學部研究報告第一部』四九　一九八〇）に詳しい。

（4）すでに羅常培・蔡美彪編の『八思巴字與元代漢語［資料彙編］』に、この碑の拓本の寫眞が掲載されているが、これは、

Bonaparte の “Documents de l'époque Mongole des XIIIe et XIVe siècles; 1895” からの轉載である。また、三一年聖旨と同じく、『兩浙金石志』巻一四、『越中金石記』巻七にも移録されている。

（5）ただし、『元代白話碑集錄』は、この碑文については、出典を記していないので、原拓によったものかどうか不明である。

（6）聖旨の現地での漢語化については、杉山正明氏の「元代蒙漢合璧命令文の研究（一）」（『外國學研究』二一　一九九〇）が論じている。

（7）わずかに異なるのは、紹興の碑が、第一二行目で、「體」を異體字の「軆」に作るくらいである。

（8）ただし、『崑山見存金石錄』は、排印ベタ組のため、文書形式については分からない。また、この他に、『江蘇金石志』巻二〇の楊州府學の「諭内外尊奉孔子詔碑」（皇慶元年二月）は、「文同前不錄」とあり聖旨の文章が錄されていないが、金石志の附した題名から考えて、至元三一年聖旨碑である可能性が大きい。ただし、大德の加封以後のものなので、斷定はできない。

（9）『江蘇金石志』は、改行を明示し、題額をできるだけ原碑に近く描寫するなど、碑刻の原形をかなりイメージすることが可能である。

（10）例えば、『八思巴字與元代漢語［資料彙編］』一七頁。

（11）『八思巴字與元代漢語［資料彙編］』所載の拓本の寫眞では、名前の箇所が不鮮明で見えないため、『江蘇金石志』による。

（12）この碑陰については、石刻書の類に移録がなく、國内所藏家の所藏資料による。

（13）『廟學典禮』巻五・行臺坐下憲司講究學校便宜

　九月十六日承奉行御史臺劄付、准御史臺咨該、奏准頒降聖旨節該（略）、及有差來官齎擎御寶聖旨到來、開讀訖、恭迎前去福建道廟學、欽領安奉外、

（14）「『廟學典禮』成立考」（『奈良史學』一〇　一九九二）

（15）『江蘇金石志』には、「詔書與蘇州同不錄」とあり、至元三一年七月の聖旨とは明記されていないが、この前後に該當するものは他にないため、至元三一年七月の聖旨であると考えられる。

(16) 大徳一〇年の榜諭の立石については、碑陽の左端に、「皇慶元年秋八月望有三日、兗國公五十四代孫顔氏族長□提領監修仲椿敬等立石」とあり、その年代が分かる（『北京圖書館藏中國歴代石刻拓本匯編』の圖版による）。

(17) ただし、曲阜に限っての問題として、この開衍聖公が空位であり、元貞元年になって孔治が襲封したことが關係している可能性もある。（本書第三章參照）

(18) 遅い例としては、『北京圖書館藏中國歴代石刻拓本匯編』では、第五〇册に至正三年（一三四三）の蘭州府學のものが載せられているし、『石刻題跋索引』では、『山左金石志』巻二四の至正一〇年の利津縣のものが一番遅い。

(19) 例えば、次に述べる鹽官縣の海塘修築について、「修築海塘公事」と表現されているのは、その例と言える。

(20) 『廟學典禮』巻四・辯明儒人難同諸色戸計

據鹽官縣學教諭黄謙之呈、據本學儒戸楊垕等狀告、近承奉司行下、爲修築海塘公事、因奉上司劄付有不問投下是何諸色戸計指揮、被縣吏不問元係免投《ママ》、儒戸亦作投下戸計、與民一體科差勾擾。（江南浙西道肅政廉訪司分司至元三十年十一月日指揮、下鹽官縣）

(21) 同

伏覩、江南浙西道肅政廉訪司榜文内一件、該、欽奉聖旨節該、（二五年一一月聖旨、略）、照得、各處官司故縱胥吏違背詔書舞文弄法、往往將儒人戸計、與民一體當差。（下略）

(22) この聖旨の出された年代については、『廟學典禮』巻六「籍定儒戸免役」の、江浙行省劄付に、「元貞元年十二月二十五日欽奉聖旨條畫内一款」とあるのでわかるが、帖木兒の也速解兒への改名が、成宗の即位による避諱によるものであることにもかかわらず、『廟學典禮』では「特穆爾」となっていることを考えると（註23參照）、もとになった「陳説」は、世祖時代かもしれない。

(23) 『廟學典禮』巻四・儒戸不同諸色戸計當役

江浙等處行中書省元貞二年四月日劄付、該、欽奉聖旨節該、據中書省奏、「江浙等處行中書省平章特穆爾穆爾布哈等陳説、有力富強之家、往往投充諸王位下、及運糧水手・香莎・糯米財賦・醫人・僧道・火佃・舶商等諸項戸計、倶各影佔、不

　當雜泛差役。止令貧難下戸承充里正、錢糧不辨、偏重生受。乞降聖旨」。（聖旨略）

この史料に見られる非漢族人名の表記は、『廟學典禮』が四庫全書本しか存在しない以上、清朝によって改められた表記に基づいて検討する他ない。呉廷燮の『元行省丞相平章政事年表』（『二十五史補編』所收）によって、至元末から元貞にかけての江浙行省の平章を調べてみると、鐵木兒（至元二八年から大德二年、後に成宗の諱を避けて也速解兒と改名）、と明里不花（元貞元年）の名が見え、この二人が、『廟學典禮』に見える人名と對應すると考えられるので、本文では、それを（　）の中に示しておいた。鐵木兒が江浙行省平章であったことと、その改名については、その神道碑（『金華黃先生文集』卷二四「江浙行中書省平章政事贈太傅安慶武襄王神道碑」）にも記事がある。

（24）至元六年の提刑按察司設置の聖旨は、『元典章』・『通制條格』の何箇所かに見られるが、ここでは、植松正氏の「元代條畫考・二」（『香川大學教育學部研究報告第一部』四六　一九七九）によって引用する。

　提刑按察司官、所至之處、勸課農桑、問民疾苦、勉勵學校、宣明教化。（以下略）

（25）もちろん、『廟學典禮』卷五・行臺坐下憲司講究學校便宜（元貞二年六月の行臺の箚付）の中心的内容を占める、福建閩海道肅政廉訪司の申の場合のように、廟學全般に關わる幅廣い内容の長文の規定の案文の冒頭に引用されている場合は、權威附けのための形式的なものであると言えるかもしれない。

第五章　約會の現場

一　はじめに

元朝の法制關係史料には、「約會」という語がしばしば見られる。この語自體の語義としては、たとえば『漢語大詞典』が「預先約定相會、相約會同」と定義するように、「あらかじめ約束して會合する」、「會うことをあらかじめ約束する」といったものである。一方、『吏學指南』においては、「推鞫」の項に「約會歸問」の略である「約問」の語があり、「投下の相い關りて、應に須く相い期して問うべき者を謂う」（謂投下相關應須相期而問者）と定義する。こちらの定義では、「投下戶に關わる事例で、（路州縣の官が）必ず（投下の官と）約束して會い、取り調べ、裁判を行なわねばならないもの」、といった意味になる。投下戶に限らず、モンゴル支配の下で形成された各種の集團については、その集團內部での事件や異なる集團に屬する者の閒で發生した紛爭に關しては、その集團の長や管轄官廳が裁判、あるいは取り調べに關與する制度があり、法制史料の中に見られる「約會」の用例は、この意味で用いられているものが多い。また、この語は用いられてなくても、裁判の過程での關與について觸れた史料も少なくない。ただし、「約會」という語は、上に引いた『漢語大詞典』にも見られるように、本來は、約束して會うという意味であり、裁判に限定されたものではない。

元朝の裁判制度において、この「約會」と通稱される獨自のシステムが存在したことを最初に指摘し、その内容を紹介したのは、有高巖氏であろう(1)。それ以後、この制度については、何人かの研究者が取り上げてきた。そこでは、この制度がモンゴルによる漢民族支配、あるいは多民族國家としての元朝の特徴をよく示すものとして論じられてきている。例えば、岩村忍、陳高華兩氏の元朝の裁判制度についての研究では當然言及されているし(2)、海老澤哲雄氏には專論がある(3)。さらに、元朝の中國支配の檢討の一つの材料として約會を取り上げられたものに、大藪正哉、太田彌一郎、植松正の諸氏の論考がある(4)。

有高氏の研究と、その後の諸研究とを比較するならば、有高氏が、約會について、多民族で構成される元朝治下において、それぞれの慣習法や習俗を尊重した優れたシステムであると評價したのに對し、最近の研究では、それぞれの集團内部の紛爭については集團内部で處理させ、また複數の集團に關わる紛爭は、集團相互で協議して片づさせようとするものであるという見解が見られ、集團閒の關係をそこに讀み取ろうとするように思われる。このことは、元朝という時代が、上に立つカアン家以下のモンゴル貴族集團をはじめとして、民族あるいは宗教、さらには徭役負擔の爲の國家による編成までを含んださまざまな「集團」を單位として構成された時代であり、この「集團」、とくにそれぞれの「長」を通じての支配が、モンゴルの支配のパターンであったという、いわば「集團主義」といった視角から理解しようとする方向があるのとも相通じるものと言えよう(5)。ここでは、これまでの成果を前提としつつ、この約會なるシステムについて、再檢討を行なってみたい。

二　約會の基本原則

裁判制度における約會に關する基本的な史料としては、『元史』刑法志（巻一〇二・職制上）に見える次のような一連の規定があり、この問題を論じる際にはきまって引用される。ここでも、それを見ておこう。梅原郁編『譯注中國近世刑法志下』（創文社　二〇〇三）では一七三條～一七八條にあたる。

a　諸有司事關蒙古軍者、與管軍官約會問。

b　諸管軍官、奧魯官及鹽運司、打捕鷹坊、軍匠、各投下管領諸色人等、但犯強竊盜賊、僞造寶鈔、略賣人口、發塚、放火、犯姦及諸死罪、並從有司歸問。其鬭訟、婚田、良賤、錢債、財產、宗從繼絶、及科差不公、自相告言者、從本管理問。若事關民戶者、從有司約會歸問。並從有司追逮、三約不至者、有司就便歸斷。

c　諸州縣鄰境軍民相關詞訟、元告就被論官司歸斷、不在約會之例。斷不當理、許赴上司陳訴、罪及元斷官吏。

d　諸僧道儒人有爭、有司勿問。止令三家所掌會問。

e　諸哈的大師、止令掌教念經、回回人應有刑名戶婚錢糧詞訟、並有司問之。

f　諸僧人但犯姦盜詐僞、致傷人名及諸重罪、有司歸問。其自相爭告、從各寺院住持本管頭目歸問。若僧俗相爭田土、與有司約會、約會不至有司就便歸問。

まず、これらの條項に見られる約會の內容を整理するならば、蒙古軍については罪の輕重を問わず約會の對象となり（a）、各種の戶籍區分（戶計）に屬する人閒については、重罪の場合は有司の管轄、輕罪の場合は約會の對象となり（b）、鄰接する州縣にまたがる裁判の處理については約會を行なわない（c）、僧道儒三教相互の爭いはそれぞれの指導者閒の協議にまかせる（d）、ムスリムの指導者の權限は宗教のみにとどめ、裁判は有司の管轄とする（e）、僧侶の犯罪については、重罪は有司に、輕罪は各寺院の住持にまかせ、僧俗閒の土地をめぐる爭いは有司との約會にする（f）、というものである。

しかし、元朝の裁判における約會という制度について必要十分な內容が、この一連の記事で網羅されているとは言えない。まず第一には、『元史』刑法志の記述は、上の例でも見ることができるように、他の正史の刑法志とは異なって、條文化された形で書かれており、時閒的な變化の記述がない。一般には至順二年（一三三一）に編まれた『經世大典』に基づいているとされるが、個々の條目について、その規定の成立年代が必ずしも明確にできるとは限らないため、年次の明確な史料による事實の確定と、それを基礎とする變化の追跡が必要となる。

さらに、約會というシステムが、實際にどのような場でどういう形で運用されていたのかということと、それが、刑法志の記事や、他の史料に見られる聖旨をはじめとする各種の規定とどう整合するかについての檢討も必要となる。

さて、刑法志の約會についての各條のうち、一般的な原則を述べているのが、（b）で、すなわち、

管軍官、奧魯官、鹽運司、打捕鷹坊、軍匠、各投下の管領する各種の戶種に屬する人に關しては、もし強竊盜賊、僞造寶鈔、略賣人口、發塚、放火、犯姦及び各種の死罪にあたる犯罪を犯せば、いずれも有司の歸問とするが、鬪訟、婚田、良賤、錢債、財產、宗從繼絕などの事件や、科差（稅役）の不公についての問題は、それが同じ戶籍區分內部での爭いであれば、その集團を管轄する役所が理問することとし、一般民戶との閒の爭いであれば、有司と管轄する役所とが、約會して歸問することとするが、有司が身柄を捕らえることとし、三度約會して、

（相手が）來なければ有司が自由に判決する。

という内容である。一言でいえば、すでに『譯注中國近世刑法志下』でも指摘されているように、死刑の可能性のある重罪は有司の專決、集團內部の輕罪は管轄官、一般民戶との閒に生じた輕罪は約會、ということになる。この條項と同じ內容の規定が、至元三〇、もしくは三一年に定められたことが、『元典章』所收の史料で確認できるが[6]、時期や關係する集團によっては、必ずしもこの通り適用されたとは限らないことは、以下に見るとおりである。

約會という語が裁判に關して見られることはそれ以前の時代にはなく、また裁判制度全體でこうした制度が實行されたのも、元代だけであるが[7]、元代のいつ頃に裁判における約會が成立したのかは、史料的に明らかではない。異なる役所が裁判で共同することについて、現在知ることのできる一番古い史料は、後述する中統四年、五年（一二六四、五）に出された、軍馬の食害についての規定であるが[8]、これが約會というシステムがすでに一般的に行なわれていたことを示すものなのか、特殊事情の下での個別命令なのかはわからない。一方、一般性を帶びた規定が見出だされるのは、至元二年（一二六六）二月の總管府設立の聖旨條畫（『元典章』五三刑部卷一五・約會・諸色戶計詞訟約會）においてである。また、同じ年の屯田軍人による田土の侵奪についての記事が、『秋澗先生大全文集』卷八九の「彈阿海萬戶屯田軍人侵占民田事狀」にあり、「約會」をたびたび申し入れても相手が來ないと書いているから[9]、異なる集團に所屬する者の閒の紛爭については約會で處理をするという原則が、至元の初年には存在していたと考えてよいであろう。

この至元二年の聖旨條畫では

投下幷びに諸色戶計については、もし刑名の詞訟が有れば、その處の達魯花赤・管民官から、本管官と約會し、斷遣せよ。もし約會して來なければ、就便に斷遣して施行せよ。[10]

とあり、「刑名詞訟」一般の問題として規定され、刑法志に見られるような、輕重による對象範圍の限定はない。現在知りうるかぎりでは、約會について一般的に規定した命令文は、この至元二年のものしか存在せず、以後は、個別の戸種についての規定のみであるが、大德六年（一三〇二）の竈戸の約會に關する文書にも、この規定が引用されており[11]、少なくとも成宗時代には有效であったものと思われる。

これに對し、大德四年の中書省箚付に引かれた至元三年（一二六六）の中書省の文書がある（『元典章』五三刑部巻一五・約會・投下詞訟約會）。そこには、

> 死刑とすべきの重い罪過、幷びに強盜、竊盜、造僞鈔等のうちの重い罪過を做した者は、各投下において約會してはならない、管民官の勾當《しごと》である。只だ管民官をして、體例に依って歸斷させよ。この事を除き、鬪毆爭、驅良、婚姻、家財、債負等、このような勾當《こと》は、各投下の官人らと約會し、一緒に斷ぜよ。三度約會し、來なければ、管民官は就便に體例に依って歸斷せよ[12]。

とあり、對象は投下の詞訟に限定されてはいるが、範圍を死罪該當とそれ以外に區分している點で、『元史』刑法志に見られるのと同じ原則が示されていて、至元二年の聖旨が範圍を限定しないのとは異なっている。しかも、この文書を引用する中書省上奏の中には、「那の體例は、今に至るも行なわれたり」とあって、大德年閒にも現行法として生きていたことがわかる。いずれもが、大德年閒に有效な法として引用されているだけに、一年しか違わないこの二つの規定の閒の對象範圍の差をどのように理解するかに疑問が殘る（もちろんいずれかの年次が誤っている可能性もあるが）。

具體的な各戸計における約會については、次に檢討するとして、約會の成立のための物理的條件についても觸れておきたい。それは、約會が機能するには、それだけの組織が必要であるという點である。つまり、有司＝路州縣との約會に人を出せるだけの、各戸計を管轄する衙門の整備と人員の存在がなければ、約會は機能しないのである。そう

した機關について觸れている規定としては、例えば、至元四年の洞冶總管府設置についての條畫の存在や（『元典章』二二戶部卷八・洞冶・立洞冶總管府）、人匠戶について、『元史』卷八五・百官志一の諸色人匠總管府の管領隨路人匠都提領所の項に、至元一二年（一二七五）に創設されたこの役所が、「工匠の詞訟の事を掌る」と書かれており[13]、また、翌一三年に置かれた諸路金玉人匠總管府の管匠都提領所についても、『元史』卷八八・百官志四に「金玉府の諸ろの人匠の詞訟を掌る」とあり、ここで言う「詞訟」の具體的な範圍は分からないが、人匠關係の制度が整備されたこの時期に、裁判制度の整備も進んでいたものと思われる。

以上の點を重ね合わせて考えてみると、至元の初年においてこうした制度の形成と運用とが始まったと考えるのが妥當ではないだろうか、ただし、すでに制度的な整備ができているはずの軍戶に關しても、至元一〇年の彰德路の申では、「以前は、凡そ刑名の詞訟が有れば、軍、民の犯す所を問うことなく、府州司縣の官は、圓坐して一緒に歸結した」とあり[14]、この時期には裁判管轄の問題に關して、規定に實態がまだ伴なっていなかったと考えられる（後述の「欲奸親女未成」の場合は、至元五年の事件だが、逆に投下の側が勝手に裁判をやっている）。

三　個別集團における約會の變遷

次に個別の戶種に關して、裁判の管轄に關する原則がどのように適用されたのか、また、どう變化したのかということを見ていきたいと思う。裁判における約會は、特殊な技能や傜役負擔に基づく各種の戶籍區分、すなわちこの時代の用語で言うところの「諸色戶計」が單位となっていることは、すでに至元二年の聖旨で見たが、戶計の種類は、例えば、黃清連氏が『元代戶計制度研究』（國立臺灣大學文史叢刊　一九七七）に取り上げられているように、ずいぶん多種にわたる。しかし、約會についての史料に事例を見出だすことのできる戶計の種類は限定されている[15]。はたして、その他の多くの戶、例えば藤花戶や沙魚皮戶といった、非常に特殊な負擔によって成立する（したがって、戶數もそう多くないと推測される）戶についても、同じように約會が行なわれたのかという疑問は殘るのである[16]。ここでは、材料の比較的まとまっている、軍馬の食踏損、儒戶、僧道戶の場合を取り上げて、制度の時開的變遷を考えてみたい。

ア　軍馬による食踏損の場合

『通制條格』卷一六の「司農事例」の項には、軍馬や放牧による田禾の食損・踏踐、樹木の破壞について、いくつかの年代を異にする命令文が收められ、さらに、『元典章』二聖政卷一・安黎庶にも、大德一〇年（一三〇六）から延祐七年（一三二〇）までの詔書がまとめて收められていて[17]、後者を見ると、卽位や改元といった際に出される詔書ではこれに觸れるのが慣例となっていたと考えられる。同一種類の事件に關する規定であるため、變化の樣相を追跡するのに適しているので、まずこの事例について時代順に整理してみよう。（通は『通制條格』卷一六・田令・司農事例、典は『元典章』二聖政卷一・安黎庶）

中統五年八月聖旨　軍馬の營寨、ダルガチ、管民官、權豪勢要人が食害を犯した場合、軍馬の營寨については、所管の頭目と約會、それ以外はその土地の有司が治罪する。（通）

至元二九年七月五日聖旨　探馬赤軍による食害について、その土地の廉訪司、監察御史、ダルガチ、投下[18]の頭目が約會する。（通）

大德二年三月聖旨　軍馬、富豪、商人による食害について、ダルガチ、總管によって處理させる。（通）

大徳七年一一月一八日聖旨　獵を行なう者、官の頭疋を放った蒙古人匠その他による食損は、城子を管するダルガチが罪を斷ずる。（『通制條格』巻二八雜令・擾民）
大徳一一年五月二二日詔書（武宗登位詔）軍馬、放養馬駝による食害は、所在の官司が禁約し、罪を斷ずる。（典、通）
至大四年三月詔書（仁宗登位詔）軍馬、放縱頭疋による食害は、所在の官司に禁約させる。（通）
延祐四年閏正月詔書（建儲詔）屯戍の軍馬の食損は、肅政廉訪司、その處の管民官が歸斷する。（典）
延祐七年一一月詔書（至治改元詔）軍馬、飛放その他の食損は、所在の官司が追理斷する。（典）(19)

また、『通制條格』巻一六の「軍馬擾民」には、中統四年（一二六四）正月の聖旨があり、軍人が人民から取要し騷擾することを禁じているが、その前段で軍馬による食損についても觸れていて、そこでは、管軍官と宣慰司とが一緒に調べるように命じている。(20) こうして見ていくと、問題が生じた時に、誰がその裁定をするかについては、時期によって異なっている。中統四年、中統五年、至元二九年の命令では、投下頭目や管軍官との約會の定めがあるが、大德二年以降では約會、協議の規定がなく、ダルガチ、地方官の處理に任されていると讀める。こと食害・踏踐に關しては、軍馬に關わるものであっても、時代とともに、一般行政官廳での處理へと動いていると言えよう。この種の事件は、前述の區分で言えば輕罪に當たるにもかかわらず、初期には約會であったのが、やがて有司による裁判へと收斂していったのである。必ずしも刑法志に書かれているような原則で一貫していたのではないことを示す一例とできよう。

イ　儒戶の場合

儒戶についても、約會の適用についての時開的變化を見てみたい。儒戶における約會については、太田彌一郎氏が、

「元代の儒戸と儒籍」（註1參照）において、元朝における儒戸の處遇の問題の一つとして論じられており、基本的な事實はそこで述べられているのであるが、いささか見解を異にする部分もあり、ここではあらためてその變遷について整理しておきたい。

さて、至元二五年（一二八八）の江淮等處行尚書省の劄付が、儒戸の約會に觸れた一番古い史料であるが、そこには、「管民官司の、凡そ詞訟有るも、約會をおこなわず、擅に勾促をおこない、老小を驚嚇せしむるの事」（『廟學典禮』巻二・儒人免役及差設山長正錄直學詞訟約會）[21]とある。また、翌年四月には、浙東儒學提擧司は集賢院に上申し、同様の趣旨を述べて、儒戸の約會について確認を求め、尚書省から通達が發せられている（『廟學典禮』巻二・儒人公事約會、月は同巻五・行臺坐下憲司講究學校便宜による）。これらの史料では、儒戸への約會の適用はすでに論の前提となっており、問題となっているのは、官司の側による約會の無視であった。すなわち、

一　少なくとも至元二五年以前には、儒戸についても「約會」の制度が存在していた。[22]

二　この時點において、すでに儒戸の約會の權利が、地方官によって無視・侵害される状況が各地で發生していた。

の二つの點が確認できる。

儒戸に關しては、彼らの既得の權益が地方官廳によって侵害され、それに對抗して儒戸を管理する廟學や提擧學校官から、原則の再確認が求められるという事例が、もう一つの儒戸の權益である役の免除に關しても、至元の末年に發生していることは、すでに論じたところであり（本書第四章第四節）、江淮行省が「學校格例」を出した至元二五年には、儒人免役の基本法令としてその後しばしば引用される聖旨が出されている。[23]『廟學典禮』の項目名からも分かるように、この「學校格例」でも、免役があわせて問題になっているし、元貞元年（一二九五）六月の行御史臺の劄付においては、一つの條項の中に免役と約會が一まとめに書かれている（『廟學典禮』巻五・行臺坐下憲司講究學校便宜）。

ただし、免役については、早い時期から命令文史料があるのに對して[24]、儒戶への約會については、その成立時期を明示した史料はない。

さらに、大德三年（一二九九）五月の江浙等處儒學提擧司指揮に引かれた副提擧柯謙の牒には、

近頃、當職が考えるに、和尙、先生は、凡そ管民官司に關係する公事に遇えば、並に約會歸問することになっている以外、儒人については、もし關係する民との訴訟が有っても、有司は多くの場合、儒學を經由して約問することをせず、多くは例に違い、徑直《ただち》に勾攝し、泛く搔擾を行なっている。（これは）欽奉せる聖旨の事意、並びに元《も》と奉じた都省の元行の事理とに相違している。（『廟學典禮』卷六・提擧柯登仕申明約會）[25]

とあり、世祖から成宗へとカアンが交代した後も、依然としてこうした事態が多發していたことが分かる。この時の問題提起については、國子監、禮部、集賢院といった、儒戶に直接關わる中央の官廳の檢討をも經て、江南各道の儒學提擧司が儒人を管領し、重罪の場合以外は有司と約會することが再確認されている[26]。

しかし、皇慶元年（一三一二）二月の中書省劄付では、すっかり事態は逆轉してしまう。儒人である沈麟孫兄弟の土地をめぐる紛爭について、杭州路の鹽官州が約問をおこなわず「徑直勾擾」したと、江浙等處儒學提擧司が訴えたのに對して、浙西肅政廉訪司は、

卑司が參詳するに、儒人は民と一體で戶籍編成をしているので、籍を別にしている僧道軍民戶とは同じくし難い。今後は、學校に關係する事を除いて、その鬪訟、戶婚等の事については、有司において歸結すれば、紊煩でなくなるのではないか。

と、逆に、裁判における儒戶の約會適用除外と、學校官の管轄範圍の制限を提案し、江南行臺、御史臺、さらに中書省（刑部）でも、この提案は同意される（『元典章』五三刑部卷一五・問事・儒人詞訟有司問）。つまり、儒人への取り扱い

が、法制的にも百八十度轉換してしまったのである。[27]

こうした一連の流れを見ると、儒戶については、特殊戶として有していた法制上の特權を制限し、廟學關係の官の權限を學校に直接關わる部分にのみ限定しようとする、有司の側の志向が見出だせる。こうした儒戶の特權の弱さについては、上に引用した皇慶元年の浙西肅政廉訪司の議論にあるように、民戶との閒に戶籍の區分が明確になされていなかった點にその理由を求めようとする見解もあるが（太田彌一郎「元代の儒籍と儒戶」）、この件を檢討した刑部の呈においては、前年の至大四年（一三一一）四月二六日の聖旨によって、佛教、道教、ネストリウス派、ムスリム、白雲宗、頭陀教などが各路州縣に有していた衙門が廢止され、裁判についても管民官によるとされた事を、その判斷の根據としていることから見て、一連の宗教教團の權限の宗教面への限定と關連させて考える必要がある。[28]

ウ　道僧の場合

僧尼に關する約會や裁判についての宗教官の權限の制限については、大藪正哉氏にすでに論考があるが（註4參照）、裁判の管轄の問題を軸にもう一度整理しておこう。

道僧の裁判における約會をめぐっての規定は、至元の末になってはじめて史料に見える。それらはいわゆる三教約會についての規定であるが、その中に、儒道の側が、「去年、俗人と和尚らが争った訴訟があれば、和尚の頭となる者が、管民官と一緒に斷じた」（至元三〇年／一二九三）[29]として、自分達の頭となる者にも關與させるように求めていることから見て、僧については、裁判における約會がそれ以前から存在していたことがわかる。さらに遡ると、『元史』卷六・世祖本紀三の至元四年正月乙巳には、「僧官の民訟を侵理するを禁ず」とあり、僧官が詞訟に關與していたことがわかるし、『元典章』四〇刑部卷二・繫獄・僧尼各處監禁は、至元二八年の宣政院の文書だが、「各地の僧司の衙門が罪の輕重、虚實を問わずに拘禁し、枷を加している、今後は僧尼の罪人の奸盜徒罪以上は、監收してはならない[30]」という趣旨を述べている。これは、少なくとも至元の二〇年代には、僧官がかなりの重罪に至るまでも取り調べ、監禁する實態が存在していたことを示しているし、その一方で、國家の側としては、「奸盜徒罪以上」について彼らが關與することを否認する意志を示しているとも言える。その點では、大德七年（一三〇六）の中書省箚付に引用されている世祖、成宗の聖旨に、「奸を犯した者、人を殺した、賊と做《な》った、謊《でた》らめを説べた者などの、罪を犯した僧道らは、管民官をして問わせ、それ以外の、民と地土を相い争うなどの一切の争訟の裁判は、管民官が彼らの頭目と約會し、一緒に問え」（『元典章』三九刑部巻一・刑名・僧道做賊殺人管民官問者）とあるのともあわせて、重罪は管民官、輕罪は約會という原則が存在したことを示していると考えてよかろう。しかし、この大德七年の箚付の述べるところによれば、その後に宣政院の異議で全てが約會となったという[31]。これに對し、大德元年には再び「僧道の姦盜の重罪を犯せる者は、有司が鞫問するを聽す」（『元史』巻一九・成宗本紀二・大德元年六月丙辰）と定められた。以後、大德年間には、この趣旨の命令が繰り返し出される[32]。そして、至大四年には、儒戸のところでも觸れたように、僧官が廢止され、僧人の詞訟が全面的に有司の側で處理されるに至った（註28參照）。しかし、皇慶二年（一三一三）には、「奸盜詐僞は管民官、僧俗の詞訟は各寺院の住持との約會」となり[33]、以後はこの問題についての記事を見ない。道士についても、延祐四年（一三一七）に同趣旨の聖旨が出ている（『元典章』三九刑部巻一・刑名・先生毎犯罪）。

以上、異なる年次の史料が存在する戶種について、約會をめぐる規定の變遷を整理してみた。大藪氏は、元代の僧尼の犯罪への處分規定について論じた中で、「重罪を犯すものはすべて有司が專決する」というのが、元朝の法制上の原則であるが、僧尼に關してはその實行には困難が存在したとして、至大四年（一三一一）の僧官廢止の前後における、僧尼に對する裁判制度のゆれを取り上げて論じられているが[34]、これまで見てきたように、僧尼に限らず、各種の戶計について、有司の側では、例外的な存在を路州縣の行政の枠の中に一本化しようとする志向が、たえず働いていたのではないかと考えられる。ただし、『元典章』の記事が延祐年間で終わってしまい、『元史』にはほとんど關係記事がないため、以後の時期についても同樣の傾向が見出だされるかどうかの追跡は困難である。

諸色戶計に關する行政の一本化への傾向は、裁判には限らない。大德一一年一一月に出された、至大改元詔に次のような一節がある。

今後、近侍の人員・內外大小の衙門は、已降の聖旨に欽依し、掌る所の事を除くの外、凡そ選法・錢糧・刑名・造作、軍站民匠戶口の一切の公事は、並に中書省を經由し、施行を可否せよ。隔越聞奏することを得る毋れ。違う者は究治す。(『元典章』二聖政卷一・振朝綱[35])

この聖旨の主旨は、近侍の人員の越權行爲を戒めることにあるが、各衙門に對し、その直接擔當するところは除き、選法・錢糧・刑名・造作について、軍、站、民匠戶という數的にも多い戶計についての一切の公事(事務)を、中書省が統括せよと述べている。ここで言う「刑名」の中書省による統括が、裁判における各衙門の關與の否定を意味しているのかどうかは、確認できないが、やはり行政の一本化という方向性が、各分野にわたって目指されていることがわかる。また、大島立子氏は、大德七年の中書省の咨文に引かれた、「軍、站、人匠、打捕鷹坊、幷びに投下、諸王、駙馬、誰のものであれ、戶計の和雇、和買、雜泛差役が有れば、都べて一體に均當せしめよ」(『元典章』二六戶部卷一二・戶役・編排里正首例[36])という聖旨を例として擧げ、「大德年閒に特殊徭役戶と民戶との國家に對する義務に變わりがなくなる傾向があり」と指摘されている[37]。約會の場合と比べると時期的には少し早くなるが、これもまた同じ傾向の現れと言えよう。

一方で全てを有司のみによる裁判で片づけようという方向への力が働くとすれば、もう一方では、全ての裁判での約會の實施、さらには管轄官廳のみによる裁判への力が働く。僧尼について、至元の末年には對象となる事件に關わらず宣政院による裁判關與を求める動きがあったことを上で觸れたし（『元典章』三九刑部巻一・刑名・僧道做賊殺人管民官問者、註31參照）、これもすでに書いたように、僧侶について大德年閒には重罪の裁判は有司が行なう旨の命令が繰り返し出されるのも、逆方向の力が強く働いていたからであろう（註32參照）。また、軍戶についても、至大元年五月の中書省の咨文によれば、樞密院が「蒙古軍人相互は樞密院が、その他の軍民相互に關わるものは約會に」という要求を出したのに對し、中書省の側は「詞訟の窒碍」を理由に反論し、世祖、成宗の聖旨では、軍と民とが關わる詞訟では、「重罪は有司、輕罪は約會」となっていることを持ち出し、それが再確認される結果となった（『元典章』五三刑部巻一五・約會・軍民詞訟約會[38]）。これらの事例は、そうした方向の具體的な現れである。

植松正氏は、「元代江南投下考」において、『元典章』文書に見られる元代江南における二つの支配原理、すなわち、路州縣という有司のラインと投下の官司との閒の調整ということを提示された。そこでは、江南の投下戶の約會も材料の一つとして利用されている。江南の投下に限らず、約會というシステムは、各種の人閒集團と有司との閒のせめぎあいの中での綱引きの結果として變遷していったものであるといえよう。儒戶についての約會でも見たように、規定があったとしても、必ずしもそれが確實に實施されているというわけではなく、前にも引いた柯謙の牒文が述べるところによれば、和尚や先生、すなわち道僧では機能している約會が、儒人については實施されていないという（註25參照）。こういった傾向、すなわち諸色戶計が關わる事件で、約會が行なわれるべき場合でも、有司の側が勝手に斷じてしまうという問題は、なにも儒戶の場合に限るわけではない。たとえば、軍戶に關しても、「軍・民の相い犯せば、重罪を除き約會」と、世祖、成宗、武宗累降の聖旨で定められているのに、有司がそれを無視したことを、樞密院が訴えた事例がある。この場合は、三回呼んだが來なかったとでたらめを言って約會をやらなかったとされ、縣の官は處罰されている（『元典章』五四刑部巻一六・違錯・縣官擅斷軍事、皇慶元年）。

聖旨や咨文といった形で、約會の實施についての命令文が出され、今日にまで残されているとしても、それが現場での實態をどのように反映しているのかとは、話は別である。約會の範圍や實施の有無は、最終的には集團相互の力關係、その時點における政治・社會狀況によって決まってしまう。そもそも約會が實施されること自體が、關係する集團にそれだけの力のあることの證據であると見ることもできよう。植松氏が取り上げた江南の投下戶についての約會の問題は、それを示す好例であるし、上とは逆に、管轄官廳の側がかってにやってしまう場合ももちろんある。たとえば、『元典章』四一刑部巻三・内亂の「欲奸親女未成」の場合は、投下戶が起こした事件を、本管の官司がかってに裁判してしまい、これは重罪であるから有司と約會しなければならないと、提刑按察司が指摘し、「今後は、投下の戶が奸盜の重罪を犯した場合には、有司の方から本管官司に約會を申し入れ、一緒に裁かなければならない」と尙書省が各路に通達した事例である。事件が起きたのが至元五年、通達が出たのが八年であるが、すでに見た制度の變遷から言えば、投下の約會については、至元三年の聖旨があり、約會どころか、重罪は當然有司の側の裁判でなければならないはずだが（註12參照）、現場ではそれ以前の段階であったわけである。

四　湖州安定書院の場合

しばしば言われるように、元朝は民閒で生じた爭いについては、裁判の場に持ち込まずに話し合いで解決することを奬勵していた。[39] そうした話し合いも、雙方が時期を決めて出會うならば、「約會」と呼ばれるであろう。話を紛爭の解消に限定するとしても、現實の場で生じる「約會」は、かなり幅を持ったものであったはずである。その意味では、これまでの研究で取り上げられてきた約會は、法制上のある限定された部分であったといえよう。ここでは、異なる集團の閒で紛爭が發生した場合に、どのようなやり方で處理されたかを、湖州安定書院をめぐる儒と佛の爭いを傳える史料から見てみたい。これまで檢討してきた制度としての約會と比べれば、いささか樣相を異にするが、集團閒の紛爭の解消という意味では、現場における約會の具體的な姿を示してくれる例であると考える。この「約會」の資料となるのは、牟應龍撰の「湖州路總管郝中議生祠記」（延祐三年／一三一六）と、「安定文昭胡公墓據之碑」（至順四年／一三三三）(40)である。この時代、元朝の支持をバックとした寺院と儒學との閒に、敷地や田地をめぐる爭いが發生したことについては、文集・石刻などに殘された學田記あるいは寺田記の類に書き殘されているが、「墓據之碑」の場合には、處理の經過を詳細に述べるだけではなく、その閒に往復された文書を殘しており、他にはあまり例を見ない史料となっている。

北宋の學者で、程頤の師としても知られる胡瑗（九九三―一〇五九）は、杭州で死んだ後、長く州學教授として多くの弟子を育てた湖州烏程縣の何山に葬られ、縣の士人達は春秋にその墓に詣でるのが習慣となった。さらに、南宋の淳祐五年（一二四五）には、知州の蔡節によって安定書院も創建された。(41)しかし、元代に入ると、墓地の一帶は鄰接する何山寺の僧によって占據されて、碑は碎かれ、祠堂の建物は毀されてしまい、參詣の道も閉ざされた（至元二二年／一二八五）。この時、書院の方も、やはり鄰接する廣化寺の僧によって占據されている。この事件が、南宋滅亡直後の江南の宗教界を支配した楊璉眞加の江南釋教總統所の力を背景としたものであることは、『廟學典禮』卷三・郭簽省咨復楊總攝元占學院產業に、楊總攝によって被害を受けた宮觀、廟宇、書院の名前が擧げられている中に、湖州安定書堂の名前も見出されることによっても確認できる。(42) こうした狀況において、書院の側では、事を湖州路總管府に訴えた。訴えは、提刑按察司、江浙行省へと上達され、行省の命令を受けて、總管府は總統所の官と「約會」することとなった。その結果、寺側の主張には根據がなく、土地、墓、建造物はいずれも「秀才」の物であることが確認され、返還が命ぜられた（至元二九年／一二九二）。しかし、寺側は占據を繼續して返還には應じず、祭祀は寺僧により實力で妨害された。延祐二年（一三一五）には、土地の經理が行なわれるのに際して、書院の山長嚴與敬、直學潘觀德から再度訴えが提出された。提調學校官である路總管の郝鑑は、歸安縣尹の李拱辰に委ね、(43) 烏程縣尹、山長嚴與敬と「耆儒」、寺の住持祐長老と「耆舊僧人」とで「約會」させ、書院側の主張が認められたが、寺側の占據は續き、問題は解決しなかった。一一月になって郝鑑は現地を訪れ、墓域および參道の補修・確保と書院の儒人達の春秋の參詣致祭の權利が確認された。この結果に喜んだ儒人達は、翌年には郝鑑の生祠まで作っている。この時に立てられたのが、「湖州路總管郝中議生祠記」である。

しかし、やがて雨で崩壞した墓域の修復や春秋の祭祀が、寺側によってふたたび妨害されるようになり、泰定四年（一三二七）四月には、またも書院側からの訴えが總管府に提出された。府は烏程縣に命じ、縣尹干文傳(44)はみずから現地に赴き、現況を調査するとともに、何山寺の「耆舊知事僧」、書院の「耆儒」等に「會議」させた後に、兩者連名での上願の形で、延祐の取り決めを再確認させ、一方で儒人はそれ以上は寺院の土地を侵奪しないことが取り決められた。そして最終的には、同年九月七日に、總管府の官衙において審問が行なわれた。この場には、安定書院、何山寺の關係者のみならず、湖州の各寺院の住持も出席し、内容が確認された。この協議の内容については、繪圖を附した文書をそれぞれに持つとともに、路總管府の榜文が書院側に出給され、さらに、道の肅政廉訪司分司を經て、江浙等處行中書省に上申された。こうして紛爭は一應の決着をみた。

以上が、二つの石刻に見られる、安定書院と何山寺との胡瑗の墓域をめぐる争いとその處理に關する記事から、事態の推移を要約したものである。

さて、裁判は三度行なわれた。まず第一は、至元二〇年代の最初の提訴である。何山寺の侵害に對する安定書院の訴えに對して、湖州路總管府は、總統所が委した官と「約會」している。儒と僧の争いであるから、僧の側の管轄機關である總統所が出てくるのは當然として、儒の側は學校官が出ずに總管府が擔當している。總管府がかかわったのは、儒戸の本管官である儒學を「提擧」する官職については、中統二年（一二六一）に聖旨が出され、その設置が命じられたが（『廟學典禮』巻一・設提擧學校官）、至元二一年（一二八四）閏五月一七日の令旨で、路と道の提擧學校官が重なるのは冗設だとして、路のそれは最終的に廢止され、文資の正官によって提調させることとなったため（同巻一・革提擧司令文資正官提調）(45)、總管府と總統所の間で協議が行なわれたのであろう。書院からの上申は、總管府→提刑按察司→江浙行省と上げられ、行省が命じて、總管府が總統所と約會したという形をとっている(46)。

次が、延祐二年である。この時は、提調學校官である路總管の郝鑑の依頼で、歸安縣尹が、烏程縣尹、山長嚴與敬、書院の耆儒と約會し、さらに耆老、看山人、そして何山寺の祐長老、耆舊僧人を喚び、一緒に詢問したが、話がつかず、最終的には路總管の現地調査を經ての裁定で決着する。

そして、最後の泰定四年の場合、總管府は、「僧俗、相い干わる」ため、烏程縣尹に命じて調査の上で、兩者に「會議」させ、連名の「情願」を出させたうえで、總管府での審問で決着した。この時については碑記には「約會」の文字はないが、兩當事者だけではなく、路內の他の寺院の住持も集められ、總管府によって協議の内容が確認されている。

至元の第一回目の「約會」が擔當官廳間の協議としての性格を持つのに對して、延祐、泰定の二回の裁定においては、書院の側は山長だけではなく、「耆儒」と呼ばれる人々が、また寺の方からも、住持の他に「耆舊僧人」が參加している。とすれば、少なくともここで見られる約會は、擔當官廳や代表者の間での事務的な處理の場ではない。むしろ、集團對集團の交涉の場として成立していると言えよう。元代の儒人についての制度において、路州縣の廟學と並んで書院も儒人掌握のための機關として位置づけられ、州縣學ではなく書院に所屬する儒人もいた。(47) また、山長以下の職員は、定員化されて、國から任命されるポストであった。この場合の「耆儒」の語が指す範圍は不明だが、その中に、安定書院に關わる他の碑刻に名前の見える人物もいることから考えると、安定書院に屬する儒人達のうちの中核的な人物であったのであろう。(48) 一方、泰定の總管府での審問に出席した僧侶達の所屬する寺院については、『嘉泰吳興志』（巻一三・寺院）や『成化湖州府誌』（巻一二・寺觀）において、その多くを見出だすことができ、州城内を中心に、歸安、烏程兩縣の寺が含まれていることが分かる。(49) 地域の寺院の代表者達がこの協議に加わっていたことは、この紛爭が、特定の書院の土地の所屬をめぐるトラブルというよりは、この地域における、儒對僧という二つの集團の爭いとなっていたことを示している。

また、こうして安定書院をめぐる紛爭處理の經緯を見ていくと、延祐、泰定いずれの場合も、形式的には、書院と何山寺の解決案の「情願」を總管府が承認する形を取っているが、實際には有司の主導によって行なわれている。泰定の場合は、縣は寺や墓のある三碑鄉七都の里正に命じて、書院の儒人の春秋の祭祀を認めるように、何山寺を「勉諭」させてもいる。儒佛の間の詞訟といっても、實際の場面においては、實質的には有司の主導で進行しており、それは、この一連の爭いの一應の決着が附けられた場が、路の總管府であったことにも見出だせる。詞訟における有司の主導については、たとえ相手が蒙古軍人であっても、約會が開かれる場は官廨であったことが、『元典章』五九工部巻二・公廨・軍民約會廨宇の記事によって知ることができるし、(50)また、三度呼んで來なければ最終的には有司による裁判が行なわれるという、おなじみの規定にしても、有司優位の立場に立つものと言うことができよう。上で見てきたような制度面における有司の裁判への收斂の方向だけではなく、實態においても有司の側の主導という方向が存在していたと言えよう。

五　おわりに

以上、この章で檢討してきたことを再度整理してみると、結局、これまでの研究で論じられてきた約會についての問題、すなわち時期によって變遷があること、一般的には、約會の範圍は狹められ、路州縣の有司による裁判の方へ移っていったことなどを、再度確認したに過ぎない結果となってしまった。ただ、けっして安定、不變な制度として、約會が存在したものではないことは確認できたと思う。また、法制上は存在してもそれが實行されない場面の存在についても觸れた。こうしてみると、制度としての約會關係法制の變遷や、約會の實施の有無、さらに現實に約會の行なわれている「場」を見ても、約會というものが、固定安定したシステムではなく、元朝の社會を構成する諸集團と有司の力關係のバランスの發現であり、その場その場の現實に對應したものであるという面を持っていたことがわかるのである。

註

（1）「元代の司法制度　特に約會制に就いて」（『史潮』六—一　一九三六）、「元代の訴訟裁判制度の研究」（『蒙古學報』一　一

九四〇）

（2）岩村忍「元典章刑部の研究－刑罰手續」（『東方學報』京都二四　一九五四、後『モンゴル社會經濟史の研究』［京都大學人文科學研究所　一九六六］所收）、陳高華「元朝的審判機構和審判程序」（『東方學報』京都六六　一九九四）

（3）「約會に關する覺書」（『元史刑法志の研究譯注』　一九六二）

（4）大藪正哉「元史刑法志に見える僧尼の犯罪に關する規定」（『元史刑法志の研究譯注』一九六二、後『元代の法制と宗教』［秀英出版　一九八三］所收）、同「元代の法制と佛教」（『東京教育大學文學部紀要』八六　一九七二、後『元代の法制と宗教』所收）、太田彌一郎「元代の儒戸と儒籍」（『東北大學東洋史論集』五　一九九二）、植松正「元代江南投下考」（『東洋史研究』五四－二　一九九五、後『元代江南政治社會史研究』［汲古書院　一九九七］所收）など。

（5）「集團主義」という語については、第二章註2參照。なお、岩村忍氏が註2論文で用いている「分離主義」は、指している方向は異なるが、事態としては同じものであると思われる。

（6）この規定に關しては、『元典章』五三刑部卷一五・約會・軍民詞訟約會と、『元典章』新集刑部・訴訟・約會・軍民相干詞訟に同じ記事があり、前者では、「至元三十一年定例」、後者では、「至元三十年定例」として、引用されている。なお、約會に關しては、この史料に見えるように「強竊盜賊、僞造寶鈔、略賣人口、發塚、放火、犯姦」と、「鬪訟、婚田、良賤、錢債、財產、宗從繼絕」の二つのグループに分けて規定されていることがしばしばある。以下、區別が必要な場合には、前者を重罪、後者を輕罪とまとめて呼びたい。

（7）約會の語が元朝になって見られるようになるものであることは本文で述べたが、約會の前提となる、集團內部における獨自の裁判制度の存在は、それ以前から見出だされることは、『譯注中國近世刑法志下』の一七六條が述べるとおりである。そのうち、資料が多く具體的な內容が分かるものとして、佛教教團の場合がある。この問題については、高雄義堅「宋代の僧官制度」（『支那佛教史學』四－四　一九四一、後『宋代佛教史の研究』［百華苑　一九七五］所收）、同「元代に於ける僧尼管屬僧官並びに度牒の研究」（『佛教學論纂』［龍谷大學紀要第一輯］一九四四）、野上俊靜「宋人の見た金初の佛教」（『佛教史學』三－二　一九五二、後『遼金の佛教』［平樂寺書店　一九五三］所收）、笠沙雅章「內律と俗法」（『中國近世の法制と社會』一九九三）などを參照されたい。

（8）四年の聖旨には「若端的有這般搔擾百姓的人每、管軍官與宣慰司一同問當了、是實呵、依着扎撒賠償斷遣者」とあって、共同の取り調べを命じてはいるが、約會の語はない。五年の聖旨には、「除軍馬營寨約會所管頭目斷遣、餘者卽仰本處官司就便治罪施行」とある。

（9）『秋澗先生大全文集』卷八九「彈阿海萬戶屯田軍人侵占民田事狀」

今察到、武淸縣北鄕等處、有阿海萬戶下屯田軍人。於至元二年倚賴形勢、於上司元撥屯田地段四至外、強將諸人莊子及開耕作熟桑棗地土、侵奪訖二十餘頃。俱是各家係稅地數。往年雖經陳告總管府、行下本縣歸着、本縣累次約會、本官不到、至今不曾吐退。

（10）至元二年二月、欽奉聖旨、立總管府條畫內一款節該、投下幷諸色戶計、遇有刑名詞訟、從本處達魯花赤、管民官、約會本管官、斷遣。如約會不至、就便斷遣施行。

（11）『元典章』五三刑部卷一五・約會・竈戶詞訟約會

大德六年八月十四日、行臺准御史臺咨、承奉中書省劄付、來呈、山東廉訪司申、照刷山東鹽運司文卷內、但凡竈戶人等、爭告一切相關詞訟、本司止委書吏・奏差無職人員、與各處官司、一同歸問。具呈照詳。送刑部照得、欽奉聖旨條畫內一款、「諸投下幷諸色戶、遇有詞訟、從本處達魯花赤管民官、約會本管官斷遣。如約會不至、及不服斷者、申部究問。」欽此。本部議得、竈戶與軍民相關詞訟、理合所委鹽司官、與管軍民官、一同取問歸結、相應。都省准擬、仰照驗施行。

（12）中書省劄付、大德四年十二月二十一日奏過事內一件、（中略）世祖皇帝卽位之後、至元三年、省官人每商量、遍行文書來。「合死的重罪過、幷強盜、切盜、造僞鈔等、更做重罪過的、各投下裏也不須約會、是管民官的勾當、只教管民官、依體例歸斷者。除這的、鬪毆爭、驅良、婚姻、家財、債負等、這般勾當、約會各投下官人每、一處斷者。三遍約會、不來呵、管民官就便依體例歸斷者。」麼道、這般行了來、那體例至今行有。（以下略）

（13）管領隨路人匠都提領所、提領一員、大使一員。俱受省檄、掌工匠詞訟之事。至元十二年始置。

匠戶の約會については、鞠淸遠氏の「元代係官匠戶研究」（『食貨』一－九　一九三五）が論及している。

(14)『元典章』三九刑部巻一・刑名・軍戸重刑總府歸結
至元十年六月十八日、樞密院據彰德路申、『欽奉聖旨節該、「府州司縣達魯花赤、管民長官、不妨本職兼管諸軍奥魯、但係一切公事、並須申院」、欽此。照得、在先、凡有刑名詞訟、無問軍民所犯、府州司縣官、員(圓)坐一同歸結。今後、除軍民相關、約會歸斷外、若有元告、被論人倶係軍戸、合無令達魯花赤、管民官另行歸結、或與以次官通同理問。乞明降』。樞府議得、軍人所犯重刑、合令總府歸斷完備、結案申部、其餘雜犯事理、從諸軍奥魯總管府歸結、仰依上施行。

(15)ちなみに、筆者の知りえた範圍で、約會に關する史料に名前の見える戸種は、
軍戸、儒人、僧、道、醫、頭陀禪師、樂人、竈、也里可溫、回回、怯憐口、蒙古、投下、畏吾兒、哈迷里
である。

(16)諸色戸計という語はあっても、それの指す範圍は明確ではない。こうしたおそらくは地域も限定され、戸數も多くないであろう戸種にいたるまでが、法制上別扱いになっていたのかどうかは不明というべきであろう。前述のように、約會が制度として成立するためには、全國的に所管の官廳が存在することが必要であり、儒や僧、あるいは匠といった、制度が整備されたものはいざしらず、零細な戸計にまでそんなことが成り立つのであろうか。黃氏の書は、各種の戸を網羅的に扱ってはいるが、こうした點には觸れていない。

(17)ただし、大德一〇年の詔敕には、裁判管轄についての言及はない。

(18)『通制條格の研究譯註』によれば、この場合の「投下」は探馬赤軍を指す。

(19)至元三一年の成宗登位詔書(『元典章』二聖政巻一・勸農桑)や至大二年二月の上尊號詔書(『元典章』二聖政一・安黎庶、『通制條格』巻二八雜令・擾民)も、同様の問題を取り上げているが、裁判管轄への言及はない。

(20)大德一一年一二月の至大改元詔では、騷擾の禁止について、「所在の官司による」となっている(『元典章』二聖政巻一・安黎庶)。

(21)江淮等處行尚書省、至元二十五年十二月二十日、崔思政承行劄付該、來呈本道儒學提舉司行移淮東浙西儒學提舉司會驗下項學校格例、乞照詳事、得此。省府照得、本道見呈、與省府元議相同、合下仰照驗、行下合屬、依上施行。(中略)一、管民

官司、凡有詞訟、不行約會、擅行勾促、驚嚇老小事、前項議得、儒戸除犯奸盜、一切所犯重罪、幷催徵稅糧、有司理問外、其餘詞訟、約會一同歸問。（劄付浙東宣慰司）

（22）太田氏は、この時をもって儒戸についての約會が始まったとされるが、これまで見てきたように、諸色戸計への約會の適用が、至元の初年から始まっていること、儒戸が戸籍の上で、至元八年の「戸口條畫」（『元典章』一七戸部巻三・籍冊）では成立していること、を考えに入れると、すでに成立している制度への侵害と理解するほうが妥當ではないか。

（23）本書第四章參照。この聖旨は、『廟學典禮』巻二・江南儒戸免横枝兒差發、同・江淮等處秀才免差役廟學禁搔擾に見える。

（24）本書第三章、および杉山正明「西夏人儒者高智燿の實像」（『清朝治下の民族問題と國際關係』一九九一）參照。この問題についての史料としては、『廟學典禮』巻一・選試・儒人免差、同・秀才免差發があり、前者はいわゆる戊戌の選試の時の聖旨であるから、一二三七年のものである。

（25）今來當職（江浙等處儒學提擧司副提擧柯謙）切詳、和尚、先生、凡遇管民官司相關公事並從約會歸問外、據儒人但有干碍民訟、其有司多不經由儒學約問、往往違例、徑直勾攝、泛行搔擾。似與欽奉聖旨事意。幷元奉都省元行事理相違。

柯登仕は、『歸田類稿』（四庫全書本）巻一三の「江浙等處儒學副提擧柯君墓誌銘」によれば、この時期に柯謙が江浙儒學副提擧となっていることから、彼であると考えられる。

（26）太田氏は、『元典章』一七戸部巻三・承繼・異姓承繼立戸において、鄂州路錄事司の儒戸萬永年の承繼をめぐる訴訟で、儒戸關係の官廳が關與していないことから、この裁判が行なわれた大德四年には、儒戸の約會が實質機能していなかったとするが、註22で書いたように、筆者の見解としては、至元二五年の時點ですでに約會が充分機能していない場合が存在したと考えている。

（27）『元典章』五三刑部巻一五・問事・儒人詞訟有司問

皇慶元年二月、江西廉訪司奉江南行臺劄付、御史臺咨、奉中書省劄付、來呈、江南行臺咨、浙西廉訪司申、江浙等處儒學提擧司申、杭州路鹽官州儒學狀申、至大四年二月十八日、儒人沈麟孫告、「伊弟沈壽四、侵占簷地等處。移文鹽官州約問、有鹽官州欺淩滅視、又不依例約問、徑直勾攝。以此參詳、儒人相干公事、學官一同約問、乃天下通例。今鹽官州故爲定例、沮壞學校」。卑司參詳、「儒人與民一體抄籍、難同別籍僧道軍民戶。今後、合無除干碍學校之事外、其鬪訟、戶婚等事、若從有司歸結、庶不紊煩。緣係爲例事理」。本臺（江南行臺）看詳、「如准浙西廉訪司所言、庶革紊煩之弊」。准此。看詳、行臺所言、儒學提舉教授等官、與有司約會歸問、詞訟紊煩不便、事干通例、宜從合干部分定擬。相應。其（具）呈照詳。得此。送據刑部呈、照得、至大四年四月二十六日、欽奉聖旨節該、「管和尚、先生、也里可溫、答失蠻、白雲宗、頭陀教等各處路府州縣裏有的他每的衙門、都教革罷了、拘收了印信者、歸斷的勾當有呵、管民官依體例歸斷者」。欽此。除欽遵外、今承見奉、本部議得、學校之設、實風化之原、人材所自也。其師儒之官、當以教養作成爲務。在籍儒人、果有違枉不公不法一切詞訟、比例合從有司歸問。相應。具呈照詳。都省仰照驗施行。

（28）『元史』の仁宗本紀には、「至大四年二月丁卯、總統所及び各處の僧錄・僧正・都綱司を罷め、凡そ僧人の訴訟は悉く有司に歸せしむ」とある（卷二四）。これに對應する聖旨が二つあり、一つが、『元典章』三三禮部卷六・釋道・革罷僧司衙門にある、至大四年二月二七日の皇太子令旨（この時まだ仁宗は即位していない）である。この令旨には、「（前略）不揀有甚《なんであれ》、合に歸斷すべき的等の勾當有れば、管民官、歸斷せよ」とある。また、これと同趣旨の聖旨が、四月二六日に出された。これが、「儒人詞訟有司問」に、儒戶の約會停止についての先例として引かれているものであり、『元典章』三三禮部卷六・釋道・革僧道衙門免差發は、この聖旨が內容となっている。四月の聖旨でも、「歸斷するの勾當有れば、管民官は體例に依りて歸斷せよ」とあり、いずれも管轄官廳の廢止と、裁判權の管民官への移動を命じている。ただし、二月の令旨が「和尚」の衙門に限られているのに對し、四月の聖旨には、衙門廢止の對象として、「和尚、先生、也里可溫、答失蠻、白雲宗、頭陀教」と、當時の主要な宗教各派が擧げられている。免役特權の授與に際しても、その當初から他の宗派へのそれが前例として擧げられているように（杉山註24論文および本書第四章を參照）、元朝での儒者への處遇は常に他の宗教、とくに道僧へのそれと密接に關連していたから、今回の約會の廢止についても、その點を考慮に入れる必要があると考えるのである。なお、『元史』刑法志の引用で（e）とした、ムスリム聖職者の裁判關與の禁止は、至大四年一〇月四日にも、單獨の聖旨として出されている（『元典章』卷五三刑部卷一五・問事・哈的有司問）。

（29）『元典章』五三刑部卷一五・約會・儒道僧官約會

至元三十年正月、福建行省准中書省咨、據樞密院呈、至元三十年正月初九日奏過事内一件、「脫脫叉木等、行宣政院官人每、與將文書來、『這裏的和尚每、先生每、秀才每、一處有爭差的言語有呵、和尚每的爲頭兒的、先生每的爲頭兒的、秀才每的爲頭兒的、一同不問。先生、秀才每、管民官根底、私地下告、管着先生每的、秀才每爲頭兒、一同不問、管民官、與管和尚的頭目、一同問有。〝如今和尚每的、先生每底、秀才每、一處若有爭差的言語呵、和尚每爲頭兒的、先生每爲頭兒的、秀才每爲頭兒的、一同問者。〟麼道、與將聖旨來』的、說將來有。俺商量的、去年『俗人與和尚每、有爭差的言語有呵、和尚每的爲頭兒、管民官一同問了斷者。民官、和尚每根底、休教斷者。』麼道、聖旨與將去了來。如今『和尚、一處先生每、秀才每、有爭差的言語呵、管民官一處休交問、和尚每的爲頭兒的、先生每的爲頭兒的、秀才每的爲頭兒的、一同問者。』麼道、聖旨與將去呵、怎生。」麼道、奏呵、「那般者。」麼道、欽此。

（30）
『元典章』四〇刑部卷二・繫獄・僧尼各處監禁

至元二十八年行宣政院照得中書省條畫内一款、諸犯罪者、對問其閒、分別輕重、然後監禁枷鎖、男女異處。今體知、各處大小僧司衙門、凡有僧尼人等爲事、不問所犯輕重、被訴虛實、便行監禁枷鎖、及將僧尼混雜同禁、未便。使院合下仰、今後僧尼罪犯、奸盜徒罪以上、不得監收、止令召保隨衙、如有應監者、仍令異處、毋得混雜。若有不應監禁枷鎖僧尼、定將當該判署官吏、究治施行。

（31）
『元典章』三九刑部一・刑名・僧道做賊殺人管民官問者

中書省劄付、大德七年二月二十四日奏過事内一件、『「爲斷僧人詞訟的上頭、商量者。」麼道、聖旨有來。俺照得在先行過的文卷呵、爲斷僧道每詞訟上頭、世祖皇帝的聖旨、皇帝的聖旨明白有、「犯奸的、殺人來的、做賊說謊的、犯罪過的僧道每、則交管民官問者。其餘、與民相爭地土、一切爭訟勾當、管民官約會他每頭目、一同問者。」聖旨有來。在後、宣政院官奏過「不揀甚麼勾當有呵、約會一同問者。」爲那上頭、僧道做賊說謊、圖財因奸、致傷人命的僧道多有。似那般約會待問呵、他每約會不來。使人去呵、將使去人打了、更教賊人躲閃了有。因此、遷調得訟詞長了、交百姓每生受有。爲那上頭、上位奏過、「則教管民官問者。」』麼道、世祖皇帝根底、皇帝根底奏過的奏事、聽讀了奏呵、奉聖旨、「既是那般呵、那般做賊說謊來的、致傷人命的僧道、依在先聖旨體例、則交管民官問者。」欽此。

（32）宣政院の成立は至元二五年であるから、この申し入れはそれ以降となることは、すでに大藪氏が指摘されている。
『元史』成宗本紀他に見える大德年間における僧尼の裁判に關する規定の變化を箇條書きにすると、次のようになる。
大德元年六月丙辰　詔。僧道の姦盜重罪を犯す者は有司が鞫問
大德二年三月戊子　詔。僧人の奸盜・詐僞は有司の專決、輕い者は僧官と約斷
大德四年　內部の重罪は僧官（『元典章』巻三九刑部一・刑名・僧人自犯重刑）
大德六年正月庚戌　詔。自今、僧官・僧人の犯罪は、御史臺と內外宣政院が同鞫、宣政院が不公なれば、御史臺が治す
大德八年一一月壬申　詔。僧の姦盜殺人は有司の專決
仁宗至大四年二月丁卯　僧官の廢止

（33）『元典章』三三禮部巻六・釋敎・和尚頭目
皇慶二年六月十七日欽奉聖旨（中略）依着在先聖旨體例、奸盜詐僞致傷人命、但犯重罪過的、管民官問者。除這的之外、和尚每自其閒不揀甚麼相告的勾當有呵、各寺院裏住持的和尚頭目、結絕了者。僧俗相爭田土告的勾當有呵、管民官與各寺院裏住持的和尚頭目、一同問了斷者、合問的勾當有呵、管民官衙門裏聚會斷者。和尚頭目約會不到呵、管民官依體例斷者。他門誰遲悞了勾當呵、監察廉訪司官人每、依例體察者。和尚每無衙門麼道、管民官休搔擾者。

（34）大藪正哉「元史刑法志に見える僧尼の犯罪に關する規定」（註4參照）

（35）『元典章』二聖政巻一・振朝綱
大德十一年十二月日欽奉至大改元詔書內一款、設官分職、各有攸司。中書省輔弼朕躬總理庶政。中外越分奏事者、即位之初已常戒飭。今後近侍人員、內外大小衙門、欽依已降聖旨、除所掌事外、凡選法錢粮刑名造作軍站民匠戶口一切公事、並經由中書省可否施行。毋得隔越聞奏。違者究治。

（36）『元典章』二六戶部巻一二・戶役・編排里正首例
軍、站、人匠、打捕、鷹坊、幷投下、諸王、駙馬、不揀是誰的戶計、和雇和買、雜泛差役有呵、都交一體均當者。欽此。

（37）大島立子『モンゴルの征服王朝』（大東出版社　一九九二）一七〇頁。
（38）『元典章』五三刑部巻一五・約會・軍民詞訟約會、同條後段の至大元年六月二二日附御史臺咨も同趣旨。
（39）『元典章』五三刑部巻一五・聽訟・至元新格
　　諸論訴婚姻、家財、田宅、債負、若不係違法重事、並聽社長以理諭解、免使妨廢農務、煩紊官司。
（40）「郝中議生祠記」は、『呉興金石記』巻一四、『同治湖州府志』巻四七、『光緒歸安縣志』巻二五に移録されている。また、「墓據之碑」は、『呉興金石記』巻一四、『同治湖州府志』巻四七に移録されている。いずれも、『兩浙金石志』には未收。「郝中議生祠記」の撰者に關しては、『呉興金石記』・『同治湖州府志』は、「郡人前建康路溧水州儒學教授□□龍」とし、『光緒縣志』の錄文のみ「牟應」の二字が入っている。縣志は、「據拓本載文」とし、他とやや文字を異にする。なお、『元史』本傳、『道園學古錄』巻一五の墓碑などに見える經歴により、牟應龍と確認できることについては、すでに『呉興金石記』が指摘する。
　なお、あまりに長文になり、またこれらの書物にはいずれも影印本があって、見ることは難しくないので、ここでは、この二つの碑記の引用は行なわない。
（41）蔡節による安定書院創設については、孛朮魯翀撰の「大元湖州路安定書院夫子燕居堂碑銘」（後至元二年／一三三六、『兩浙金石志』巻一六、『呉興金石記』巻一五、『同治湖州府志』巻四七、『光緒歸安縣志』巻二五）に見える。
（42）至元二八年四月江淮等處行尙書省榜文所引の簽江淮等處行尙書省事の咨文である。
（43）この二人の名前は、「郝中議生祠記」に據る。郝鑑については、史料によっては、赫鑑とするものもあるが、ここでは郝で統一する。なお、「墓據之碑」では、郝總管、李承直とする。
（44）「墓據之碑」では干承德とする。名前は『崇禎烏程縣志』巻五・秩官による。
（45）路の提擧學校官の廢止については、至元初年からその動きが見られ、至元二一年の令旨が最終的なものとなった。『廟學典禮』巻一の設提擧學官及教授（至元六年）、郡縣學院官職員數（至元一九年）などを參照。湖州の場合でも、第二回目の訴訟の場合には、總管の郝鑑について、「提調學校官郝總管」とある。

（46）總管府と行省との間に提刑按察司が入るのは、提刑按察司が廟學に關わる問題を擔當することに定められていたからである（『通制條格』巻五・學令・廟學・至元六年四月中書省御史臺呈）。この點については、森田「『廟學典禮』成立考」（『奈良史學』一〇　一九九二）で言及している。

（47）書院の教員については、『廟學典禮』巻一・郡縣學院官職員數（至元一九年）に規定がある。また、路や縣の廟學とともに、書院に屬する儒人もいたことについては、例えば、『廟學典禮』巻五・行省坐下監察御史申明學校規式に、建康路の儒人の數を開坐している中に、路學、上元・江寧兩縣學とともに、明道書院、南軒書院に屬する儒人の數も、それぞれ擧げられていることを例として擧げることができる。

（48）「耆儒」としてこの碑記に名前の見える人物のうち、「生祠記」に黎求原が耆儒、何觀國が學職として見え、また註39で引いた「燕居堂碑銘」に葉寶孫が儒職として見える。

（49）文中に出てくる順に、寺の所在を書いておく、嘉は『嘉泰呉興志』、成は『成化湖州府誌』を指し、『成化誌』で廢寺になっているものについては、廢の字を附した。

天寧寺（城内、嘉・成）、天聖寺（城内、嘉・成）、報本寺（城内、嘉・成）、空相寺（城内、嘉・成）、觀堂寺（不明）、祥符寺（不明）、證通寺（城内、嘉・成）、能仁寺（城内、嘉・成廢）、施水寺（城内、嘉・成）、告成寺（城内、嘉・成廢）、道場寺（烏程縣下、成）

（50）『元典章』五九工部巻二・公廨・軍民約會廨宇

大德三年十月、御史臺咨、奉中書省劄付、來呈、河北河南道廉訪司申、「今後若有蒙古探馬赤軍人與民相犯一切詞訟、合無就有司公廨約會一同歸問。如奥魯官吏到來、州縣官吏却行遷延、將州縣官吏嚴行究治、似爲便當。」送刑部議得、「蒙古軍人與民相犯一切詞訟、如准御史臺所呈、就有司公廨一同歸問、相應。」都省准擬、仰依上施行。承此。

第六章　元朝の科擧資料について—錢大昕の編著を中心に

一　錢大昕と科擧資料

今日における元朝史研究の第一歩を記したのは、清朝の考證學の第一人者である錢大昕である。彼は、倉卒の間に編まれて粗雜の評の高かった『元史』の再編を目指し、資料の收集と研究をおこない、『元史稾』を撰述しようとしたとされるが、その稿本は散逸して傳わらず(1)、今日殘る元史研究の成果は、『二十二史考異』の元史に關わる部分を除けば、『元史氏族表』、『元史藝文志』の二つを殘すのみである（もちろん、『十駕齋養新錄』や『潛研堂金石文跋尾』などにも、元朝史にかかわる優れた記述が少なくないが）。

しかし、この數年の間に、これまで利用するのが困難であった、錢大昕が關係した元朝科擧關係資料が相次いで出版された。すなわち、『北京圖書館古籍珍本叢刊』第二一卷（書目文獻出版社）所收の『宋元科擧題名錄』と『元統元年進士題名錄』、そして江蘇古籍出版社の『嘉定錢大昕全集』第五卷所收の『元進士考』である。この章では、この三つの錢大昕の編著、とくにそこで利用されている資料類を手がかりとして、元朝の科擧資料について再検討を加えたいと考える。

こうしたことを筆者が考えるに至ったのには、最近の元朝史研究をめぐる資料狀況、具體的には資料へのアプローチの狀況の變化もかかわっている。第一章でも書いたことであるが、中國の改革開放の進展により現地調査が可能となったこと（とくに石刻資料）、影印出版の增加、研究の國際化、電子化などである。筆者の元朝の科擧資料の檢討を可能にした背景にもこれらの變化があることは、以下の內容でご理解いただけると思う。

二　宋元科擧題名錄と元統元年進士題名錄

『北京圖書館古籍珍本叢刊』第二一卷は史部傳記類の書物を集めた卷であるが、その中に、錢大昕に關係するものが二件影印されている。

『宋元科擧題名錄』　清鈔本

『元統元年進士題名錄』　影元淸鈔本

の、二つである。[2]まず、この二つの資料について見ておきたい。

ア　元統元年進士題名錄

本書は、題名のとおり、元統元年（一三三三）の科擧の登科錄で、現存する唯一の元代の登科錄としてよく知られ、これまでも資料としてしばしば利用されてきた。影印された本の最後にも記されている黃丕烈の跋によれば、乾隆六〇年（一七九五）に、元刊本を蘇州の古書肆で發見、購入し、錢大昕によってその價値を見出されたという。[3]影印された本は、北京圖書館が所藏する二つの淸鈔本のうち、瞿氏鐵琴銅劍樓舊藏の陳揆稽瑞樓舊藏鈔本（『鐵琴銅劍樓藏書目録』巻一〇著録）であることは、楊訥氏がすでに指摘している。北京圖書館には、もう一つ、後述の『元進士考』と合訂されている、銭大昕手鈔本と考えられるものも所藏されている。氏によれば、後者は、影鈔本ではなく、行款格式や字體が原本には據っておらず、原本に殘闕や不明箇所があれば、銭大昕が自分の考えで増補しているとのことである。(4)

『元統元年進士題名録』の通行本は、民國一二年（一九二三）に徐乃昌によって、『宋元科擧三録』の一つとして景刊されたもので、この『宋元科擧三録』に據った排印本が、『元代史料叢刊』の『廟學典禮』に附載して近年刊行されている（浙江古籍出版社　一九九二、ただし、登第者名の部分のみ）。その一方で、中國國内には、影印された鈔本以外にも、いくつかの黄氏本に據る清鈔本が現存するのであるが、(5)清鈔本の公刊はこれがはじめてである。元刊本の景刊本が存在する以上、清鈔本は不要のように思われそうであるが、必ずしもそうではない。というのも、黄氏舊藏本は現在では所在不明であり、これまで一般的に利用されてきた『宋元科擧三録』本は、誤刻がある上に、黄氏舊藏元刊本の景刊と稱するものの、編者徐乃昌と底本の接點がよくわからないことも、楊氏前掲論文で指摘されている。(6)つまり、はたしてテキストとしていずれが優れているかについては、問題が殘されているのである。

蕭啓慶氏は、『宋元科擧三録』本を底本として他の並行資料との校勘をおこない、(7)これを踏まえて『元代史料叢刊』本においても校訂は重ねられているが、楊氏は、それを一歩進めるとともに、北京圖書館の二つの鈔本との比較も詳細におこなっている點に、その特長がある。こうした背景を考えると、影元鈔本が公刊されたことには、意味があると言える。

イ　『宋元科擧題名録』

まず、本書の構成を掲げ、それぞれの資料についての並行資料を註記する。[8]

『宋元科擧題名録』構成

※資料名は本書の表記のまま、［錢］は錢大昕の、［王］は王鳴韶（王鳴盛の弟）の跋があることを示す

宋紹興十八年進士題名記［錢］（本章の對象外なので、並行資料は略す）

延祐甲寅科江西鄉試録（甲寅＝元／一三一四）［錢］

※答案のみ八篇（「石鼓賦」[9]）

山東鄉試題名記（至正一〇／一三五〇）

乾隆歴城縣志二四（移錄）、山左金石志二四（著錄）、潛研堂金石文跋尾二〇（著錄）

山東鄉試題名碑記（至正二二／一三六二）

乾隆歴城縣志二四（移錄）、潛研堂金石文跋尾二〇（著錄）、授堂續跋一四（著錄）

至正十一年進士題名記［錢］

金石萃編未刻稿（移錄）

至正庚□國子□貢試□名記（庚子＝二〇／一三六〇）［錢、王］

※登第者名のみ移錄（『金石萃編未刻稿』に記文も含めて移錄）

至正丙午國子監公試題名記（丙午＝二六／一三六六）［錢］

※登第者名のみ移錄（原碑には記文あり）

このように、七件の資料のうち、六件が元朝の科擧に關わるものであり、「延祐江西鄉試錄」を除いては、石刻資料を移錄したものである。ただし、鄉試や國子監貢試にかかわるものがほとんどで、進士の題名は、「至正十一年進士題名記」のみである。ここでは、これを中心とする北京孔子廟所在の科擧關係碑刻の檢討をおこないたい。

北京の孔子廟の元朝科擧關係碑刻はよく知られており、これらの碑が清朝の康熙年間に再度出現したことについてもしばしば言及されるが、煩を厭わず記述しておくと、元代においては、科擧が實施されて、進士登第者が決定すると、その名前は石に刻して首都の國子監に立てられた。このことについては、『元史』卷八一選擧志一・科目に

又、日を擇んで、諸進士は先聖廟に詣で舍菜の禮をおこなう。狀元が祝文を作り祭禮をおこない、國子監に合格者の名前を石に刻する。(10)

とあるし、『新刊類編歷擧三場文選』（以下、『歷擧三場文選』と略）や『新編事文類聚翰墨全書』（以下、『翰墨全書』と略）所收の「進士受恩例」（延祐二年四月中書省箚附）にも立石題名について定められている。(11)また、立石が實際におこなわれ、題名碑が國子監に立っていたことについては、宋褧の『燕石集』卷一五の「書進士題名石刻後」や、吳師道の『禮部集』卷一八の「辛酉進士題名後題」などに見える、趙璉という人物が國子監の典簿の時に、後至元の中斷までの七擧の科擧の題名碑の拓本を作成して、各次の科擧の合格者から一人を選んで跋を書かせたという逸話から知ることができる。ただし、明代になって、阮安が太學の建築を督した際に元の進士碑の刻字を磨去し、その石が明の進士題名碑に用いられたという（『水東日記』卷二八・舊碑石、有名な「孔子加封碑」も明代には倒れたままになっていたと、同じ卷の「前元加封孔子制碑」にある）。

ところが、清朝の康熙三一年（一六九二）に、孔子廟内の大成殿の後にある孔子の父を祀った啓聖祠（崇聖祠）の工事に際して、石碑が三つ出土した。その經緯については、『碑傳集』卷四六・吳苑傳、『骨董瑣記』卷五・元題名碑、

『(乾隆)欽定國子監志』(文淵閣四庫全書本)巻四八・金石三・題名(道光志では巻六二)などに記事がある。[12]

この三碑が、本書に収められている。

a至正一一年進士題名碑

b至正庚□國子□貢試□名記

c至正丙午國子監公試題名記

の三つである。このうち、aとcについては、現在も孔子廟(首都博物館)の大成門の前に立つが、bは文字面が剝落したか、もしくは所在不明と考えられている。[13]なお、この他に、趙孟頫の撰になる延祐二年(一三一五)の題名碑があると、孫承澤の『春明夢餘錄』が書くが(巻六七)、『欽定國子監志』の記事によれば、乾隆時代にはすでに存在しないとされている。一方、一九三〇年代に編まれた『北京市志稿』は、現在文字が漫患不明の一碑について、延祐二年と至正庚子の兩方の可能性があるとしている(金石志巻一・太學金石、北京燕山出版社本第九巻)。

この出土資料に關心を持ったのが、錢大昕だった。乾隆乙未(四〇/一七七五)一一月二八日の日附のある、王鳴韶の撰した「至正庚子國子監貢試碑」の跋には、次のようにある。

三碑は倶に國子監大成門外に在る。錢竹汀先生は陪祀の時にこれを見て、採錄して「元遺事」の中に入れた。各篇の後に考證を附してあるのは、皆な先生の筆である。私は先生の書齋から借用して抄して一篇として、山東鄉試題名記の後に附した。先生はただその大略と科目、人名を節取したのみで、その記文と執事の官僚の名前とは、いずれも書き寫してはおらず、全文ではないので、附錄とした。[14]

この跋文にあるように、『宋元科擧題名錄』においては、所收の三碑のうち、國子監試の二つについては、合格者の人名しか書かれていない。ただし、上にも書いたように、至正一一年碑と至正庚子碑の二つは、『金石萃編未刻稿』

に全文が収められ、また至正丙午年の碑記については、現在も碑が存在して刻されている文字を讀むことができるから、いずれの碑記についても、その全文を讀むことが可能である。

さて、「至正十一年進士題名記」について検討をくわえていきたい。この碑全體の拓影を次頁に圖版三として掲載しておいたが、すでに錢大昕が、『宋元科擧題名錄』の跋において、「元石已亡、後人重刻故多誤字」と、指摘しているように、問題を有する碑である。錢大昕が「後人重刻」と指摘した根據はわからないが、現在首都博物館となっている明清孔子廟の前庭に立つこの碑の現狀を見る限り、この碑が原碑でないことは明らかである。

碑の現狀と『宋元科擧題名錄』を參照しつつ、この碑の持つ問題點を整理しておきたい。

誤字の問題　錢大昕の言うとおり誤字の多さが、この碑の問題の一つである。『宋元科擧題名錄』では、個々の箇所に錢大昕が注記を加えているが、元代の原碑とは考えられない誤り、例えば、朝列を翰列、可を河と誤るといった類が多い。

文字の缺落　より明瞭な本碑の問題點は、少なからず見られる文字の缺落箇所において、碑面には剝落その他の物理的變化は生じておらず、まったく未刻の平面であることである。これは、重刻の際に、原石に缺落している文字については、未刻で殘したためと考えられる。量的に一番大きいのは、各行行末の何字かが缺落していることであり（『宋元科擧題名錄』で、「以下闕」と注記されているのがその箇所）、登第者名にも不完全なものが少なくない。例えば、蒙古色目の第三甲の部分にある、「台」や「兒」一字しか殘されていない部分は明らかに名前の一部分のみの殘存である（この部分を擴大した拓影を圖四としたので參照していただきたいが、まったく文字の刻された痕跡が見出せない）。

なお、現在の碑石には、第一行から四行にかけて、比較的新しい剝落があるが、その部分の文字が移錄されている點で、『宋元科擧題名錄』は、『未刻稿』とともに資料價値がある。（圖版にした拓本は剝落が生じる以前のものである）

圖版３　至正11年進士題名碑（京都大學人文科學研究所所藏拓本）

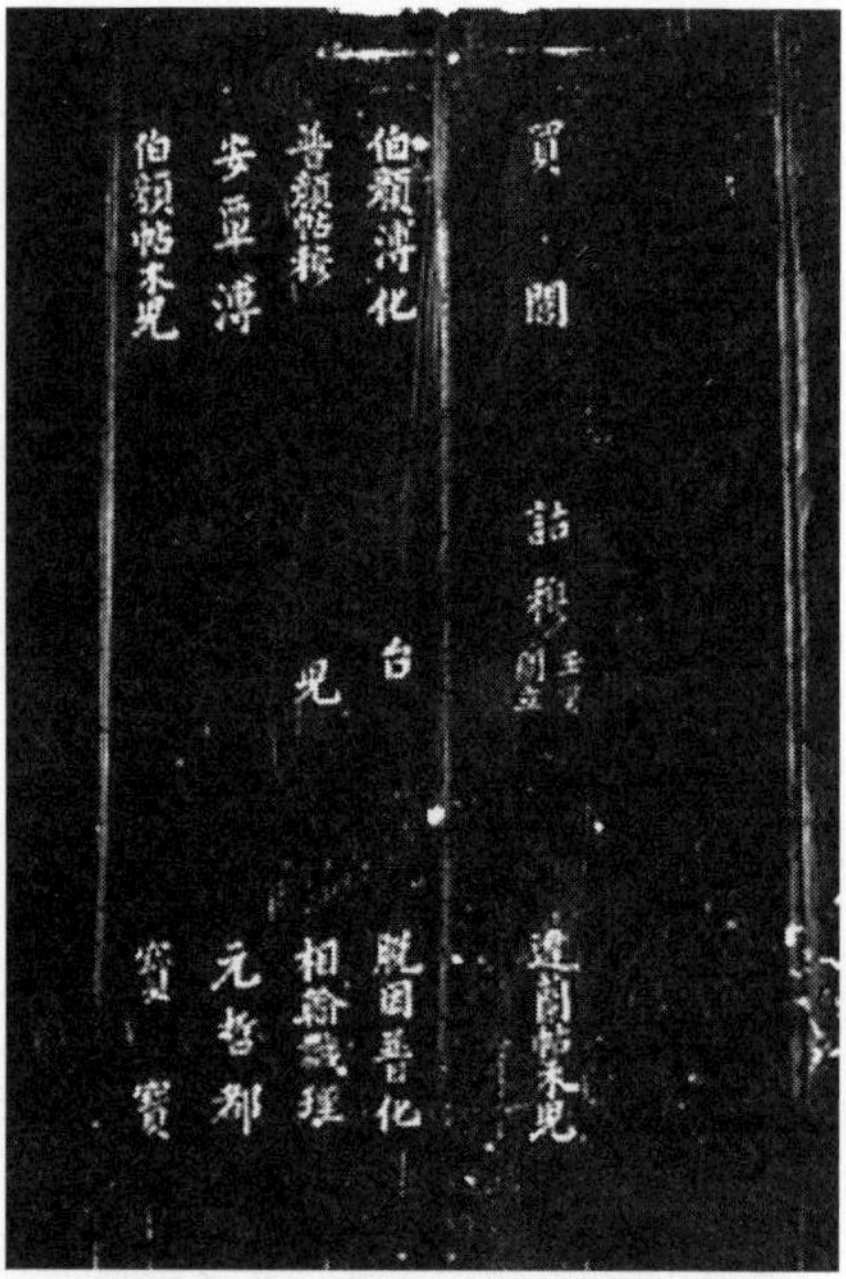

圖版4　「至正11年進士題名碑」部分
（京都大學人文科學研究所所藏拓本）

この碑に見える合格者名についても、蕭啓慶氏に研究がある（「元至正十一年進士題名記校補」『食貨月刊』一六―七・八　一九八六）。そこでは、「本記的原碑當已不存」として、『金石萃編未刻稿』に基づいて校註がおこなわれているが、その意味するところは不明である。

ところで、康熙年間に一緒に出土した一碑のうち、現存している、「至正丙午國子監公試題名記」についても、文字の缺落部分が平面で放置されている點は同様であり、この碑についても同じく後刻のものと考えられる。

また、『宋元科擧題名錄』には、鄉試の題名も収められているので、觸れておきたい。

山東鄉試題名記（至正一〇／一三五〇）

山東鄉試題名碑記（至正二二／一三六二）

延祐甲寅科江西鄉試錄（延祐元／一三一四）

であるが、すでに書いたように江西のものは答案のみであるが、山東の二碑は試驗實施の經緯を具體的に敍述しており、試驗に關與した官員名についても詳しく書かれていて、資料としての價値は大きい。これまで、元朝科擧研究において、鄉試への關心は必ずしも高くはなかったが、植松正氏が、官員任用における鄉試の役割を指摘し、さらに李

治安氏が鄕試の制度的研究をおこなうなど、關心が向けられつつある。(15)

『宋元科擧題名錄』の書物としての成立について、最後に書いておく。これまで見てきたように錢大昕と關わりのある石刻が多いのであるが、上に引いた孔廟の三碑についての王鳴韶の跋に、「予從其齋借得抄成一篇、附于山東鄕試題名記後」と、彼が資料を排列したことを示す表現があることと、「江西鄕試錄」の錢大昕の跋に、「頃ごろ、鶴谿主人、予に從いて觀んことを索む、因りて舊藁を檢して之を別紙に寫して幷せて附去す」と、錢大昕から王鳴韶に資料が提供されたことを述べていることから考えて、錢大昕が收集した資料に基づいて王鳴韶が一冊の本にまとめたものと考えるのが、妥當であろう。

三　元進士考

『元進士考』については、『北京圖書館古籍善本書目』に、「錢大昕輯　稿本一册、行字不等」とあり、これまで存在のみが知られていたが、(16)江蘇古籍出版社の『嘉定錢大昕全集』第五卷に校點を施して排印され、はじめて公刊された。全集第一卷にある「前言」には、北京圖書館所藏稿本を工作本としたとある。『中國古籍善本書目』にも、北京圖書館本しか著錄されていない。

『元進士考』の內容は、その題名のとおり、元朝における科擧について、合格者の氏名を收集したものであるが、やはり「前言」によれば、全部で進士五一三名、鄕試については五三八名が檢出されているとある（後述のように、この人數のすべてが間違いなく登第者というわけではない）。すでに書いたように錢大昕が『元史藁』の著述を目指していたことから考えて、本書もそのための作業の一部をなすものであろう。ただし、楊訥氏によれば、本書はすべてが錢大昕自身の筆になるわけではなく、『元進士考』という題名も後人のつけたものだという。また、『元統元年進士題名録』の鈔本も合訂されているとのことである(17)。

さて、全集本を見る限りでは、『元進士考』は、とくに章立てされてはおらず、ところどころに見出しがあるのみである。そこで、まず『元進士考』の構成について整理し、錢大昕が各部分で利用した資料について見ておきたい。頁數は、全集本の頁數である。

一頁　　延祐乙卯會試以下
　　　　※『歴擧三場文選』に一致、ただし、丁集および庚集以下は利用されていない（『歴擧三場文選』については後述）
五頁　　延祐甲寅鄕試以下
　　　　※『歴擧三場文選』に一致、利用部分は會試と同じ
一七頁　蒙古色目人第一甲三名以下
　　　　※『元統元年進士題名録』に據っている
三六頁　元統元年會試以下
　　　　※おそらく『元統元年進士題名録』の會試順位による再配列
三七頁　盧熊蘇州府志元朝科擧取士類以下
　　　　※靜嘉堂文庫所藏『洪武蘇州府志』巻一三の元朝登第者名と一致
三八頁　延祐二年以下
　　　　※各科擧ごとに進士の名を記し、個々の人物について典據を明記しており、本文というべきもの

七三頁　偰壽以下
※年次未詳などの人物についてのメモ的なもの
七五頁　延祐甲寅以下
※郷試の合格者名簿であるが、典據不確定（至正庚寅については、「山東郷試題名碑」を利用しているが、『潜研堂金石文跋尾』にやはり著録されている同じ山東の「壬寅郷試題名碑」はここでは參照していない）
八六頁　江西通志選擧志
※『江西通志』から郷試と進士名をぬきだしたもの（『江西通志』をめぐっては後述）
一三〇頁　貼條（全集編者の假題）
一三二頁　逸話集（出典表示、全集本はこの部分のみ活字の字體を變えているが、理由は不明）

このような構成を見ると、本文とでも言うべき三八－七五頁の部分を除いては、特定の資料から元朝の進士名あるいは關連記事を収集したものであり、おそらくは資料を書きぬいて並べた段階のものと理解していいであろう。なお、原本の調査の機會をいまだ得ていないので確かなことは言えないが、排印本には、何ヶ所かの原本の誤讀によると考えられる間違いがあるから、原鈔本はくずし字を含んだ走り書き的なものなのかもしれない。

ところで、錢大昕自身もここに集められた「進士」のすべてが正しいとは考えているわけではない。例えば、至治元年進士のうち陶津の條（全集本四七頁）に、「浙江志」は、至治宋本榜に呉師道他の三人を載せる一方で、至治元年辛酉林仲茂榜に陶津などの四人を列していることを指摘して、「浙志は大率そ信ずるに足らず、此に附して考を挨つ」としている。(18)

また、錢大昕は、『元進士考』において、上記の「浙江志」の他にも、「福建通志」、「陝西通志」をはじめとして、いくつかの地方志を利用している。(19)元朝同時代資料による登第者の檢出にはおのずから限界があり、次なる資料源として、多數現存する明代以降の地方志の利用は當然考えられるのであるが、そこに擧げられている登第者名の信賴度についてはかなり問題がある場合が多い。その代表が「江西通志」である。錢大昕は、『十駕齋養新錄』巻一四・江西通志において、「江西通志」では、元統元年の進士として一五人の名前が擧げられているが、『元統元年進士題名錄』には六人しか名前が見出せず、さらに通志に無い人物が二人いるなどの例を擧げて、「皆誕妄不足信」と言い、劉秉忠が金の瑞州を本貫とするのを、江西の瑞州の人とするのに至っては、「噴飯」としている。上掲の構成でもわかるように、「江西通志」だけが別立てにされているのはこうした理由によるものであろう。江西省については、日本および臺灣に現存する通志から縣志に至るまでの地志のほぼすべてを影印本で見ることができるので、調査をおこなってみたところ、全部で約三百名の「進士」を收集することができた。これは元朝の進士總數が一一三五名であり、この數には蒙古・色目の合格者も含まれていることを考えると、信じ難い數字である。とくに、嘉靖の通志に大量の「進士」が見える。地志は、過去についての記事は以前のものを踏襲するのが一般的であるが、光緒の通志は、『十駕齋養新錄』のこの箇所を引用して、過去の通志を批判している（ただし個々の登第者名については、確認できないということで、舊志をそのまま踏襲）。

こうした科擧資料としての地方志の問題や、文集類所收の科擧關係資料など、『元進士考』を題材としてさらに檢討すべき問題が存在するが、ここでは節を改めて、本書が引用している『歴擧三場文選』について、檢討をしてみたい。

四　新刊類編歴擧三場文選

上に掲げた『元進士考』の構成を見ると、錢大昕が典據として『歷擧三場文選』を利用していることがわかる。この文獻は、日本では靜嘉堂文庫に所藏されているが、これまで利用されることは少なかった。[20]また、後述するように、少なくとも五、六種の版本が存在するが、國內外を含めて靜嘉堂文庫本が唯一の完本のようである。[21]以下、この書物の內容を紹介するとともに、その成立と制度史資料としての位置づけについて考えてみたい。

さて、『歷擧三場文選』が對象とするのは、延祐甲寅（元年／一三一四）から、元統乙亥（三／一三三五＝後至元元）までの、計八次の科擧で、鄕試から廷試までの各段階の答案が選ばれている。元統乙亥については、鄕試しか收載されていない（科擧中斷のため）。全體は、甲から辛の八集からなるが、その構成と、各集に附された出版者名、日附は、次のとおり。

序文　至正辛巳六月既望吉安安成後學劉貞仁初謹書
綱目　題記：至正改元辛巳歲菊節建安後學虞埜文質謹咨
甲集　經疑　封面なし　題記：元統乙亥菊節建安虞氏務本齋謹題
　　　　※七科のみ
乙集　周易　封面：務本書堂
丙集　尙書　封面：務本書堂
丁集　毛詩　封面：務本書堂
戊集　禮記　封面：務本書堂
己集　春秋　封面なし

庚集　古賦　封面：務本書堂　題記：至正辛巳夏六建安余氏勤德堂謹題
　※奎章閣本庚集古賦題記：至正辛巳夏五月建安虞氏務本齋謹題
辛集　詔誥章表　封面：務本書堂　題記：至正改元辛巳歳菊節建安虞氏務本堂謹題
　※詔は甲寅（延祐元）、丁巳（延祐四）、癸亥（至治三）、誥・章表は甲寅、丁巳のみ
壬集　對策　封面：勤德書堂　題記：至正元年中秋日古杭余氏勤德堂謹題
　癸集　御試對策　封面：至正元年新集（版元名なし）
　※七科のみ

『元史』選擧志や皇慶の科擧實施の詔敕（『元典章』他所載）によれば、元朝の科擧では、漢人南人については、鄕試、會試では、第一場で經疑二問（四書）、經義一問（五經）、第二場は古賦詔誥章表から一道、第三場は策一道と定められており、『歴擧三場文選』の構成は、この規定と對應している。また、各集は八巻からなるが（甲集、辛集、癸集を除く）、各集の構成を、乙集の易義を例にとって述べてみると、全八巻の各巻が、延祐甲寅鄕試乙卯會試の第一科から、元統乙亥鄕試のみの第八科までの八次の科擧に對應している。各巻には江浙、江西、湖廣の江南三省を中心に、年によっては、燕南、河南などの鄕試と會試（各巻の最後に置かれる）から答案が選ばれ、多くの答案には、作者の籍貫と順位が附せられ、考官の批語のあることが多い。

さて、『歴擧三場文選』は、錢大昕がおこなったように多くの科擧合格者の名前を拾い出せるという點でも有用な資料ではあるが、本書の成立と受容を考えると、中國出版史の上からも興味深い資料である。ここでは、その點について述べておきたい。

科擧受驗の參考書の類が宋代においてすでに存在したことについては、よく知られている史料であるが[22]、岳珂の『愧郯錄』卷九・場屋編類之書に、科擧に關する規定を編集し、答案の綱要を拔書きして、準備ができるようにした本がたくさんあり、建陽の書肆では、少しでも新しい事を賣り物にして、速く售れることをねらうことが書かれ[23]、北宋の政和四年（一一一四）六月一九日に、權發遣提擧利州路學事黄潛善が禁止の上奏をしたことも記されている。また、元代でも、陶宗儀の『南村輟耕錄』卷二八・非程文に、各行省の鄕試の合格者の姓名を集めて登科記の如きものを作り、營利のために出版する者がいたことが書かれている[24]。

また、宋代麻沙坊刻の科擧參考書として、劉達可の『壁水群英待問會元選要』や『選靑賦箋』（『天祿琳琅書目』卷三著錄）などの存在を『福建出版史話』（鷺江出版社　一九九七）は擧げているが、筆者が見ることのできた『壁水群英待問會元選要』（『四庫全書存目叢書』影印明活字本、內閣文庫藏正德四年愼獨齋刊本）は、主題ごとに文例を擧げた書物で、『歷擧三場文選』のように、作者や年次を掲げて答案を類聚したものではなく、おそらくは、こうした形式の科擧答案集としては、『歷擧三場文選』が現存最古のものであろう[25]。

さて、本書の成立について考えてみよう。本書の構成について書いた部分で掲げた、靜嘉堂文庫本『歷擧三場文選』の各集の題記のうち、日附のあるものを、日附順に書肆名とともに並べてみる。

元統乙亥（三／一三三五）菊節建安虞氏務本齋（靜嘉堂文庫本甲集經疑卷頭）

至正辛巳（元／一三四一）夏五月建安虞氏務本齋（奎章閣本庚集古賦卷頭）

至正辛巳夏六余氏勤德堂（靜嘉堂文庫本庚集古賦卷頭）

至正辛巳六月既望吉安安成後學劉貞（序文）

至正元年中秋日古杭余氏勤德堂（靜嘉堂文庫本壬集對策卷頭）

至正改元辛巳歳菊節建安後學虞埜（靜嘉堂文庫本綱目巻頭）

至正改元辛巳菊節建安虞氏務本堂（靜嘉堂文庫本辛集詔誥章表巻頭）

こうしてみるとわかるように、元統乙亥と至正辛巳の二つの年のものがあり、余氏勤徳堂と虞氏務本齋の二つの版元の名前が見える。とくに、庚集古賦については、題記本文は同文でありながら、靜嘉堂文庫本と奎章閣本で、日附も巻頭題記の出版者名のいずれもが異なっている。ちなみに、余氏と虞氏がともにこの時代の有名な建安の書肆であることは、葉徳輝の『書林清話』にも書かれている（巻二・宋建安余氏刻書、巻四・元時書坊刻書之盛）。また、近年、福建においては出版史研究が盛んで、現地の利點を生かした研究が多く發表されており、謝水順他著『福建古代刻書』（福建人民出版社　一九九七）、李瑞良著『福建出版史話』などが、その代表的業績であるが、いずれの書物においてもこの二つの書肆は取りあげられている（ただし本書には言及していない）。

これらの事實を踏まえると、本書の成立についてどのように考えることができるであろうか。

それには、題記と内容の二つの面からの検討が必要となる。まず内容からであるが、すでに述べたように、本書に収められている答案のうち一番新しいものは、元統三年の鄕試のものである。[26] また、題記についても、元統乙亥、すなわち三年のものがある一方で、至正辛巳、すなわち元年（一三四一）の題記もあることを紹介した。このうち、元統三年の題記を持つのは、甲集・經義であるが、題記の文中には八科とあるものの、元統癸酉までの七科の答案しか收録されていない。『元史』その他に據れば、鄕試は八月二〇日から二六日にかけておこなうと定められており、題記のとおり菊節、すなわち九月九日の刊行であれば、この年の鄕試の答案の收録は難しいだろう。[27]

もう一つ考慮せねばならないのは、よく知られているように、元朝の科擧が、順帝の後至元元年に中斷したことである。『元史』の本紀には、巻三八・順帝本紀一の至元元年一一月庚辰條に、「詔罷科擧」とあり、再開については、巻四〇・順帝本紀三の至元六年一二月條に、「復科舉取士制」とある。すなわち、後至元元年（元統三年）の一一月に中止が決まり、再開が決まったのは、後至元六年の一二月で、至正元年に鄕試が、翌二年に會試、廷試がおこなわれた。

以上の封面、題記の記事と、科舉をめぐる情勢とを手がかりとして、本書の成立について、筆者は次のように考える。本書が編まれたのは、題記から考えて元統三年のことであろう。次の科舉のための出版物として本書は編まれたが、科舉は中斷してしまった。そして、科舉再開の詔が出て鄕試がはじまった至正元年になって、元統三年の鄕試の答案を追加した上で、新しい序文と題記を得て刊行された。こう理解するのが、妥當ではないだろうか。綱目の題記の文中に、「丙子之歳（後至元二年／一三三六）梯雲の路は阻まれ、舉業は中輟す、斯文は殷實無し、信なるかな、今ま欽みて惟うに聖天子の德は盛んにして教は萌し、詔して舉制を復せらる」とあり、辛集・詔誥章表のそれでは「聖朝詔復科舉」という表現があるのも、至正の科舉再開と本書の出版が關係することを表している。

また、上にも書いたように、二つの書肆の名前が併存することについて、本書を解題する『靜嘉堂文庫宋元版圖錄』（一九九二）は、共同出版、あるいは版木の移動の可能性を指摘している。そこでは指摘されていない、同じ庚集古賦において、靜嘉堂文庫元刊本と奎章閣朝鮮刊本で、題記は同文でありながら日附と書肆の名前が違うことも考え合わせる必要がある。

さらに、以上の推測だけでは説明できない點がある。それは、巻頭の「聖朝科舉進士程式」のうちの、「終場舉人充教官」に、「至正三年三月」とあることで、これは、至正元年刊行という刊記からの推測と矛盾する。この條はちょうど一葉を費やしているので、後の挿入と考えることもできるが、靜嘉堂文庫本には、やはり「聖朝科舉進士程式」の「延祐元年六月中書省咨」に、他の部分と字體が異なる葉が存在しており、この葉は前の葉と文章が續いており、後から記事が挿入されたための變化ではなく、しかも、この葉だけに墨釘が存在する。墨釘を再刻の際に底本とした本の判讀不能の部分であると假定すれば、本書の成立は至正元年段階であるものの、靜嘉堂文庫本は後に修訂された本である可能性が考えられる（ちなみに、丁附は連續している）。

『歴擧三場文選』の注目すべき點の第二は、その受容である。上に書いた靜嘉堂文庫本についての推測があたっているとすれば、本書は版を重ねているということになるのだが、[28] それはさておくとしても、明代においても本書が利用されていたことが、『永樂大典』における本書の引用でわかる。すなわち、巻六六二一・辟廱賦（延祐二年會試）、巻三五一九・金馬門賦（至順癸酉＝元統元年江西郷試）において、それぞれ「三場文選」の見出しで引用があり、いずれの賦も、現存の『歴擧三場文選』にも所收されている。

さらに、朝鮮においては、一五世紀に『歴擧三場文選』が何種類か出版されており、韓國の圖書館には異版が多數所藏されている。筆者が現物調査した、あるいは目録類で目にした諸本を整理すると、少なくとも次のような版本の存在が確認できる。

對策（癸未字小字　一四〇三、誠菴文庫、『韓國古印刷史』〔同朋舍　一九七八〕に圖版あり）
經疑（庚子字小字　一四二〇、誠菴文庫、『韓國古印刷史』に圖版あり）
古賦八巻（景泰五年／端宗二年／一四五四）密陽府刊（内閣文庫、奎章閣、韓國國會圖書館他）
對策（庚子字覆刻）
内閣文庫本對策（端宗二年密陽府刊の古賦との合わせ本、對策には刊記なし、庚子字覆刻本と同一本かどうかは不明）

註18に書いたように中國國内には不完全本すらほとんど殘らないこの本が、朝鮮時代に何度か出版されたことは興味深い。ただし、異なる集にまたがる版本が確認できないことや、奎章閣本の『古賦』が、單獨で序跋を有すること

などを考えると、[29] 朝鮮では各集ごとで刊行された可能性が大きい。

なお、元代にはもう一つ科擧の答案集が存在する。それが、國内では内閣文庫に所藏されている『皇元大科三場文選』である（以下、『大科文選』と略）[30]。内閣文庫本を見る限り刊記はないが、至正甲申（四／一三四四）の盧陵劉時懋の跋がある。跋の文中に、「三朝文選、已に前に見われ、今ま後科の英俊を摭めて、梓に鐫す」という表現があり、本書が『歴擧三場文選』の後繼を意識して編まれたものであることがわかる。

構成は、易義、書義、詩義、禮記義、春秋義、易疑、書疑、詩疑、禮記疑、春秋疑、四書疑、詔誥、表、古賦、策、廷試策からなり、郷試、會試、廷試の答案が集められている。『歴擧三場文選』と比べると、項目の排列の違いがあるが、これは、至正の科擧再開に際して出された條畫では、第一場の經疑が、四書一題、五經一題に變わっており、このことに對應していると思われる（『歴擧三場文選』聖朝科擧進士程式所引至元六年一二月科擧條畫）。書中には、收錄の對象が何年の科擧かは明示されていないが、廷試に採錄された人物の中に至正二年の進士であることが確認できる人物がいることから考えて、至正元―二年（一三四一―一二）の科擧における答案を集めたものと考えていいであろう。序文の至正四年は再開後二回目の郷試實施の年である。

五　制度資料としての『新刊類編歴擧三場文選』

「歴擧三場文選」は、巻頭に「聖朝科擧進士程式」と題して科擧に關する公牘を多數掲載する。したがって科擧制度資料としても有用な文獻であるので、そのことについて觸れておきたい。

言うまでもなく、各時代の科擧についての基本資料として、正史の選擧志があり、『元史』においても、巻八一以下の四巻が選擧志に充てられている。ただし、科擧についての記述は、選擧志のうち、巻八一の前半、科目の部分のみである。よく知られているように、『元史』の志の部分は基本的には、至順三年（一三三二）に上進された『經世大典』に基づいて編まれたから、後至元年間の中斷以降の科擧が對象外となり、それについては、巻九二・百官志八の末尾に、「選擧附錄」と題して附されている。『元史』のこれらの部分を參照すれば、元朝の科擧についての基本的な事項について知ることはできるが、さらに、『元典章』（三一禮部巻四・學校・儒學）や、『通制條格』（巻五・學令）などの法制資料にも科擧關係の公牘が存在し、さらに、古く有高巖も指摘するように、(31)『翰墨全書』にも、科擧門が存在して、公牘類を收める。米澤市立圖書館所藏元泰定刊本では庚集、また、四庫全書存目叢書本（底本は明初刊本とする）や、京都大學附屬圖書館近衛文庫所藏正統丙寅翠巖精舍本、內閣文庫所藏正德元年王氏善敬書堂刊本などの明刊本では、辛集巻九がそれであるが、內容はいずれも同內容である。明刊本『翰墨全書』には、さらに庚集・巻三・表牋門・事實にも、廻避についての記事が載っている。また、『元代史料叢刊』の『廟學典禮』（浙江古籍出版社　一九九二）に附載されている『古學彙刊』所收の『元婚禮貢擧考』も、『古學彙刊』の「提要」によれば、『翰墨全書』から婚禮と科擧關係の資料を抄出したものである（なぜか『元代史料叢刊』の出版説明はそのことに言及していない）。それに、もう一點、內閣文庫所藏の『文場備用排字禮部韻註』に「聖朝頒降貢擧三試程式」と題して收められている規定集がある。ただし試驗に關する規定については、鄕試、會試ごとに簡約にまとめられていて、公牘單位になっていない。この書物は元統三年（一三三五）の刊行であり、やや時期が遲いが、內容的には皇慶の規定によるものである。廻避にかかわる部分だけが公牘そのものを引用しているので、表に採錄した。なお、御名の部分は英宗の次が今上皇帝となっている。

ここでは、これら六つの文獻に收錄されている詔敕や公牘の類を整理して一覽表にしてみた。それが一八七頁のリ

科擧制度關係資料引用リスト（『歴學三場文選』の掲載順による）

元降詔旨（皇慶2年）	歴、通、典、翰A、貢
中書省奏准試科條目（皇慶2年11月）	歴、通、典、翰A、貢
累朝頒降條畫	
延祐7年3月	歴、典
天暦元年9月	歴
天暦2年8月	歴
元統2年10月	歴
都省奏准科擧條畫	
至元6年12月	歴
至正元年7月	歴
終場擧人充教官（至正3年3月）	歴
延祐元年6月中書省咨	歴
延祐2年2月中書省劄付（會試程式）	歴
試卷不考格（假題）	
延祐元年翰林國史院經歴司呈	歴
延祐元年中書省咨	歴、典、翰B、韻
延祐元年中書省咨	歴、韻
延祐3年中書省禮部呈表章格式	歴、典、翰B、韻
郷試程式（延祐元年）	歴、翰、貢
□□册帖□式	歴
會試程式（延祐2年）	歴、翰A、貢
御試程式	歴、翰A、貢
進士受恩例（延祐2年4月）	歴、翰A、貢
朱文公學校貢擧私議	翰A、貢

注記　歴：歴學三場文選（靜嘉堂文庫本）、通：通制條格（卷5學令科擧）、典：元典章（禮部學校、進表）、翰：新編事文類聚翰墨全書（泰定刊、庚集科擧門）、翰B：同（明刊本、庚集表牋門）、貢：元婚禮貢擧考（古學彙刊）、韻：禮部韻註（内閣文庫元統本）

ストである。(32)

このリストを見ていただければ、『元典章』、『翰墨全書』、『歴擧三場文選』の順で、資料が増加しており、『歴擧三場文選』には他の文獻には見られない資料が含まれていることが、おわかりいただけるであろう。これは、一つには、『元典章』が、新集を入れても至治二年（一三二二）までの資料であり、米澤本『翰墨全書』が泰定刊本で、明刊本もこの部分の内容は變らないのに對して、『歴擧三場文選』は、すでに檢討したように元統三年以降の成立であるから、當然のことではあるが、元來科擧對策の書物として作られたものであるが故に科擧の細部に關わる規定が少なからず收められているとも考えられ、本書の制度資料としての特色がある。

以上のように、科擧制度史料としての價値が高い、『歴擧三場文選』の「聖朝科擧進士程式」であるが、ここではその點の指摘にとどめる。

六　おわりに

ふたたび、錢大昕の『元進士考』に戻る。科擧合格者の分析、とくに合格後の彼らについての追跡は、元朝時代に科擧の有した意義の解明に直接關連するものと言える。(33)そのための第一歩として、科擧の合格者の檢出が課題となり、延祐の科擧再開から、通算一六回おこなわれた科擧の、合計一一三五（あるいは一一三九）名の合格者についての研究が、最近になって各種發表されている。

延祐二年　樓占梅「《伊濱集》中的王徵士詩」（『史學彙刊』一二、一九八三）、植松正「元代江南の地方官任用について」（『法制史研究』三八　一九八九）、蕭啓慶「元延祐二年與五年進士輯錄」（『臺大歴史學報』二

四　一九九九）

延祐五年　蕭啓慶「元延祐二年與五年進士輯錄」（『臺大歷史學報』二四　一九九九）

至治元年　蕭啓慶「元至治元年進士輯錄」（『宋旭軒教授八十榮壽論文集』　二〇〇〇）

泰定元年　陳高華「元泰定甲子科進士考」（南京大學元史研究室編『内陸亞洲歷史文化研究―韓儒林先生紀念文集』南京大學出版社　一九九六）、蕭啓慶「元泰定元年與四年進士輯錄」（『蒙古史研究』六　二〇〇〇）

至順元年　蕭啓慶「元至順元年進士輯錄」（『文史哲學報』五二　二〇〇〇）

元統元年　蕭啓慶「元統元年進士錄校注」（『食貨月刊』一三―一・二、三・四　一九八三）、楊訥「元統元年進士錄版本與校勘」（『祝賀楊志玖教授八十壽辰中國史論集』　天津古籍出版社　一九九四）

至正二年　蕭啓慶「元至正前期進士輯錄」（『燕京學報』新一〇　二〇〇一）

至正一一年　蕭啓慶「元至正十一年進士題名記校補」（『食貨月刊』一六―七・八　一九八六）

錢大昕の科擧研究の目的がどこにあったかはさておき、『元進士考』の公刊は、こうした作業をさらに進めることになろう。一方で、現在の我々をとりまく資料状況は、錢大昕の生きた乾嘉年間よりもはるかに惠まれており、しかも昨今の状況の變化の著しいことは、本章の冒頭でも述べたところである。『元進士考』において錢大昕が引用する文獻を大雜把な分類で配列してみよう（表記は『元進士考』に基づいたが、同一書が複數の名前で登場する場合は統一した）。

史部　元史、朝鮮史略

地志　浙江志、江西志、福建通志、陝西通志　湖北：蘄州志、浙江：杭州府志、江西：奉新縣志、江蘇：金陵新志、松江志、（盧熊）蘇州府志、江寧志、江都縣志、山西：汾州府志、汾陽縣志　陝西：三原縣志、城固縣志、廣東：肇慶府志、河北：天津府志、福建：閩書

集部　總集　（元）文類、中州文表、元詩選、列朝詩集、元音
　別集　圭齋集（歐陽玄）、黄文獻集（黄溍）、呉草廬集（呉澄）、袁桷集、馬石田集（馬祖常）、道園集（虞集、類稿、學古錄）、宋濂集、呉禮部集（呉師道）、滋溪集（蘇天爵）、陳衆仲集（陳旅）、黄清老詩、楊鐵崖集（楊維禎）、薩都剌集、掲文安集（掲傒斯）、余靑陽集（余闕）、松雪齋集（趙孟頫）、張紳詩、王禕集、傅與礪詩、呂思誠、許有壬（最後の二人は名前のみで引用）、曝書亭集（朱彝尊）
その他　遂昌雜錄（元・鄭元祐）、輟耕錄（元・陶宗儀）、豫章漫鈔（明・陸深）、鐵網珊瑚（明・都穆）
不明　元詩爵里、鷄肋集
石刻　山東鄉試題名記（至正一〇年、一二年）、霍希賢撰蘇宥神道碑、歸安縣建學記（湖州）、長興州石刻（湖州）、雲水龍祠石刻、代祠南海廟記（廣州）

これを、黄兆強氏が前掲書で整理した、『二十二史考異』の引用書目と比べれば、こちらの方が多岐にわたるが、それでも、錢大昕の引用する資料は決して多いとは言えないと感じさせる。しかも、今日では典據となる資料が多種にわたり、より同時代性の強いものになっている。今日我々が置かれている資料狀況が、格段に惠まれたものであることがわかるであろう。それらの資料の中には、最近になって利用が可能になったものも含まれている。

最初に、科擧資料研究が可能になった背景に資料狀況の變化があると書いた。それは、主題とした錢大昕の著作や、元朝資料などの文獻の公刊による利用の利便化だけではない。筆者が、『歷擧三場文選』について檢討を加えるきっかけとなったのは、一九九七年に韓國訪書の機會を得て、韓國所在の同書についての知見を得ることができたからであり、北京孔子廟の碑刻を現地で見ることによって、この碑の持つ問題點はより明確になった。また、陳高華氏は、訪日の機會に、靜嘉堂文庫や內閣文庫の『歷擧三場文選』、『大科文選』を調査している。蕭氏が『元統元年題名錄』

や「至正一一年題名碑」を取りあげたのは、八〇年代前半のことであり、その時點では北京圖書館所藏の關連史料を利用していないようであるが、その後、現地で調査をおこなっている。(34) このように元朝科擧研究においては、國際的な交流が具體的に研究の進展を生み出している。すでに記したように、蕭氏は、これまでに檢出した全元朝進士名のリストを公開することを計畫しているという。おそらくこうした資料狀況の變化が作業に反映して、より進んだものとなっていると豫想される。その成果をベースとした國際的な交流が元朝科擧研究をさらに推し進めるものと期待される。

註

（1）最近の研究で『元史藁』に言及したものとしては、『嘉定錢大昕全集』前言、顧吉辰「錢大昕與《元史稿》下落」（嘉定區地方志辨公室編『錢大昕研究』華東理工大學出版社　一九九七）、黃兆強『清人元史學探研究－清初至清中葉』（稻鄉出版社二〇〇〇）などがある。また、註14で引いた「至正庚子貢試碑」の王鳴韶の跋には、錢大昕は收集した拓本を『元遺事』に收めていたとある。

（2）この巻には、この他に元朝の科擧に關連する資料として、『宋歷科狀元錄附元朝歷科狀元姓名』（明・朱希召撰、明刻本）も收錄されている。

（3）この題跋は、『蕘圃藏書題識』巻二に收められている。

（4）「關于《元統元年進士錄》的版本與校勘」（『祝賀楊志玖教授八十壽辰中國史論集』天津古籍出版社　一九九四）

（5）『中國古籍善本書目』には、北京圖書館、上海圖書館、南京圖書館所藏の本が著錄されており、上海本には錢跋、南京本には丁丙跋があると註記がある。丁丙の『善本書室藏書志』巻九に、張蓉鏡の藏印がある影元鈔本が著錄されているのが、南京本であろう。また、『愛日精廬藏書志』巻一三にも、影元鈔本が著錄されている。

（6）『宋元科擧三錄』の徐乃昌跋には、底本の由來について言及されていない。

（7）「元統元年進士錄校注」（『食貨月刊』一三―一・二、三・四　一九八三）。なお、蕭氏はその後に鈔本を調査し、舊稿を補正している。

（8）臺灣および米國における拓本などの資料所藏狀況については、註7蕭啓慶論文註2參照。

（9）所收の李丙奎、羅曾の答案は、『歷擧三場文選』にも收錄されている。また、王德毅他編『元人傳記資料索引』に名前が見えるのは、羅曾、李路の二人のみで、ともに登第している。

（10）又擇日、諸進士詣先聖廟行舍菜禮、第一人具祝文行事、刻石題名於國子監。

（11）文集に所收の國子監試の資料として、蘇天爵の『滋溪文稿』卷三に「國子生試貢題名記」がある。これは至正五年の國子監試の碑記である。これにも刻石のことが記されており、國子監には、科擧の進士題名碑と國子監試の題名碑が並んでいたらしい。

（12）『孔廟國子監紀略』（內政部北平壇廟管理所　一九三三）は、「大德加封碑」、「加封四子碑」も康熙出土とするが（明代悉取元進士碑磨去刻字、清康熙朝、祭酒吳苑於啓聖祠掘土得加封孔子碑一、加封四子碑一、題名碑三、故元碑現只存五石）、この二碑については、明の『太學志』や『水東日記』に記事があり、康熙の出土とは考えられない。

（13）張寧「北京孔廟進士題名碑」（韓永他編『北京石刻擷英』中國書店　二〇〇二）を參照のこと。また、註7で引いた蕭論文の註2によれば、臺灣、米國にもこの碑の拓本は存在しないようである。

（14）至正十一年進士題名記、至正庚子國子監貢試題名記、至正丙午國子監公試題名記、三碑倶在今國子監大成門外。錢竹汀先生陪祀時見之、採錄入元遺事中。每篇之後、繫以考據。亦皆先生筆。予從其齋借得抄成一篇、附于山東鄕試題名記後。先生止節取其大略及科目人名氏、其記文與執事官僚皆未之寫、爲非全文故從附錄云。時乾隆乙未十一月二十有八日鶴谿居士王鳴韶書

（15）植松正「元代江南の地方官任用について」（『法制史研究』三八　一九八九、後『元代江南政治社會史研究』［汲古書院　一九九七］所收）、李治安「元鄕試新探」（『南開學報』一九九九―六）、同「元代鄕試與地域文化」（『元代文化研究』一　二〇〇一）。

後述するように、『歷擧三場文選』の內容の大部分を占めるのは、鄕試の答案であり、鄕試の資料としての意味が大きいが、

いずれの研究も『歴擧三場文選』は利用していない。

(16) 蕭啓慶「元代科擧與菁英流動－以元統元年進士爲中心」(『漢學研究』五－一　一九八七、後『元朝史新編』〔允晨文化實業股份有限公司　一九九九〕所收)、黄兆強『清人元史學探研－清初至清中葉』(稲鄕出版社　二〇〇〇)などで、紹介されている。

(17) 楊訥註4論文參照。なお、解題とでも言うべき全集の「前言」には、このことは記されていない。また、『北京圖書館古籍善本書目』もこのことに言及しない。

(18) ちなみに至治元年の漢人南人の狀元は宋本。林仲茂の名前は他の文獻には見出せていない。

(19) 錢大昕が引用している省志がいつのものかを記しておく。

浙江　雍正(乾隆)通志(康熙通志は内容が異なる)

福建　乾隆通志に注記まで一致(同治通志は少し異なる)

陝西　陝西志として引用されている進士名は、雍正通志に年號を附して載せられている者のみ

江西　康熙、雍正の通志にほぼ一致するが、完全には合わない。その他に、林志(嘉靖志、編者が林庭棉)、安志(不明)も引く。

(20) 本書の後繼とでも言うべき『元大科三場文選』については、三浦秀一「宋濂『龍門子凝道記』と元末明初の諸「子」」(『集刊東洋學』七九　一九九八)、片山共夫「元代の家塾について」(『九州大學東洋史論集』二九　二〇〇一)などが言及しているが、書物としての檢討はなされていない。近時、陳高華氏が「兩種《三場文選》中所見元代科擧人物名録―兼説錢大昕《元進士考》」(『中國社會科學院歷史研究所學刊』一　二〇〇一)を執筆し、書物としての『歴擧三場文選』に言及している。

(21) 本書についての中國の著録は、まず『北京圖書館古籍善本書目』には、

新刊類編歴擧三場文選詩義八巻　劉貞　元刻明修本

新刊類編歴擧三場文選庚集八巻辛集□巻　劉貞　至正元年余氏勤德書堂

存九巻　庚集古賦一至六、辛集詔誥一至二、章表三

新刊類編歴擧三場文選春秋義　八巻　劉霖　元刻遞修本
新編詔誥章表事文擬題五巻皇元大科三場文選二巻新編詔誥章表事實四巻　元刻本
の四つが見え、前者は『鐵琴銅劍樓藏書目錄』巻三著錄本である。『中國古籍善本書目』には、後者のみが著錄されている。
また、潘國允・趙坤娟編『蒙元版刻綜錄』（内蒙古人民出版社　一九九六）には
新刊類編歴擧三場文選十集　劉貞　至正二年余氏勤德書堂
新刊類編歴擧三場文選春秋義　八巻　劉霖　元刻遞修本
新編詔誥章表事文擬題五巻皇元大科三場文選二巻新編詔誥章表事實四巻　元刻本
の三種が著錄されているが、所藏者は書かれていない。
これらの點から考えると、現物を確認していないので斷定的なことは言えないが、複數の系統の版本が存在する可能性が大きい。

（22）例えば、『福建古代刻書』。
（23）自國家取士場屋、世以決科之學爲先。故凡編類條目、撮載綱要之書、稍可以便檢閲者、今充棟汗牛矣。建陽書肆方日輯月刊、時異而歳不同、以冀速售。（以下略）
（24）各行省鄕試、則有人取發解進士姓名、一如登科記、鋟梓印行、以圖少利。
（25）『天祿琳琅書目』は、『選靑賦箋』について、「巻中に錄するところ、盡く當時の省試の作なり」とあって、科擧の答案集の可能性がある。また「建安王懋甫刻梓於桂堂」の木記があるとしているので、福建坊刻の書であると考えられる。しかしながら、『福建古代刻書』が「世無傳本」とするように、現時點では所藏の著錄を知らず、現存するか否か分からないので、この書物については保留とする。
（26）『元史』巻三八・順帝本紀一によれば、元統三年一一月辛丑に改元の詔が出されている。それよりも一一月庚辰の科擧中止の方が先であり、『歴科三場文選』では、元統三年で統一されている。
（27）例えば、『道園類稿』巻二六「江西貢院題名記」では、至正四年の江西鄕試は九月一五日に放榜がおこなわれている。なお、

御試も後至元の中止のために七科となっている。

（28）もし、假定に假定を重ねることが許されるなら、元統三年本はともかくとしても、至正元年刊本、「終場擧人充教官」を補った本、一部を後刻で補った本、これだけの本が存在したことに理論的にはなる。

（29）奎章閣本古賦には、巻頭に、『歴擧三場文選』のための劉貞の序、「至正辛巳夏五月建安虞氏務本齋謹題」とする題記があり、巻末に、景泰五年仲秋既望の孫肇瑞の跋（古賦のためのもの）と、「甲戌八月日密陽府開刊」という刊記がある。

（30）『皇元大科三場文選』については、『北京圖書館古籍善本書目』には

皇元大科三場文選四書疑一巻、周易疑一巻、易疑二巻、書疑一巻、書義一巻　周旉　至正四年刻本

新編詔誥章表事文擬題五巻皇元大科三場文選二巻新編詔誥章表事實四巻　元刻本

が、著録されている。

（31）「元代科擧考」（『史潮』二―二　一九三二）

（32）この他に、内閣文庫藏元刊本『事林廣記』後集巻六・學校類に、「元降詔旨」、「中書省奏准試科條目」、「廻避廟諱字例（延祐二年）」が、和刻本『事林廣記』辛集・詞帖新式に「儒人赴試結保」が、掲載されている。

（33）植松註15論文參照。

（34）蕭啓慶「元代科擧與菁英流動―以元統元年進士爲中心」（註16參照）。楊訥註4論文でもこのことに言及している。

第三部　知識人と地域社會

第七章　碑文の撰者としての知識人

一　はじめに

中國近世の士大夫が、いくつもの面を持った存在であり、科擧に合格し、あるいはその他のルートで官僚となり、官僚機構の中に身を置くだけがその姿ではなく、地域社會におけるリーダーとしての機能もまた、歴史的に大きな意味を持つことは、これまでにも論じられてきた(1)。そこでは、科擧官僚としての側面だけではなく、在地、とくに鄕里における、學校、水利、寺院や祠廟などの公的な施設の建設・管理、慈善行爲や救濟活動の指導者としての彼らの活動への注目がなされている。しかし、從來の「地域における士大夫」という視點には、文人としての營みという角度が缺落しているように思われる。具體的には、地方官廳に地域社會を代表して文章を提出すること、公私の碑記の文を撰述することなどの活動についての着目である。舊中國の地域社會において、「書く」という營みは、その人物が官に在るかどうかに關わらず、知識人にとっては不可缺の社會的な行爲であった。

知識人と石刻との關わりは、文章の撰述だけではない。一つの石刻が存在するためには、幾人もの人手を經る必要がある。まず、碑文の撰者、本文を書丹する人、篆額の書き手、碑の建立の資金を出した人々、そして石工、刻匠、立石の日を決める日者、などが思い浮かぶ。このうち、少なくとも、撰文、書丹、篆額は、知識人（宗教的石刻の場合の宗教者をふくむ）であるのが、普通である。ここでは、元初の華北山東の教官李庭實と、南宋を代表する知識人であった王應麟を取りあげ、彼らとその周邊の知識人たちの石刻との關わりを見ていきたい。李庭實の場合は、民國期の地方志の元朝史料としての利用の試みでもある。

二　濟南路教授李庭實の場合－碑文の撰者としての教官層－

ア　李庭實とは

山東半島の中央部、現在の濰坊市を中心とする地域は、元代には、濰州という行政區畫が置かれていた。ここは、元朝史においては、漢人世侯の李全・李璮の出身地として有名である。元代の濰州は、益都路に屬し、北海・昌樂・昌邑の三縣を屬縣としていた（ただし、至元三年［一二六六］に、昌樂縣は北海縣に吸收され、二縣で元末に至る(2)）。民國になって、昌樂縣で民國二三年、濰縣、すなわち元の北海縣で民國三〇年に、それぞれ縣志が編まれている。この二つの縣志は、いずれも、當地の石刻資料についての記述に富み、山東の代表的な石刻書である『山左金石志』をはるかに上まわる內容の材料を、我々の前に提供してくれる。ここでは、この二つの縣志が主たる石刻資料の來源となる(3)。

次に、ここで取り上げる李庭實は、元の至元年閒後半から大德年閒にかけての三〇餘年閒に山東半島で活動した人物である。筆者の知る限りでは、李庭實の名前は一般の元朝史の史料には、全く見出せない(4)。今日、我々が彼の名を眼にすることのできるのは、當時の石刻の中に、關係者（主として撰者）として、彼の名が書き留められており、それが地方志の中に引かれていることによってのみである。まず基礎的な材料として、筆者の見出し得た限りの、彼と關わりのある石刻を、一覧表にして、次頁に掲げる。(5)

そして、李庭實の關係した石刻に見える肩書によって、その經歷を整理してみると、次のようになる。

至元二一年（一二八一）以前　北海縣儒學教諭
至元二一年　將仕佐郎（從八品）贛州路石城縣主簿
至元三〇年（一二九三）－大德元年（一二九七）　濱州儒學教授
大德三年（一二九九）－大德九年（一三〇五）　濟南路儒學教授
至大二年（一三〇九）以前に致仕?

贛州石城縣といえば、江西省南部の山中の縣である。なぜ、李庭實が、南宋の滅亡直後に縣の主簿としてこのような場所へおもむいたかは、今のところわからない。この一時期を除けば、彼は一貫して、山東の、それも鄰り合って存在している益都路と濟南路とに屬する州縣の學校の教官として過ごした人物である。そして、その閒に殘した合計一五篇の石刻が、歷史の上に李庭實の殘した唯一の足跡である。しかも、彼の石刻の大部分は、當時の北海縣の領域に殘されている。李庭實は、おそらくは、北海縣もしくは、その近鄰の出身者であろうが、決定するための材料を缺く（もちろん、註4で取りあげた單縣の李庭實と同一人物である可能性も完全には否定できない）。

表１　李庭實關連石刻表

至元21（1284）	王氏孝葬先塋記（撰、書丹）	民國濰縣志卷40
	〈將仕佐郎贛州路石城縣主簿前北海儒學教諭〉	
	榮葬朗公塔記（撰）	同
	〈官職なし〉	
	重修福勝院碑（書丹）	同
	〈將仕佐郎贛州路古《ママ》城縣主簿前北海縣教諭〉	
至元30（1293）	楊氏孝葬先塋記（書）	同・
	〈將仕佐郎前石城簿前濰州學正〉	
	都巡王公先塋之記（撰）	
	〈部《ママ》仕佐郎前石城縣濟南路濱州儒學教授〉	
元貞元（1295）	元牟氏墓碑（假題）（撰、篆額、書丹）	同
	〈濱州儒學教授〉	
大德元（1297）	府君崔公靈應之碑（記）	同
	〈濱州儒學教授〉	
	重修濰州公廨記（記）	同
	〈濱州儒學教授〉	
大德3（1299）	趙敦武先塋記（記）	民國昌樂縣續志卷17
	〈將仕佐郎前石城簿濟南路儒學教授〉	
大德6（1302）	楊氏葬親之記（述）	民國濰縣志卷40
	〈將仕佐郎濟南路儒學教授〉	
大德9（1305）	趙知事先塋記（述）	同
	〈濟南路儒學教授〉	
	李氏先塋碑記（記）	民國昌樂縣續志卷17・・
	〈濟南路儒學教授〉	
至大2（1309）	張提領先塋記（撰）	民國濰縣志卷41
	〈將仕佐郎前濟南路儒學教授〉	
延祐元（1314）	重建大成至聖文宣王廟之碑	同
	〈前濟南路儒學教授〉	
至順4（1333）	平陰縣重修廟學之記（撰）	山左金石志卷23・・・

・　これの場合「書」は撰述を意味する。

・・『昌樂縣續志』が附した肩書きであろう。

・・・『山左金石志』は、この時の彼の肩書きについては書いていない。

イ　元の教官制度と李庭實の場合

李庭實がその官歴の大部分を送ったと思われ、石刻の大部分を在職中に書いたであろう廟學の教官に關する制度は、元代にはどのようになっていたのであろうか。

金末の混亂の中で、華北の各地の學校は荒廢した。濰州のように、現地の支配者である李氏の手によって復興されたのは、むしろ例外であり、明清の各地方志の記事によれば、至元年間になって、はじめて建物が再興されたものも少なくない[6]。このような状況を背景に、中統二年（一二六一）には、各路に提擧學校官を設けることを命じたクビライの聖旨が出された[7]。これをはじめとして、至元六年（一二六九）には、各府州に教授一員を設けることが定められるなど[8]、學校制度が整備されていった。

『元史』巻八一・選擧志一・學校によれば、教官の定員は、次のように定められていた[9]。

路	教授一、學正・學錄各一
散府・上中州	教授一
下州	學正一
縣	教諭一

さらに、これ以外に、補助教員である「訓導」がおり、また、路から州までの學校には、「直學」が置かれていた。直學は、「本學の田産、屋宇、書籍、祭器、一切の文簿ならびに、見に在る錢糧を掌管し云々」とあることから考えて、事務官であったことがわかる[10]。

元代における廟學の教官は、このような組織になっていたのであるが、教官の職務は、如何なるものであったのか。

元代の學校制度に關する規定にしばしば見られる表現によれば、「隨路の教授、學正、學錄は、後進を師範し、人材を作育し、進賀の表章を撰述し、歲貢の儒吏を考試し、品級は輕きと雖も、責任は甚だ重し」[11]とある。ここにあげられている三つの職務のうち、まず第一の點については、これまでに牧野修二氏や大島立子氏などによって論じられてきたように[12]、元朝の學校には「儒戶」の身分を與えられた人々が所屬しており、彼らを監督し、經書の講說を行うことが、教官の職務の一つであった。また、これらの中から人材を選んで、「儒吏」の候補者として、上級の役所へ推薦することが、職務の第三點としてあげられている「考試歲貢儒吏」である。そして、もう一つの任務として擧げられているのが、必要に應じて各地から上進される賀表の執筆であり、教官は、一地域の文事を代表する存在であることが求められているといえよう。

このような職務を帶びていた學校官を、李庭實は、縣の教諭からはじまって、路の教授に至るまで着實に昇進していったわけであるが、學校官の遷轉について、元代にはどのようなシステムで行なわれていたのであろうか。學校官の遷轉は、一般的には、教諭・學錄を振り出しに、學正・教授へと進んでいくことになっていたが、それぞれのステップに要する時間は、一任＝三年、または、一考＝三〇ヵ月となっていた[13]。しかし、この規定通りに昇進させ續ければ、「員多闕少」ということに必然的になり、事實、ポスト不足が發生している。とくに江南ではひどく、大德年間には、教授の選任待ちだけで五〇〇人を越え、しかも、八、九年も順番待ちをしている者すらいたという[14]。

それでは、李庭實の場合に、これらの規定をあてはめてみたい。教官としての地位だけで見ると、彼は着實に出世していったように思われる。しかし、彼の帶びている將仕佐郎という官位や縣の主簿というポストは、いずれも從八品に相當するものである。教官で從八品といえば、地方の教官としては最高位である路の教授に對應する官品であった[15]。李庭實が、濟南路の教授となるまでには、下州である濰州の學正や、中州である濱州の教授などのポストを經なければならなかった。しかも、その各ステップに要した時間は、一考には止まってはおらず、その昇進の過程は、ゆっくりしたものであったといえよう（これは、ポスト不足ということと關連するのかもしれないが）。

ウ　李庭實の石刻の對象

このような立場にいた李庭實に、どのような石刻のための碑文への執筆が依頼されていたのであろうか。前に掲げた「李庭實關連石刻表」によって檢討を加えてみたい。

「石刻表」を見ればわかるように、彼の碑文は、個々の家や個人のために書かれるものと、官廳などに關わりのある、いわば公的な性格のものとにわかれる。「重修濰州公廨碑」と「重建大成至聖文宣王廟碑」それに「平陰縣重修廟學之記」の三つが、この場合には、公的なものに分類できるであろう。[16]それ以外の、いわば、私的な碑文について以下考えていきたい。

まず、最初に眼につくのが、至元二一（一二八四）年に書かれた佛教關係の二篇である。僧普朗のための塔記と、その弟子が北海縣で興した福勝院のためのものであるが、いずれも、濰州學正の趙忠敬、現北海教諭の羅國英、そして前任の李庭實のコンビで作られており、學校官と石刻との關係を考える上で興味深い（この二人については、あとで取りあげる）。至元二一年には、もう一篇、王氏のための「先塋記」を書いている。これ以後、計九篇の「先塋記」が、彼の作品として殘っているが、「先塋記」とは、元代の華北にとくに多く見られる碑文の形式で、[17]先祖代々の墓所に立てるための碑文であり、何かの機會に、他處にあった父祖の墓を現住地に遷したり、戰亂のために散在していたものを一箇所に集めたりした時に建てられることが多い。これら九篇の「先塋記」について、その立碑の主體となった人物を檢討することによって、李庭實に碑文を依頼した人々の層について考えてみたい。碑文中に「葬主」と呼ばれていたり、碑末に「某々立石」として名の見える人物を、碑ごとに列記してみると次のようになる。

王氏孝葬先塋記	王成	北海巡檢勾當
楊氏孝葬先塋記	楊茂	不仕
都巡王公先塋記	王顯	北海都巡檢
元牟氏墓碑(18)	牟璋	濰州常平倉使、監濰州鹽酒稅使
趙敦武先塋記	趙全	敦武校尉屯田上百戶
楊氏葬親之記	王成	北海巡檢勾當
趙知事先塋記	趙成、趙璧	璧は廣南東路招討司知事
李氏先塋碑記	李貴	農（一時千夫長）
張提領先塋記	張佑	站局提領

ここに掲げた官職の全てを官品に置きかえて比較することができないが、敦武校尉（從七品）の趙全の地位がもっとも高く、以下、何らかの官職を帶びているとはいっても、いずれも中下級のものである。彼らは、金末の混亂を生きぬき、モンゴル政權に協力することによって、その地位を獲得した家々であり、そのことを、父祖の陰德のおかげとして墓所を遷し、碑を建てたと述べている碑もある。これらの家系は、いずれも、北海縣を基盤にしつつ、モンゴル軍への從軍者や、北海縣や濰州の下級官吏を出す一方で、地元には農業を營む人閒を殘している。しかも、上の九つの家のうち、王成と楊氏、李貴と牟璋の妹とは、それぞれ婚姻關係を結んでいる。こういった層こそ、元代山東の地

域社會の最小單位におけるリーダーたちと言えよう(19)。

同じ先塋記でも、やはり元の初期に、山東の章邱縣（濟南路）に生まれ、最後には、翰林學士承旨にまで至った劉敏中（一二四三—一三一八）の文集『中菴先生劉文簡公文集』の中に収められているものを見ると（巻四、五、九、一〇）、やはり山東出身者は多いものの、二篇の敕賜碑をはじめとして、その一族から大夫以上の散官を持つ人物を出している家柄が多い。あとでも述べるように、こうした翰林入りをするような人々に撰文を依頼する層と、土地の教官に依賴する層との差といった問題が考えられる。

エ　碑文の作者としての教官

李庭實のように、學校の教官である一方で、多くの石刻を殘した人物は、他にもいるのであろうか。山東省の地方志に收められている元代の遺文を整理していくと、道釋關係を除けば、各地の學校の教官と、山東出身で中央の翰林や國子監などの、所謂文學の官に就いた人々の手になるものが、やはり多いし、李庭實の如く、一人で多くの遺文を殘している人物が、この二つのグループの中に、それぞれ何人かずついる。教官層で、多くの遺文を石刻の中に殘している人物としては、次の三人を擧げることができる。

a　羅國英、趙忠敬

彼等の名前が殘っているのが石刻に限られるのは、李庭實と同じであるが、その經歴は、さらにわからない。まず、羅國英であるが、表2に見えるように昌邑縣監酒税と北海縣儒學教諭の二つのポストへの就任以外には、何もわからない。しかも、北海縣の教諭になってからのものに、現存の石刻は限られている。「前」字の有無のみで判斷すると、

表 2　羅國英關連石刻表

至元15（1278）	濰州重修宣聖廟記（書？）	〈儒生〉
至元21（1284）	榮葬朗公塔記（撰）	〈濰州教諭〉
	重修福勝院碑	〈教諭〉
至元22（1285）	周公祖塋之銘（撰、書丹）	〈前昌邑監酒稅北海儒學教諭〉
至元24（1287）	高宅女子揕葬祖父之記（書丹、篆額）	〈北海儒學教諭〉
	侍衛千戶戴侯先塋之碑（代書）	〈北海儒學教諭〉
至元28（1291）	提領劉氏遷葬祖塋之記（撰、書丹）	〈北海儒學教諭〉
	總把劉氏先塋之銘（撰、書丹）	〈□監□稅北海文學教諭〉
	大元國重修東嶽行宮之記幷序（撰、書丹）	〈前昌邑監酒稅北海文學教諭〉
大德元（1297）	重修濰州公廨碑（書丹）	〈前北海儒學教諭〉
	王氏葬親之記（撰、書丹）	〈前北海儒學教諭〉

※以上の石刻は、いずれも、『民國濰縣志』卷40所收

表 3　趙忠敬關連石刻表

至元15（1278）	濰州重修宣聖廟記（撰）	〈濰州學正〉
至元21（1284）	榮葬朗公塔記（撰）	〈濰州教諭〉
	重修福勝院碑·	〈濰州學正〉
至元24（1287）	高宅女子揕葬祖父之記（撰）	〈濰州學正〉
大德元（1297）	辛公遷葬之記（撰）	〈濰陽學正〉
大德 7（1303）	醫學正范公祖塋記（撰）	〈濰州前學正〉
	郭氏祖塋之記（撰）	〈濰州前學正〉

※　以上の石刻は、いずれも、『民國濰縣志』卷40所收

・『濰縣志』は「趙敬」につくる。

至元二一年（一二八四）から至元二八年（一二九一）の閒、北海縣教諭であったことだけは確かで、それ以後いつまで在職したかについては不明だが、大德元年（一二九七）には、前北海縣儒學教諭と名乘っている。[20] 他には、彼が北海の人であることが、「周公祖塋之銘」の中で、北海の人である周成について、「余與公里人也」と述べていることによってわかるだけである。羅國英が昌邑縣監酒稅に、いつ、どのくらいの期閒在職していたかは、わからないが、昌邑縣は、やはり濰州に屬する北海縣の鄰縣であり、從って、羅國英の判明する限りの任地は、出身地とその鄰縣ということになる。

趙忠敬についても、傳記史料がないという點は同樣である。濰州學正在職中とその後に「前學正」の肩書で、合計七篇の碑文を殘していること以外は、何もわからない。（表3參照）

b　宋　革

宋革は、至元一九年（一二八二）の「重刻雩泉碑記」から、至元二八年（一二九一）の「嵇均墓碑」に至るまで、八件の石刻に名を殘す。遺文の收錄されている地方志の記述方針の關係で、肩書の判らないものが多いが、この閒を通して、「前漕貢進士密州學正」というものであったようである（表4參照）。このうち、「前漕貢進士」という表現が、金もしくは南宋での登第を示すものと考えられることについては、筆者はかつて論じたことがある。[21]

李庭實を含めて、これらの人々に共通する點で見ていくと、一つは、それぞれの人物についての箇所でも書いたように、彼等自身について、石刻の他には、その名前を傳える史料の全く存在しないことである。又、現存する遺文に、私的な依頼によって書かれたものが多いということは、表に揭げた彼等の遺文目錄によってもわかる。さらに、彼等

表4　宋革關連碑刻表

至元19（1282）	重刻雩泉碑記（撰）	〈密州學正〉	道光諸城縣續志卷15・
至元20（1283）	常山禱雨謝雨碑（正書）		同
至元21（1284）	鄭成先塋碑（撰、正書）	〈前漕貢進士密州學官〉	同
至元24（1287）	陳玉先塋碑（撰、正書）		同
至元25（1288）	密州重修廟學碑（撰、正書）		同・・
至元26（1289）	重修廟學碑（撰、正書）		同・・・
至元27（1290）	董義顯現示後碑（記、書篆）	〈前漕貢進士密州儒學正〉	民國重修莒志卷52
至元28（1291）	嵆均墓碑（撰）		道光諸城縣續志卷15

・以下の碑名は《諸城縣志》に據る。なお、《諸城縣志》は、多くの場合撰者の官名を掲げていない。この表に引いたものが全てである。

・・《山左金石志》卷21にも著錄されている。

・・・　これも、《山左金石志》卷21にも著錄され、そこには〝學正〟としている。

の經歷を見ていくと、その一つのポストへの在任期閒の長い點も共通する。李庭實についてはすでに述べたが、他の三人も史料によって現職在任が確認できる期閒は、羅國英の北海縣教諭が、至元二一年（一二八四）から、二八年（一二九一）までであり、趙忠敬は、至元一五年（一二七八）から、二四年（一二八四）であって、いずれも二任を越えており、宋革も至元一九年（一二八二）から二七年（一二九〇）と、同樣である。このことは、延祐、至正二つの『四明志』に見える慶元路や(22)、石刻によってわかる無錫州や嘉定州の教授(23)のほとんどが、長くても三年で交代しているのとは、かなり異なる結果となっている。しかも、出身地を見ると、それぞれの土地の出身者がいないのはもとより、江南の各地からやって來ていることがわかり、北海縣や、その比較的近鄰の教官を轉任している李庭實や羅國英の場合とはかなり樣相を異にし、後者が、その出身地と強く結びついていた可能性がうかがえる。

　地方の廟學の教官といえば、政界・官界における脱落者の身の置きどころ、というのが、いつの時代でも見られる現象である。元朝においても、延祐の科擧施行以後、不合格者の救濟に用いられたことは、『元史』卷八一・選擧志一・科目に見えるところであり、ついには、「下第の者は悉く授くるに路府の學正、及び書院の山長を以ってし、又た鄉試を增取して榜に備え、亦た授くるに郡の學錄、及び縣の教諭を以てす」と言われるようになった。學校そのものも形式化していったようであり、泰定二年（一三二五）に慶元路學の教授の任を離れた兪希魯にあてた袁桷の送別の辭には、學生の質の低下と、教員の事無かれ主義を指摘し、「勸學之詔屢下爲虛文」と斷じ、教官の質についても、「罷老不勝任十居其六」ときめつけている。(24) こうしてみると、元朝の廟學とても、他の時代と變わらないようにも思われる。しかし、地域社會において、學校の教官というものは、全くの無汰飯食いだったのであろうか。李庭實をはじめとする教官たちは、少なくとも、碑の撰文を通じて、地域社會、とくに、そのリーダーたちとかかわりを持っていた。たしかに、碑文の撰述には、潤筆料という形での反對給付を彼らにもたらしはしたが、その任地や出身地、あるいは前任地等々の場において、そこに住む人々の知的能力への需要を滿たす存在として、彼らを見ることはできないであろうか。

比較のために、翰林關係者の中で、山東の方志の中に多くの遺文を殘している人物をとりあげてみよう。先程その文章を引いた劉敏中なども、このグループに入るが、代表的な人物といえば、張起巖（一二八五—一三五三）であろう。その他李謙（一二三三—一三一一）、張養浩（一二六九—一三二九）などの名を擧げることができる。彼等は、いずれも、山東の出身であるが、（張起巖：歷城、李謙：東阿、張養浩：濟南）、その活動の範圍は、李庭實のように單に山東に留まらず、中央の高官、それも、國子監や翰林關係の地位についたことにある人々であることが共通する。中でも、張起巖は、延祐乙卯（二／一三一五）の第一回科擧で、漢人・南人の部での首位となり、後には、翰林學士承旨にまで至った人物であり、元代後半の山東の人々にとっては、代表的な知識人であったと思われる。自身の關わった石刻以外にその名を見出すことのできない教官たちに比して、こちらの人々は、いずれも『元史』に立傳され（張起巖・卷一八二、李謙・卷一六〇、張養浩・卷一七五）、他にも傳記資料は多い。

それでは、これら翰林關係者の石刻への撰述には、教官たちと比べて、どんな特徴があるであろうか。一つは、その分布の廣さである。張起巖の遺文は、山東だけに限っても、清朝の行政區畫にあてはめれば、八府二一縣にわたって分布しており、その執筆活動が山東全體に廣く及んでいることがわかる。(25) このことは、李謙が五府一五縣であるなど、張起巖よりは少なくはなるが、他の人々についても、同様に見られるところであり、極めて限定された地域でしか、その遺文を見出すことの出來ない李庭實たちとは、大きく異なっている。また、彼らの書く碑文が、私的な依頼によるものが多いのに對して、三〇を越える碑目を地方志等から集めることのできる張起巖の場合では、先塋記を含む墓碑の類は三件にしかすぎない。このように比較してみると、李庭實の碑文撰述が、北海縣という地域に生きる人々に密着して行われたものであったことがわかるであろう。

オ　小　結

人の生死、建築物の造營・修理などをはじめとして、人々のいとなみの、さまざまな場合において、それに因む文章を誰かに依賴し、あるいは、すすんで一篇を寄せることは、前近代の中國において、士人の社會的務めであった。我々の想像を越える膨大な量の文章が生產され、もしくは、消費されてきたことであろう。我々が、いま眼にすることができるのは、そのうちのごく一部、文集を殘し得た、そして、文集が殘り得たものにしかすぎない。しかし、一方では、地方志の「藝文」や「金石」などには、そこに收められたことによって、はじめて今日まで殘り得た篇々が少なからず存在する。それらに依って、文集を通じて見るのとは違う層の社會を見ることができないであろうかというのが、筆者が李庭實を取りあげたねらいであった。

張起巖をはじめとする、鄉土出身ではあっても、中央で文名を馳せている人物に賴むべき碑文と、土地の廟學の教官として在任している、あるいは、教官を引退した人物に頼むべき碑文との閒に、當時の人々の意識では、おのづと差があったのではなかろうか。また、依頼する人々の層についても、同じようなことが言えるであろう。そして、これらのことは、その碑文によって我々が知ることのできる事實の差となって現れている筈である。次に、節を改めて、南宋を代表する大學者である王應麟の殘した碑文を材料に、碑の書き手としての知識人を、別の角度から論じてみたい。

三　王應麟の場合―碑記の撰述から見た宋元交替期の慶元における士大夫

ア　至元―大德の慶元の碑記

この節では、宋元交替期の慶元路、すなわち現在の寧波における王應麟をはじめとする知識人の場合を考えるが、主たる材料は、碑刻の文章のジャンルの一つである「記」、とくに公的な建造物の新造、重修の際に書かれる「記」を主な材料とする。なお、元代の慶元路は江浙行省に屬し、鄞縣、奉化州、昌國州、慈溪縣、定海縣、象山縣によって構成されていた。

さて、新築の場合は言うまでもないが、何十年かに一度發生する建造物の「重修」に際しても、それがある程度の規模のものであれば、多くの場合には記文が書かれ、石に刻されるのが普通である。さらに、廊廡や亭樓などの個別の施設についても、新築や增改修が行なわれれば、それに際しての記文が書かれることもあるから、そうしたものも含めれば、その數はさらに增える。官衙や學校といった公的な建造物についての記文は、當然の事ながら、撰者の文

表５　至元―大德慶元碑記リスト

奉化社稷壇記（至元27）　王應麟　『四明文獻集』巻１
濟南陳公修東津橋記（至元28）　王應麟　『敬止錄』巻10、『成化寧波郡志』巻４
慶元路重建儒學記（至元29）　王應麟　『兩浙金石志』巻14、『延祐四明志』巻13
慶元路建醫學記（至元29）　王應麟　『延祐四明志』巻14、『四明文獻考』
奉化重修縣治記（至元29）　王應麟　『延祐四明志』巻８
奉化縣學記（至元29）　陳著　『本堂集』巻49
奉化縣學參前亭記（至元29）　陳著　『本堂集』巻49
奉化縣學彝訓堂記（至元29）　陳著　『本堂集』巻49
（奉化縣學）仁壽殿記（至元29）　戴表元　『剡源戴先生集』巻１[27]
重修（鄞縣）學記（至元30）　王應麟　『延祐四明志』巻13
義田莊先賢祠記（至元30）　王應麟　『延祐四明志』巻14
九先生祠堂記（元貞２）　王應麟　『延祐四明志』巻13
奉化陞州記（大德元）　陳著　『延祐四明志』巻８、『本堂集』巻51
新修奉化學記（大德３）　任士林　『松鄉先生集』巻１
奉化州學興築記（大德５）　戴表元　『剡源戴先生集』巻１
重修（象山縣）學校記（大德５）　周巽子　『乾隆象山縣志』巻５
鄞縣縣治興造記（大德10）　袁桷　『清容居士集』巻18

人としての個人的行爲という範圍を越えて、公的な性格を持っている。それゆえに、地方における公的建造物の記文の撰者やその内容について検討を加えることは、その地域における地方官衙と知識人との關係や、知識人社會の狀況を見ていく上で有用であると考える。ここでは、こうした公共建造物の碑記の撰述という行爲を通じて、元朝支配下の江南士大夫の政權との關わり方について考察するとともに、撰者と地域との關わりについても觸れようと思う。

さて、表5として掲げる至元から大德までの約三〇年間の、慶元における公的建造物の碑記のリストを見ていただきたい[26]。時期を大德までに限ったのは、大德一〇年（一三〇六）の「鄞縣縣治興造記」の撰者袁桷は、咸淳二年（一二六六）の生まれで、臨安陷落の時にはまだ一〇歳であり、元朝に育った世代の時代になったと考えるべきであるからである。なお、石刻資料を論ずる場合には、撰者だけではなく、書丹や題額の擔當者についても考える必要があるが、以下の碑記のほとんどは、地方志もしくは文集所收の史料なので、この點についての記録はない。

このリストを見れば分かるように、この時期の慶元における公的な建造物の碑記の撰者として名を残すのは、王應麟、陳著、戴表元、任士林、それに周巽子であり、王、陳は鄞縣、戴、任は奉化、周は象山の人である。(28)これらの南宋滅亡直後の碑記の撰者達は、言うまでもなく宋代にすでに文名のあった人々であった。このうち、戴表元は大德六年に信州路學の教授に任ぜられており、任士林は上虞縣教授などに就き、いずれも元朝に仕えている。これに對し、前の王、陳の二人は、宋朝に殉じて世間とは交わらず、元朝とは關係を持たなかった人物としてのイメージが定着している。南宋滅亡後の江南におけるモンゴル政權と知識人との關係は、古くからの元朝史研究者の關心の對象の一つであったが、村上哲見氏は、「貳臣と遺民—宋末元初江南文人の亡國體驗—」(『東北大學文學部研究年報』四三 一九九三、後『中國文人論』〔汲古書院 一九九四〕所收)において、『四庫全書總目提要』やそれを繼承した京都大學人文科學研究所の漢籍分類目錄での集部別集類における各文集の撰者の斷代に見られる、江南士大夫の新政權に對する身の處し方への後世の道學的評價と當時の現實との差異について指摘している。(29)ここでも、碑記の撰述という行爲を通して見た場合に彼らと元朝との關係はどう考えられるかを檢討するところから、論をはじめたい。

イ 碑記の撰者たち

a 王應麟

まず王應麟を取り上げる。王應麟には、『玉海』や『困學記聞』などの多くの著作があり、彼の中國學術史上における地位については、内藤湖南の『支那史學史』をはじめとして多くの先學がすでに論及している。しかし、ここでは南宋の嘉定一六年（一二二三）に生まれ、元朝の元貞二年（一二九六）に死んだ彼について、碑記の撰述を材料に、南宋末から元朝にかけて生きた江南文人の在り方の一つの例として見てみたい。

例えば、黃宗羲の『宋元學案』（巻八五・深寧學案）が、「入元、不出」と書き、康熙年間の人である萬斯同が編んだ『宋季忠義録』（巻一〇）が、彼の傳に「宋の亡ぶるや、山中に隱居すること二十餘載。自ら深寧老人と號し、口に著述を事とし、其の紀年は但だ甲子を書すのみ、以て元に臣せざるを示す」と書くように、[30]後世の評傳における彼についてのイメージは、南宋滅亡後は世間との交わりを斷ち、學問に專念して多くの著述を生みだした、というものであった。たしかに、王應麟の弟子である袁桷が書いた玉呂伯里伯行の神道碑（『清容居士集』巻二六「資善大夫資國院使贈資政大夫江浙等處行中書省左丞上護軍順義郡公謚貞惠玉呂伯里公神道碑銘」）には、「慶元、故の宋の公相の家多し、時に翰林學士王公應麟は門を閉じて客を納れず」とあり、舊南宋の人士を含めて交際を絶ったと書かれている。しかし、この文章は、「公（伯行）は首めて尊禮開說し、學ぶ者をして之れに師事せしむ」と續き、伯行によって王應麟が外の世界と關わるようになったことを述べたものであり、[31]慶元路の治中であった伯行と接觸を持つようになった王應麟は、伯行の上司で浙東海右道肅政廉訪副使の陳祥の依頼によって、慶元路や鄞縣のための碑記を書くようになる。

清人の編んだ王應麟の年譜によって、もう一度確認すると、[32]至元一三年（一二七六）の臨安陷落以後、彼には碑記の撰述がなく、『通鑑地理通釋』や『漢制攷』などの著述がおこなわれているのみであったのが、至元二〇年代後半に入ると、碑記の撰述を始める。上で示した碑記のリストで、王應麟の遺文を見ていくと、二七年（一二九〇）の「奉化縣社稷壇記」を最初として、それ以後、縣治をはじめ路や縣の學といった、公的な性格を持つ建造物への記文を執筆していることがわかる。[33]縣治は元朝政權の地方支配の中心であり、州縣學は元朝の漢民族支配の制度においても大きな公的役割りを擔わされていた。[34]橋も公共の事業であることに變わりはなく、「東津橋記」には、東門の外にあった浮橋の東津橋が傷み、人命の被害も出ることを知った陳祥が橋の再建を決めたことが書かれている(35)。公的建造物の碑記への執筆が、建造の主體である地方官衙と無關係に依頼されるはずはないから、官途には就かなかったとはいっても、王應麟が元朝との關係を全く斷絶していたとは言えず、少なくとも至元二〇年代の後半には、彼と元朝地方官廳との關係が復活していた考えるべきである。「元朝に背を向け、杜門講學する文人」としてのイメージは、修正されねばならない。

こうしたことは、王應麟への撰文の依頼のされ方からも見ることができる。依頼者として、慶元路の場合、「醫學記」は肅政廉訪副使陳祥の、「路學記」は教授蘇玐の、「鄞縣學記」の場合は教諭の吳應酉の名を、それぞれの記文から讀み取ることができる。また、奉化については、「社稷壇記」では「是に於て耆老畯民、應麟に屬して記を爲り、以て識さしむ」とあり(36)、「縣治記」の場合では、執筆を依頼する縣尹丁濟の書簡が引用されている。すなわち、多くは建造に關わった地方官からの依頼という形をとっている。陳祥は濟南の人で、至元二八年（一二九一）に浙東海右道肅政廉訪副使分治慶元に着任したことが、これらの記文に書かれている以外には、さきほど引用した玉呂伯里伯行の神道碑に見えるだけである(37)。また、奉化縣尹の丁濟は、高郵の人で、至元二六年に赴任し、名地方官としても知られたようである(38)。

肅政廉訪副使や縣尹といった元朝の地方官からの依頼によって、公的建造物への記文を執筆したというだけでも、王應麟が元朝現地權力とは無緣であったということを否定する材料としては充分であろうが、別の角度からこの點を確認してみると、王應麟の記文のうち、ただ一つ石刻資料が殘っている、「慶元路重建儒學記」において、『兩浙金石志』巻一四の錄文によれば、「中議大夫浙東道宣慰副使李恩衍書」、「正議大夫浙東海右道肅政廉訪使王宏篆蓋」と、この石刻の書丹も篆額も、元朝の地方官が擔當している。このような經緯を持つ碑記の執筆者が、元朝と斷絶關係にあったとはとても言えない。また、年號についても、文末の日附は「是歲冬十月己亥記」となっているものの、文中には至元の年號が用いられており、前に引用した『宋季忠義錄』の言う、「其の紀年は但だ甲子を書すのみ、以て元に臣せざるを示す」は、事實に反している。(39)

王應麟が碑記の執筆をするようになった至元二七年（一二九〇）から元貞二年（一二九六）の死に至るまでは七年間で、彼が公的施設への記文を撰述した年數は短い。しかし、現在知ることのできるその期間の慶元における公的建造物の記文は、奉化については、他に陳著と戴表元が撰したものはあるものの、王應麟のものが目立って多く、とくに路と鄞縣に關係するものについては、彼の碑記しか殘っていない。これは、この時期の慶元における、彼の知的指導者としての立場と無關係ではないであろう。上で引用したように、奉化の「社稷壇記」で、「耆老畯民」、すなわち地域の有力者が彼に執筆を依賴したと書かれていることを考えてみるならば、新縣尹丁濟は赴任して日が淺く、しかるべき執筆者の選擇が、彼らに任された時に、王應麟の名前が出たのは、こうした場合に文章を賴むべき人は彼であるという共通の地域社會の認識があったことの結果ではないだろうか。政治と學問が不可分であったこの時代の中國においては、士人の持つ知的能力は、彼個人のものであると同時に、「公」のものでもあった。

b　陳著と舒岳祥

次に、この時期の慶元において記文を殘したもう一人の人物である、陳著の場合についても見てみたい。やはり慶元鄞縣の人で、文天祥と同じ寶祐四年（一二五六）の進士、知嘉興府に至ったが、賈似道に對立して左遷されている。陳著は四庫全書をはじめとして、一般には宋人として扱われているが、死んだのは大德元年（一二九七）で、王應麟よりもさらに後である。

陳著については、陳旅の『安雅堂集』巻六「歴代紀統序」に、「宋の亡ぶや、句章の山中に隱居し、世と接せず。歎きて曰わく、吾れ復た爲す可き者有ること無し、子を教うるは猶お吾が職なりと」と、彼が宋朝滅亡後、外界と關わらなかったように書かれている。しかし、上のリストでも分かるように、まず至元二九年（一二九二）に行なわれた奉化縣學の重修にあたって記文を書いている。この事業を行なったのは、王應麟の「社稷壇記」と同じく縣尹の丁濟である。さらに、元貞元年（一二九五）の奉化縣の州への昇格に當たっては、それを記念した「新升奉化州記」の撰文を、ダルガチ、知州以下から依頼されている。彼の文集『本堂集』所收の記文によれば、翌二年の正月に、州の官衙へ、彼が「學宮の諸生」とともに賀した際に依頼されたのだという。[41]

こうした行動から考えると、陳著の場合、元朝地方官廳との關係は王應麟よりも具體的であり、とても世間との交わりを斷っていたというような狀態ではない。ちなみに、彼はダルガチや治中の「德政記」も書いている。[42] また、記年に關しては、『延祐四明志』所收の記文の文末は「大德元年六月日前太學博士陳著記」と結ばれており、これらの文中にも至元や元貞といった年號が用いられている。さらに、彼の弟の陳觀についても觸れておきたい。[43] 陳觀は、南宋の嘉熙二年（一二三八）の生まれ、咸淳の進士で、元には仕えず、「晩年は府城に足を入れなかった」とも書かれている人であるが、皇慶二年（一三一三）の奉化州治の重建にあたって書いた、「奉化州重建公宇記」が『延祐四明志』巻八に收められている。その文中には、「邦人、公の德を頌し、公の績を紀さんと欲す、儒者を舍きて、其れ誰か與からんや、余、辭するを獲ず」とあり、[44] この碑記では建設にあたったダルガチの赤城八剌の德を稱える地域の人々に依頼されたことが書かれている。年記はないが、文中には皇慶の年號が用いられている。

宋元交代期の慶元から、さらにもう一例取り上げたい。それは、舒岳祥の場合である。彼はもともと台州寧海縣の人で、やはり寶祐四年の進士である。宋代から文名が高かったが、宋朝が滅びてからは、奉化に居住し、著述に專念したという。[45] 大德二年（一二九八）に八〇歳で死んでいる。現存する彼の文集『閬風集』（文淵閣本四庫全書、永樂大典本）は詩が中心で、記文は少ないが、鄉里の縣學のための「寧海縣學記」が殘されている（巻一一）。それを見ると、「凡そ、學に籍を有する者は、皆徭役を免がるるを得、士に科擧の累無く、務めて學の實を問う、郡ごとに歳に一士を貢するは、鄉擧里選の意に庶幾からん、天下の士の幸いなり」と、[46] 科擧の停止で評判の悪いはずの元朝の知識人政策が、ここでは稱えられている。これは御祝儀の文章における、いわば決まり文句に過ぎない。しかし、そのような文章の執筆を引き受け、定型句を書いたことの意味を考える必要があろう。繰り返すが、官職を受けなかったということが、卽ち元朝とは斷絶していたということにはならないのである。

以上、この節で取り上げた慶元の碑記の撰者達は、南宋の滅亡後、いずれも自分の出身地、あるいはその近地に住して、元朝の官職には就かずに文筆生活を送った人々である。しかし、以上で見てきたように、その文筆活動は、けっして新しい支配者である元朝と絶緣して自己の文人としての私的な世界に閉じこもったという性格のものではなく、元朝の地方官衙との交渉が存在したことが、彼らの碑記撰述の經緯に見出だすことができるのである。

このように身の處し方といったような問題をことさらに取り上げるのは、なにも倫理的・道學的に、王應麟その他の人々が元朝と關係を持ったことについて論じようとするためではない。彼らはすでに地域社會において文名のあった人々であり、モンゴルの支配という現實と無關係にいることは不可能であった。また、逆にモンゴルにとっての江南支配という角度から見ても、こうした在地の知的指導者を取り込んでいくことは、政策として必要であったはずである。[47] ここで試みたのは、公的建造物の記文の撰述という營みを通じて、この時代の地域社會における士人の在り方の一面を明らかにし、元朝の江南支配と彼らとの關係をより具體化することであった。村上氏がすでに述べているように、この時代の江南の士人の閒には、それぞれが元朝の官職を受けている受けていないに關係なく、相互の交流が存在していた。ここでは、さらに進めて、元朝に出仕していない文人においても、地方官廳との結び附きが存在したことを明らかにしただけのことである。元朝との關係について、「仕えた仕えない」が、元朝の支配への抵抗、あるいは亡き宋朝への忠節を示すという解釋が、時代が降るにつれてより強くなり、それが道義の問題として取り上げられるようになったことについても、村上論文は指摘しており、「貳臣」といった考え方が強調されるのは、乾隆帝以後のことであると論じている。

c　袁桷と韓性

さて、王應麟が元貞二年、陳著が大德元年、舒岳祥が大德二年とあい前後して死ぬ。ここでは次の世代の碑記の撰者として、袁桷について觸れておきたい(48)。彼は南宋の咸淳三年（一二六七）の生まれであるから、もはや生粹の元朝人と言ってよかろう。ちなみに、沒年は泰定四年（一三二七）であり、『元史』に立傳されている（巻一七二）。したがって、元朝への出仕の有無といったことはすでに問題とはならないが、依賴する人と依賴される人との關係の檢討の對象とはなる。彼の碑記についてこうした黠を見ていくことによって、王應麟等が公共建造物の碑記を依賴された背景を考える一助としたい。表6として至大から泰定までの慶元の公共建造物の碑記の表を掲げたので參照していただきたい。

袁桷は、鄞縣の人で、二十歳過ぎで麗澤書院の山長を授けられたが受けず、大德初めに翰林國史院檢閲官に擢せられて以後は、泰定の初年に辭歸するまで翰林の官を遷轉した。袁桷の碑記への執筆は、大德一〇年（一三〇六）の「鄞縣興造記」を例外として、延祐三年（一三一六）以降である。この閒に至大二年（一三〇九）の倭寇による鄞縣城

表6　至大一泰定慶元碑記リスト

路學大成殿記（至大3）　任仲高　『延祐四明志』卷13
浙東道都元帥府重建記（皇慶元）　卓玖　『延祐四明志』卷8
　＊至大4年慶元路學教授（『延祐四明志』卷2）
重建奉化公宇記（皇慶2）　陳觀　『延祐四明志』卷8
　＊陳觀は前出
路學修先聖廟記（延祐3）　袁桷　『清容居士集』卷18、『延祐四明志』卷13
鄞縣廟學記（延祐3）　袁桷　『兩浙金石志』卷15、『清容居士集』卷18
重建路醫學記（延祐3）　袁桷　『清容居士集』卷18、『延祐四明志』卷14
路學明倫堂記（延祐4）　薛𢍰　『敬止錄』卷15　※假題
奉化縣學記（延祐7）　鄧文原　『至正四明志』卷7
　＊杭州人、延祐六年江東道肅政廉訪司僉事（『吳文正公集』卷32所收神道碑）
新建鄞尉廳記（泰定2）　袁桷　『清容居士集』卷18、『至正四明志』卷3
慈溪縣治興造記（泰定2）　袁桷　『清容居士集』卷18、『延祐四明志』卷8
重修定海縣治記（泰定2）　袁桷　『清容居士集』卷18、『延祐四明志』卷8
定海縣學藏書記（泰定2）　袁桷　『清容居士集』卷18、『至正四明志』卷7
重修昌國學記（泰定2）　袁桷　『清容居士集』卷18
新修司獄司記（泰定3）　袁桷　『清容居士集』卷18
鄞縣廟學興造記（泰定3）　袁桷　『清容居士集』卷18
慈溪鹽課司廳記（泰定3）　鄭謙　『光緒縣志』卷2
　＊鄭謙は不明
重建昌國醫學記（泰定3）　袁桷　『清容居士集』卷18、『延祐四明志』卷14
轉運鹽使分司記（泰定4）　袁桷　『清容居士集』卷19、『延祐四明志』卷8
鄞縣縣治重建記（泰定4）　袁桷　『至正四明志』卷3
鄞縣廟學阮文安侯祠記（泰定）　程端學　『至正四明志』卷7
　＊鄞人、泰定元年進士、『元史』卷190本傳

の燒き討ちという事件があり、慶元路や鄞縣に關わる公的建造物の多くが炎上したことが、延祐、至正の二つの『四明志』の記事によってわかる。それらの再建事業がおこなわれたことも、彼が多くの碑記を殘したことと關係するかもしれない。[49] 彼の手になる碑記がとくに增えるのは、泰定二年以降であり、これは泰定初めに彼が翰林の官を辭して南歸したことによるのであろう。それから沒年の泰定四年まではわずか三年であるが、この時期の碑記が一〇件あるのに對し、それ以前は四件であるから、いかに集中しているかがわかる。前翰林で土地の出身者というのは、たしかに記文の依賴先としては、最適の人物であったといえよう。[50]

視點を逆にして、袁桷の文集『清容居士集』巻一八から二〇に收められている記文の對象を整理してみるとどうなるか。公的建造物に關するかぎりは、慶元路およびそれに屬する州縣のものがほとんどで、「建城夫子廟堂記」（巻一八、建城縣は河北）だけが例外である。ただし、その他の私的な建造物、例えば佛寺や道觀、書齋などの記文になると、その對象となる建造物の所在は、かなり廣範圍になる。このあたりが、個人的な交流の範圍から執筆を依賴し、あるいはされる關係と、地域における公的活動として撰文が行なわれるこれらの建造物の場合との差であると言えよう。

こうした傾向は、他の文人でも少なからず見られる。例えば、金華義烏の人で、やはり翰林の官を長く勤めた黃溍（一二七七―一三五七）の『金華黃先生文集』所收の碑記（巻八―一五）を見ても、公的建造物については、「松溪縣新學記」（巻一四）が福建に屬するのを除けば、すべて兩浙の範圍內である。袁桷や黃溍は全國的にも著名な人物であるが、もう少し地域に根ざした人物として、慶元に近い紹興會稽縣の韓性（一二六六―一三四一）の場合を見てみたい。

韓性は會稽の人で、『元史』に傳があるほか（巻一九〇）、黃溍に「安陽韓先生墓誌銘」がある（『金華黃先生文集』巻三二）。それらを參照しつつ略述すると、北宋の名臣として知られる韓琦の子孫で、朱子學の學統につながる人物であり、延祐の科擧再開の時には、四方の學者が教えを乞いに訪れたという。彼自身は、元朝から慶元の慈湖書院の山長に任ぜられたが、命を受けただけで任には赴かなかった。石刻を見ても、「南鎮降香之記」（延祐七年／一三二〇、『越中金石記』巻一〇）で、「前慶元路慈湖書院山長」としている以外では、祖先の籍貫によって「安陽韓性」と名乗るだけである。(51) 彼は、筆者が知りえただけで九つの碑刻への撰文を殘している。これらの石刻を見ていくと、紹興路學や會稽縣學などの碑記があり、彼もまた公的な世界と關わりを斷っていたわけではないことがわかる。(52) 墓誌銘によれば、當時の紹興路の總管達は路の政事について彼に「己を虛しくして咨訪」し、彼の方も、「從容として開導し」たという。(53) 彼が、學界においてだけではなく、在地社會でも重んじられる存在であったことが分かる。ここでも、碑記がどういう人物に依頼されるのかということを考える材料がある。

ウ　おわりに

以上、宋元交代期の慶元を對象として、公的な建造物の碑記の撰述を材料に、元朝江南の士大夫とそれを取り卷く社會との關係の一面を考えてみた。士大夫の關わる文章の種類は多い。私的な碑記あるいは墓碑墓誌、書物の序文の依賴や執筆までを考えに入れれば、より廣い人間關係の網の目の存在が見えてこよう。また、士大夫間の交流という點では、書簡の往來、詩文の應酬ということも除外しては考えられないことは、すでに村上論文が論じているところであり、そこでは杭州とその周邊の文人達について、元朝への姿勢・立場を越えた交流關係が存在していたことが、具體的に述べられている。慶元においても、ここで取りあげた、陳著（本堂集）、戴表元（剡源戴先生文集）、袁桷（清容居士集）などの文集を見ると、これまでに登場した人々に關連する詩文を少なからず見出すことができる。あるいは、孫善福の編んだ『戴剡源年譜』（上海商務印書館　一九三六）を見れば、詩文の應酬を通じて戴表元と慶元を中心とした各地の文人達との交流の跡をたどることが可能であり、その範圍は、杭州、さらには北方の文人をも含めた交流關係にも及ぶであろう。また、上で紹介した韓性の墓誌銘には、「前代の遺老、王尙書應麟、兪御史淅の若き、文章大家の四明戴表元帥初の若きは、往往行輩を折し、先生を以て忘年の交を爲す」とあり、(54)ここで取り上げた碑記の撰者達においても、相互の交渉があったことを知ることができる。そうした追跡も問題の考察には有益であることは承知してはいるのであるが、力が及ばなかった。とくに、公と私の曖昧領域にあると言える祠廟や寺観の記文の場合を、ここでは對象としなかったが、その場合依賴の範圍がさらに廣がることは、袁桷の項で少し觸れたとおりである。しかも、こうした視點からの分析には史料の遍在性が不可缺であり、例えば、至元末年に王應麟と陳著以外の撰になる碑記が慶元になかったのではなく、現存しないだけであることは充分ありうるとしても、それについて知ることは現實には望めないものである以上、はたしてここで行なった檢討が妥當なものかどうかという疑問も殘る。そうした意味では、以上の考察が試論の域を越えないことは充分承知しつつも、士大夫達の「書く」という行爲からその社會との關わりを見ていこうとする筆者の視角がいくらかでも實現されていたとすれば幸いである。

註

（1）地域社會における士大夫の姿のケーススタディとしては、劉子健氏の「劉宰小論」（『東洋史研究』三七－一　一九七八）をあげることができる。
（2）明の洪武年間に昌樂縣が復活するが、濰縣が萊州府に屬したのに對し、靑州府に屬した。淸朝でも同樣である。
（3）これまでに、この『濰縣志』を活用した研究としては、愛宕元氏の「五代宋初の新興官僚－臨淄の麻氏を中心として」（『史林』五七－四　一九七四、後『唐代地域社會史研究』〔同朋舎出版　一九九七〕所收）がある。
（4）元朝時代の山東には、もう一人李庭實がいる。『孔顏孟三氏志』卷三などに所收の、「孔治神道碑」（蔡文淵撰、至元六年）に見える、孔治の第四女の夫の禮部尙書李庭寔である。『（乾隆）山東通志』卷一五・徵辟に「單父人、助教」とあり、卷三二・陵墓に「元李庭實墓」の記事が、單縣の條に見えて、「官尚書、封隴西郡侯」と註されている。

（5）この表に掲げた他に、あと二件、李庭實の名が見える石刻がある。次の二つである。

衍聖公孔治神道碑（『山左訪碑錄』巻六、後至元六年／一三四〇、正書）

重修黃仙公廟記（『民國濰縣志』巻四一、至正元年／一三四一、撰）

このうち、前者については註4參照。後者については、「北海縣儒學教諭」となっているが、年代がかけ離れているため、ここでは保留しておく。

（6）『濰縣志』巻四〇「元濰州新試院圖記石刻」は、己未年（一二五九）の日附を持ち、しかも、濰陽軍節度使李壇の名がある歷史的に貴重なもので、この石刻から李氏の廟學再建との關わりがわかることについては、本書第八章で論じている。この時に孔子廟の重修されたことは、やはり、同じ巻に收められた「濰州重修宣聖廟記」（至元一五年／一二七六）にも述べられている（ただしこの建物は李壇の亂の時に荒廢したらしい）。その一方で、學校が未だ再興されておらず、「有教官而無學」というところもあった（『中菴先生劉文簡公文集』巻一「藤縣廟學記」）。

（7）『廟學典禮』巻一・設提擧學校官

（8）『廟學典禮』巻一・設提擧學校官及教授

（9）『元典章』巻九吏部三・正錄教諭直學や『廟學典禮』巻六・山長改教授及正錄教諭格例には、この定員が、至元二一年（一二八四）二月の「腹裏儒學校官例」として引かれている。從って、この定員は、元來、華北についての規定であったと思われる。江南では、南宋の降服直後には、これよりも教官の數が多かったことが、『廟學典禮』巻一・郡縣學院官職員數や同巻二・學官職俸によってわかる。しかし、上の「腹裏儒學教官例」が引かれている大德五年（一三〇一）六月の江浙行省の劄付では、江淮の儒學でも、路で教授一・學正一・學錄一・直學二、各府州で教授一・學正一・學錄一・直學一、縣が教諭一、というように、華北とほぼ同じ定員とされている。

（10）『廟學典禮』巻二・正錄不與教官連署・至元二六年九月二〇日國子監指揮所引教官格例

（11）『廟學典禮』巻一・革提擧司令文資正官提調・至元二一年一〇月五日中書省咨

（12）牧野修二「元代生員の學校生活」（『愛媛大學法文學部論集』文學科編一三　一九八〇）、大島立子「元代の儒戸について」（『中嶋敏先生古稀記念論集』下　一九八一）など。

（13）學校官の遷轉については、史料によって少しずつ異なっているが、原則は、『廟學典禮』巻二・學官格例に見えるように、「白身保充學錄教諭、一考陞學正、學正一考陞府州教授、府州教授一考陞路教授」というものであろう。（『元史』巻八一・選舉志一・學校では、直學から始まり、教諭・學錄は兩考となっている）。

（14）『元典章』巻九吏部三・考試教官等例・大德九月二月中書省劄。また、『廟學典禮』巻六・山長改教授及正錄教諭格例・大德五年江浙行省劄付所引吏部呈にも同様の指摘がある。（ただし、こちらは二百人とする）。

（15）『元典章』巻七吏部一・內外文武職品

（16）「府君崔公靈應之碑」は、崔府君廟の碑記ではあるが、濰州の東北にある寺家莊の「民」崔用一家によって作られた廟のための碑文であるから、「私」の方へ含めたい。

（17）やはり元代山東の人である潘昂霄の『金石例』は、「先塋・先德・昭先等碑、創建于國朝、已前唐宋金皆無之」（巻二・先塋先德昭先等碑之始・原注）とするが、金代の石刻にも例があり、必ずしも元に始まったとも言えない。ただ、現在知り得る碑の數は、元朝になるときわだって增加する。

（18）「元牟氏墓碑」というのは『濰縣志』のつけた假題で、その內容は先塋碑である。

（19）「先塋記」の多くは、婚姻關係や支派については、碑陰に記すとしており、それらを調査することができれば、彼らの相互關係がより明確になることが期待できるのであるが、惜しいことには、『濰縣志』は碑陰については全く默殺している。一九三〇年代までは間違いなく現存していたこれらの石刻の多くは、文化大革命の時期に破壞されたと人づてに聞いた。拓本など、なんらかの形で保存されていることを心から願ってやまない。なお、これらの石刻に登場する階層の金末から元にかけての運命についいては、本書第八章で紹介している。

（20）至元二一年から二八年の間に、他の人物が北海縣の教諭として名を見せることもない。

（21）「元代前半期の碑刻に見える科擧制度用語（上）」（『奈良大學紀要』一一　一九八二）

（22）『延祐四明志』巻二職官攷、および『至正四明續志』巻二職官による。

（23）『江蘇金石志』巻二三「無錫州儒學教授題名記」

同　　　巻二四「嘉定州教授題名記」

（24）『清容居士集』巻二三「送兪教授同里序」

『四明志』及び二つの題名記を通じて、三年を越えるのは、嘉定州の陳公禮が、四年五ヵ月在任している例のみである。

なお、兪希魯の在任は、『至正四明續志』巻二・職官によれば、至治二年（一三二二）から、泰定二年（一三二五）までと考えられる。

（25）元の路で區分すれば、山東の六路のうち五路となる。また、他の省にも彼の遺文は殘されている。

（26）リストの碑記の出典について。

王應麟の文集は、生前には『深寧集』一〇〇巻があったというが（『宋史』巻四三八・王應麟傳）、早く散逸し、現在では、明の鄭眞輯の『四明文獻集』五巻（四庫全書本では、陳朝輔同輯とする）と、清の葉熊輯の『深寧先生文鈔摭餘編』三巻があり、いずれも『四明叢書』に收められている。これらは後代の輯本なので、見出し得たなるべく古い出典を附記した。その他の書物については、次の通り。

延祐四明志　『宋元地方志叢書』影印宋元四明六志本

成化寧波郡志　『北京圖書館古籍珍本叢刊』影印成化刊本

敬止錄（明・高宇泰撰）『北京圖書館古籍珍本叢刊』影印鈔本

四明文獻考　『北京圖書館古籍珍本叢刊』影印明鈔本

本堂集　影印文淵閣本四庫全書本

剡源戴先生文集、清容居士集　四部叢刊本

松鄉先生集　元刊本（靜嘉堂文庫本の景照本による）

これらの碑記は後の時代の地方志などにも引用されているが、ここでは撰者の文集、元明の地方志など、時代の近いものに、出典の表記は限定した。また、年代の比定は、主に張大昌編の年譜にしたがった。

なお、周巽子については、縣志に「邑人」、「將作少監」とあるが、他の文獻には彼の名を見出せていない。記事を信じれば、郷里出身の名士に依賴した碑記ということになる。また、公共の事業として見逃せないものに水利事業があるが、『延祐四明志』は、その種の記事が載せられていると思われる「河渠攷」のある、巻一〇、一一を缺いているため、關係碑記は收集できなかった。

(27)『剡源集』には、「代阮侯」と注記されている。阮麟翁については、文中に「同知總管府事」とあるが、在任期間については『延祐四明志』巻二職官攷の慶元路總管府同知の項に、「至元二十九年任」とあるのみである。

(28) これらの人物の傳記については、次の資料がある。

王應麟　『宋史』巻四三八本傳
任士林　任叔實墓志銘（『松雪齋文集』巻八）
戴表元　戴先生墓誌銘（『清容居士集』巻二八）

なお、陳著については、同時代のまとまった傳記は殘っていないが、清の陸心源の『宋史翼』巻二五に傳記がある。また、王德毅他編『宋人傳記資料索引』によれば、光緒刊本の『陳本堂文集』には、傳記や孫鏘撰の年譜が附されており、さらに胡水波著「陳著行實考」（『之江期刊』二　一九三四）があるとのことであるが、筆者の見ることのできた文淵閣本四庫全書影印本には年譜は無く、いずれも未見。

(29)『京都大學人文科學研究所漢籍分類目錄』における撰者の斷代は、その人物が仕えた最後の王朝に區分することを原則としている。倉田淳之助「東方文化研究所漢籍分類目錄解說」（『東方學報』京都一四册一分册　一九四三）參照。

(30) 宋亡、隱居山中二十餘載。自號深寧老人、日事著述。其紀年但書甲子、以示不臣於元。

(31) 慶元多故宋公相家、時翰林學士王公應麟閉門不納客、公首尊禮開說、俾學者師事之。

(32) 王應麟の年譜には、錢大昕、陳僅、張大昌、張恕の四人の手になるものがあり、前の三つは『四明叢書』に収められているが、順に内容が増補されている。張恕のものは未見。

(33)　張大昌編の年譜によれば、至元二四年に「廣平書院記」（四明文獻集）、二五年に「赤城書堂記」（康熙台州府志）が編年されている。これらの書院との建設と地方官廳との關係が記文の中で言及されておらず、私塾的なものと考え、リストには擧げなかった。

(34)　元代における士大夫と路州縣學との關係については、牧野修二氏の、『廟學典禮』を活用しての一連の論考や、大島立子氏の「元代の儒戶について」を參照。また、『廟學典禮』そのものについては、森田の「『廟學典禮』成立考」（『奈良史學』一〇　一九九二）を參照。

(35)　「東津橋記」には、東門の外にあった浮橋の東津橋が傷み、人命の被害も出ることを知った陳祥が橋の再建を決めたことについて、次のようにある。

　濟南陳公祥咨諏民瘼、聞之嗟戚慘怛。若己納之溝、更舊圖新、以身帥之。牧守掾屬協力競助、士庶風動、不約而從。

(36)　「社稷壇記」には「於是耆老畯民、屬應麟爲記以識」とある。

(37)　「慶元路重建儒學記」には、「二十八年冬、肅政廉訪副使陳公祥下車」とある。なお、王德毅他編『元人傳記資料索引』には、陳祥の資料として『至順鎭江志』のみが擧げられている。これは、巻一五の鎭江府路總管府治中の項に

　陳祥　字君祥、汴梁人。至元十五年閏十一月二十六日至十七年二月二日代。

とある記事であるが、本貫が異なるし、別人ではないかと思われる。

(38)　「奉化社稷壇記」には、「至元二十六年冬、襄賁丁侯濟爲尹」とある。また、『成化寧波郡志』巻七職官攷には、「及尹奉化、興文教恤民情、衆務悉擧。凡公論所在、一判不動。至今民稱之曰丁相公判一字。」と記され、出身地の『萬曆高郵州志』巻八人物傳や『大明一統志』巻四六寧波府・名宦にも、同様の記事がある。

(39)　この他の碑記について見ても、「奉化重修縣治記」が、「至元二十九年八月前進士王應麟記」と結ぶほか、リストにある王應麟の書いた碑記のほとんどの文中に至元、元貞の年號が使用されている。

(40)　宋亡、隱居句章山中、不與世接。歎曰吾無復有可爲者矣、教子猶吾職也。

（41）また、『成化寧波府志』巻八の陳著の傳では、「晩歳隱居奉川」とする。

（42）『延祐四明志』巻八「奉化陞州記」によって引用すると

元貞改元、朝廷以諸縣地廣民稠者、升而州、中下其等。明之奉化爲戸五萬而贏州爲下。官視州設員七。明年月正元日、宣授達魯花赤察罕公、知州事李公柄、敕授同知星公燦、判官趙公秉、李公居安、省授吏目臧涓、鄭元均、各以其職視事。既而以記屬余謂（以下に依頼の言葉が入るが略）

また、『本堂集』巻五一所収のものは、延祐志と部分的に表現を異にしており、「各以其職視事」の後には、「余與學宮諸生旅賀於庭、揖余而語之曰」の文句が入っている。このように石刻に基づいたと考えられる延祐志と文集所収の記文とが異なる場合、撰者が集に収めるにあたって推敲をした結果である可能性が大きく、著者自身が地方衙門との關係を意識していたと言えよう。

（42）『本堂集』巻五一「慶元路達嚕噶齊伊嚕通議徳政記」と『成化寧波郡志』巻一〇「慶元路治中拜降奉議徳政記」（『本堂集』巻五一では、貝降に作る）がある。前者は、筆者の見ることができた『本堂集』が四庫全書本のため、清朝による文字の變改が行なわれているが、『延祐四明志』巻二職官攷に見える月列であろう。『道光象山縣志』に附された『象山文類』巻二所収の同記は、「月列」に作っている。延祐志の記事に依れば、月列は至元二一年一一月から大徳元年一一月まで、拜降は至元二九年三月から元貞元年七月まで在任。また、『宋元四明六志』校勘記「餘考」の「至元奉化縣志」の項によれば、丁濟の依頼で任士林、舒津と奉化縣志の編纂に當たったという。

（43）陳觀の傳記については、『清容居士集』巻二八「陳縣尉墓誌銘」。

（44）邦人欲頌公之徳紀公之績、舍儒者其誰與、余不獲辭。

（45）『宋元學案』には、「宋亡、避地四明之奉化、與戴表元相友善」とある（巻五五・水心學案下）。

（46）凡有籍于學者、皆得免徭役、士無科擧之累、務問學之實。郡歳貢一士、庶幾鄉擧里選之意、天下之士幸矣。

なお、この文は、明の諸鐸が編んだ『赤城後集』（『北京圖書館古籍珍本叢刊』所收）の巻一にも所收。

（47）筆者は、註21論文において、前王朝の進士號が、新しい支配者である元朝の下でも意義を有したことを材料に、この問題について論じたことがある。

(48) 以下の袁桷の傳記については、蘇天爵『滋溪文稿』卷九の墓誌銘、および『元史』卷一七二本傳參照。

(49) 今、『延祐四明志』卷八・城邑攷の記事から、この至大二年の倭寇の被害を受けた建造物を、拔き出してみると、浙東都元帥府、浙東海右道肅政廉訪司分司、萬戶府、路總管府、などの名をあげることができる。また、袁桷が碑記を書くことになったものとしては、鄞縣治（肅政廉訪司の移動の爲に建設）、鄞縣學、司獄司などがある。

(50) ただし、袁桷には文集『淸容居士集』があり、また『延祐四明志』も彼の編になるものであるから、記文が殘る條件に惠まれていたとも言える。

(51) 南鎭への降香は元室に關わるものなので、官名を附したのであろう。元室の降香については、森田「元朝における代祀」（『東方宗教』九八　二〇〇一）で言及している。

(52) 筆者が見ることができた韓性の撰になる碑記は次の通り

南鎭降香之記（延祐七）『越中金石記』卷一〇
紹興路學重修大成殿記（至治元）『越中金石記』卷八
紹興路至大報恩接待寺記（泰定元）『越中金石記』卷八　※袁桷書
南鎭廟置田記（泰定三）『越中金石記』卷八　※撰幷書、袁桷題額
會稽儒學重建大成殿記（至順元）『越中金石記』卷八
重修通濟橋記（至順三）『乾隆餘姚縣志』卷四
重修善政橋記（至順中）『乾隆餘姚縣志』卷四
重建餘姚州學宮記（後至元三）『乾隆餘姚縣志』卷一三
重修朱太守廟記（後至元五）『越中金石記』卷九

(53) 張公昇、王公克敬、于公九思、前後爲郡、皆良二千石。政事有所未達、輒虛己咨訪、先生從容開導。

(54) 前代遺老若王尙書應麟、兪御史淅、文章大家若四明戴表元帥初、往往折行輩、以先生爲忘年交。

第八章　李璮の亂以前―石刻から見た金元交替期の山東地域社會

一　はじめに

周知のように、金朝末期の混亂と、一二一〇年代になってはじまったモンゴルの華北への進攻の中で、華北各地には自衞のための集團に端を發した自立勢力が出現する。すでに一九四〇年代に愛宕松男氏は彼らについての研究をおこない、それを「漢人世侯」と呼ばれた(1)。この「漢人世侯」についての愛宕氏の研究は、以後の學界に定説として受け入れられてきた。しかし、一九八〇年代になると、個々の勢力の詳細な追跡によってその再検討を目指そうと言う研究が、池内功、藤島建樹、野澤佳美などの諸氏によって發表されるようになり(2)、杉山正明氏もいくつかの概説の中で、新しい考え方を提示している。

本章では、「漢人世侯」の中でも強大なものの一つで、山東の半島部を勢力圏とした李全・李璮の父子について、從來とは異なった角度から考えてみたい。李氏は、李璮が一二六二年に起こしたモンゴルに對する反亂の敗北によって滅亡するが、愛宕松男氏が、この反亂がモンゴル政權の對漢族政策の變化に大きな歴史的意義を持つことを論じられたことは有名である。この見解も長く繼承されてきた。また、李全の前半生については、池内氏に專論がある(3)。

李璮の支配した地域については、明清、あるいは民國期に編まれた地方志の中に石刻資料について詳しい記述を含むものが複數存在する。これらの史料群は、そこに書かれている人々も、またそれを書いた人々も、これらの石刻以外には歴史の上にほとんど、あるいはまったく、その足跡を殘していない人々であって、石刻資料がこの時期の山東地域社會について、他の文獻史料から導き出されるものとは異なった世界を我々の前に提示してくれる場合が少なくないことは、本書の他の章においても紹介しているところである。(4) こうした石刻資料の特性を利用して、一二六二年の反亂以前、すなわち李氏父子が支配していた時期の、益都、濰州を中心とする山東の半島部一帶の状況について、考えていきたい。また、李璮の亂以後、この地域の在地有力者がたどった運命と、それについての石刻の記述についても併せて見ていくこととする。

二　李全と李璮―史料をめぐる問題

李全・李璮父子に關する基本史料としては、李全については『宋史』（巻四七六、七）、李璮については『元史』（巻二〇六）の本傳をまずあげることができる。しかし、李全は宋朝に對して、李璮は元朝に對して、それぞれ反亂を起こした存在であり、彼らの列傳はいずれも叛臣傳に收められていて、その内容については、歪みのあることが推測される。具體的に記述を見ても、『宋史』李全傳は、當然の事ながら淮東をめぐる話が中心であり、『元史』の李璮傳に至っては、彼の叛亂の經過の敍述、すなわち一二五〇年代の後半（おそらく一二五七年）以降の、すでに山東に勢力を確立していた李璮が、一二六二年の反亂によって身を滅ぼすまでの過程に限られている。

正史以外の史料についてはどうであろうか、これまで研究者に使用されてきた史料としては、『齊東野語』や『錢塘遺事』、『齊乘』などの記事があるが、いずれも、南宋あるいは元朝時代に作られたものであり、亂との時間的關係で言うと、正史と同じ問題が存在することとなる。その例として、『齊乘』巻五・風土の記事を見てみよう。

此に由りて此れを言わば、忠義の風、齊の俗多しと爲す。不幸にして、殘金の亂、李全父子、此の方に盜據し、戶は編ぜられて兵と爲り、人は之をして戰わせしめらる。父は南に叛き、子は北に叛く。衣冠の族は變じて卒伍と爲り、忠義の俗は染めらるるに惡名を以ってす。全は群盜より起こり、的《まこと》に何れの人なるかを知らず。養子璮は本《も》と徐希稷の子にして、又、異類より出で、齊の氏族には非らず。山東に客亂して、民を劫して逆を爲し、自ら速かに誅夷せらる。然れば俗を敗り善を汚すこと、辨ぜざるべからず(5)。

讀んでいただければわかるように、否定的な評價に終始し、李璮に至っては、そもそも山東の人間ではないのであって、お話にも何もならない、といった調子である。こうしたところが、當時のある程度公式的な李璮觀であったと言えよう。元朝の漢地支配に大きな影響を與えたとされるほどの反亂を起こした李璮であるから、元朝支配の下では、否定的な評價を受けるのは、むしろ當然であろう。そして、このような史料狀況ゆえに、李全およびその後繼者で義兒の李璮が、その勢力圈においてどのような存在であったのかについては、ほとんど明らかにされてこなかった。

しかし、李璮の亂以前、すなわち李氏が山東の支配者として君臨していた時代には、もっと違った內容を持った言辭が存在してもいいはずである。そして、石刻資料の持つ「同時代性」という特性が、こうした問題について考える場合には有效である。すなわち、石刻資料は、特殊な場合（たとえば、削除、追刻、僞刻など）を除き、石に刻された時點で內容が固定されているという點である。こうした特性のゆえに、李璮の場合のように激しい評價の變化が存在している場合に、同時代の證言を殘していてくれることが期待できる。ここでは、李氏が權力を有していた時代に李氏と關わった人々が殘した碑文を通して、從來の史料では明らかにできなかった事實を幾分でも明らかにすることを試みる。

さらに、もう一點觸れておかねばならないのは、李全と李壇の關係をめぐっては、從來は指摘されていない疑問が存在することである。それは、『元史』の李壇傳の記述内容と關わる。すなわち、上でも指摘したように、『元史』の李壇傳で述べられているのは、彼の反亂の經過に限られ、彼がその地位をどのように獲得したかについては、述べられていない。具體的に言うと、『元史』李壇傳は、彼が李全の子もしくは義子であることから書き起こし、一二三一年に李全が死んだことを述べ、「壇、遂に襲いて益都行省と爲り、仍りて其の地を專制するを得たり。朝廷、數々兵を徴するも、輒ち詭辭して至らず。憲宗七年……」と續ける。つまり、具體的な記述は、憲宗七年、すなわち一二五七年以降についてしかなされておらず、彼がいつ益都行省を繼いだのかすらも、述べられていない。『元史』の本紀においても、李壇の名が最初に見えるのは、憲宗本紀の八年四月條の益都行省李壇が徴兵を拒否する記事であって、やはり同樣である。一方、『宋史』の李全傳では、一二三一年の李全の揚州における戰死とその軍團の淮東における崩壞について述べた後、妻の楊氏について、「山東に竄歸し、又數年にして後、斃す」としており、彼女が數年後に死んだことがわかるが、李壇については傳末に「全子壇」と、一句ふれるのみであって、ここでも李壇による權力の繼承については、述べられていいたい。

たしかに、『元史』の本紀などに關しては、その記事の對象範圍がある分野に偏っていることは否めず、李壇の名が見えないこともありえないことではないかもしれないが、筆者の見出し得た限りでは、『宋史』、『元史』を通じて、日附を伴った記事で彼の名が見える一番早いものは、『宋史』地理志の海州の條の、「海州……淳祐十二年、全子壇又據之」（卷八八・地理志四）という記事のようで、南宋の淳祐一二年、すなわちモンゴルの憲宗二年、西暦でいうと一二五二年ということになる。つまり、この間の二十年ほどの李氏に關しては、『宋史』や『元史』では何もわからないのである。

山東李氏關係石刻リスト

1236　大朝王公禮葬立石記〔民國昌樂縣續志　巻17〕
1255　昭武大將軍總管萬戶姜房墓碑
〔民國牟平縣志　巻９、同治重修寧海州志　巻25〕註
1257　元帥總管馮君增築墳臺之記〔光緒益都縣圖志　巻28〕
1258　玄都觀碑〔光緒增修登州府志　巻65、民國牟平縣志　巻９〕
1259　濰州新試院圖〔民國濰縣志　巻40〕
1259　重修壽聖院記〔民國濰縣志　巻40〕
1261　段氏修建祖塋記〔民國昌樂縣續志　巻17〕
1261　崇寧院記〔民國濰縣志　巻40〕
〔1262　李璮の亂〕

註：編まれた年代は後であるが、民國牟平縣志の方が、碑刻のテキストとしては勝れている。

この事は、正史以外の史料についても同様で、元代に編纂されたと考えられる編年體の歴史書、『通鑑續編』(6)や『宋史全文續資治通鑑長編』においても、李璮の名がはじめて登場するのは、『通鑑續編』が寶祐三年（憲宗五年／一二五五）、『宋史全文』では景定元年（中統元年／一二六〇）といった時期になってからなのである。つまり、この時期の山東、益都一帶および李氏が、どのような狀況であったのかは、大きな謎であると言えよう。

三　石刻から見た李氏の時代

それでは、ここで主題にしようとする、李璮の亂發生以前の時期に立てられた石刻は、現在どれくらい見出すことができるのであろうか。筆者の知り得た石刻について、リストを作成したので、まず參照していただきたい。

表に掲げた李氏と同時代の石刻のうち、まず注目したいのは、山東半島の北側、渤海灣沿岸の寧海州の牟平縣にある、姜房、姜思明、思聰の姜氏二代に關わる二つの石刻、すなわち、「昭武大將軍總管萬戶姜房墓碑」と「玄都觀碑」である。前者は、李全に

仕えた寧海出身の武將姜房の墓碑であり、後者は、牟平縣城南郊にあった全眞敎の道觀の重修碑である。これらの史料によって、この姜氏二代の李氏との關わりを見ていきたいと思う。

まず、「姜房墓碑」であるが、表にも掲げたように、この碑はモンゴルの憲宗五年、一二五五年に立てられたもので、『同治重修寧海州志』（卷二五・藝文上）、『民國牟平縣志』（卷九・文獻志金石）に移錄されていて、讀むことができる。そこには、「公（姜房）、官に在ること凡そ一十九年、庚子の秋九月五日、病を以て任に卒す、享年五十有六」とあって、一二四〇年に死んだ姜房が一九年間官にあったと書かれているから、話は一二二一年ころにまでさかのぼることになる。墓碑は、その當時の寧海について、「會またま金季大いに亂れ、阻山濱海の鄕、盜賊尤も熾んなり。千萬群と爲り、林谷に嘯聚す。比ろおい人を獵して以って食に充つ。居民これに苦しみ、自活する能わず(7)」というような狀況であったと述べる。そして、墓碑に「乃翁、身を白屋に起こし」とあって、もともと平民出身ではあるが、「鄕黨、其の人となりを異とし、咸なこれを推重す」と書かれているように、鄕黨の望を擔っていた姜房は、この時期に他の地域でも多く見られるように、地域の自衞に指導者として活躍した。それについて、墓碑は次のように述べる。

公、憂衆の心有り、慨然として濟物を以て己が任と爲し、遂に土豪を糾合し、義旅を率集し、患難を冒し、艱危を歷て、堅を被り、鋭を執ること累年、竟に以て厥の元兇を殲し、其の餘黨を平らぐ。一方の人、公に賴りて存するを得たるもの、勝て記すべからず(8)。

他の史料によって、この時期の山東半島北部について見てみると、一二一三年、一二一七年とモンゴルの進攻を受ける一方、一二一四年には紅襖軍の楊安兒（李全の妻楊氏の兄である）の手に落ち、金將僕散安貞によって囘復されているし、一二一七年から一九年にかけては、李全と金朝とが、青州（益都）を中心に、この地域をめぐって、取ったり取られたりの一進一退の状態であったのが、一二一九年に至って、李全に説得されて、張林という人物が、萊州や寧海州を含む一二州を以て宋に降って、李全の支配下に入り、一應の決着がつく。（『宋史』李全傳）。その一方で、一二一八年の五月には、「萊州の民」曲貴が節度使を殺して南宋と結ぼうと圖り、金に討伐されるという事件も起こっている。(9) 上述の墓碑の記事は、こうした情勢を指しているものであろう。そして、當時山東半島を經略中であった李全と姜房との出會いについて、墓碑は、

時に少保相公李君、方に山東を整頓するを以て務と爲す。其の忠義を聞きて、これを嘉みし、特に授くるに本州同知の職を以てす。(10)

と述べており、姜房の活躍を知った李全が、彼をその支配下に入れ、恐らく在地での實際を踏まえたものであろうと考えられる「寧海州同知」の地位を與えたことがわかる。これが、房の出仕のはじめであり、死去の年から逆算して、一二二一年のことであったと推測されるわけである。そして、房は、最終的には、「昭武大將軍元帥左監軍寧海州刺史」となり、「膠濰莒密寧海等州總管萬戶」を加授された上に、金符を與えられるに至っている。(11) ただし、ここで注意しなければならないのは、一二三一年に李全は揚州で戰死しており、上引の『宋史』の記事によれば、妻の楊氏もその數年後に死んだという。さらに、『元史』には、「金人、海沂萊濰等の州を以て來降す」（卷二・太宗本紀五年十二月）とあって、一二三三年一二月には、山東半島が完全にモンゴルの支配下に陥ちていることを考えあわせると、一二四〇年まで生きていた姜房に、いつ、誰が、これらの官職を與えたのかという疑問が殘る點である。

そして、姜房の死後について、墓碑には、

嗣後、山東淮南等路行省相公李君、先少保の子なり。公の德を念じ、其の代を旌せんと欲し、遂に其の長子を表し、總管の符節を承が俾め、次子には本郡刺史の職を襲わ俾む。(12)

とあり、姜房の二人の息子は、「先少保の子」であって「山東淮南等路行省相公」の「李君」によって、それぞれ父の地位を分割して繼承することが認められて、兄の思明が總管を繼ぎ、弟の思聰が刺史を繼いだとされている。この場合、繼承を認めた「先少保の子」は、碑文の書かれた一二五五年という時期やその地位から李璮であると斷定できる。そして、さらに碑文は、兄は「昭武大將軍元帥左監軍」に、弟は「昭毅大將軍元帥右監軍」に累遷したと述べている。この碑が立てられた一二五五年は、房が死んで一五年を經ており、彼らの繼承が、父の房の死の直後のものかどうかにも疑問が殘るが、これらの點については、後述することとする。

次の「玄都觀碑」は、「戊午十月望日」、すなわち憲宗八年、一二五八年の年記を持つ。碑の本文の大部分は、牟平縣の南郊にあった道觀、玄都觀の創建とその重修についての記述であり、全眞教の史料としても興味深いものであるが、姜氏兄弟は、碑文中には重修の援助者として名を出すのみである。(13) ここで注目したいのは、碑末にある列名である。それには、次のようにある。

牟平縣丞劉國機
牟平縣管民長官賀元吉
昭毅大將軍元帥左監軍寧海州刺史兼知軍事姜思聰
昭毅大將軍元帥右監軍寧海州管民長官兼膠濰莒密等處總管萬戶姜思明
寧海州等處都達魯花赤必里海

ここでは、思明・思聰の兄弟が、まさに「墓碑」に書かれていたごとく、父の地位を二分して名を連ねており（ただし、監軍の左右が墓碑と反對）、姜氏の勢力がそのまま二人の息子に世襲されたのを確認でき、この時點でも、寧海における姜氏の勢力が繼續していたことをうかがうことができる。

ただし、この二代が名乘っている官職、とくにその管轄範圍が、どのくらい實態を反映したものであるのかについては、いずれについても疑問であり、これらの各地域がすべて彼らの支配下にあったとは考えられない。しかし、前述のように、姜房は金符を與えられているし、兄弟が力を盡くした玄都觀の重修碑には、寧海等處都達魯花赤の必里海も名を連ねている以上、その地位がモンゴル政權から何らかの承認を得たものであることは疑いない。姜氏の實際の勢力範圍がどこまでであったのかは、確かめるすべもないが、『光緒棲霞縣續志』巻一・古蹟補遺の引く、棲霞縣にあった道觀「賓都宮」の高樑の簽名に「□（昭か）毅大將軍元帥左監軍寧海州刺史功德主姜思聰」と見えることからも、牟平縣、さらには寧海州の範圍は越えていたことが推測できる。[14]

なお、一二六二年の李璮の亂の後の姜氏について傳える資料は今のところ見出すことができず、李璮と運命をともにしたとも考えられるが、斷定はできない。

李氏と碑の主人公との關係について述べているその他の石刻を見てみると、「大朝王公禮葬立石記」（撰者名なし、一二三六立石）に見える昌樂縣の王義の場合、「山東淮南都行省相公に隨い、都統制に移遷し、兼ねて承節郎昌樂縣令を授けられる」とある（註17參照）。さらに、もう一つの興味深い例として、「總管馮君增築墳臺記」（行臺幕府議事官提領府學徐之綱撰、一二五七立石）の缺字部分がある。すなわち、益都府尹馮彰が官途についたきっかけを述べた箇所が、「逮事／府　大行　　相公」となっているというのである。この碑には他には缺字部分がほとんどないことから考えると、李璮を指す文字を亂の後に削除したものではないだろうか。この文章は、「外に爪牙と作り、内に心腹と爲りて、多いに信用せらる」と續いており、あからさまに李璮を指す言葉を殘すことはできなかったのであろう。

それでは、李璮の亂以降の石刻には、李氏の時代についてはどのように觸れられているのであろうか。李璮の亂以後の益都地域における戰後處理と、在地リーダー達の「李璮以後」については、本章の五で紹介しているが、石刻の多くは李氏との關係について口を閉ざして語らず、まるで李氏など存在しなかったのごとくであるのが通例である。これは、例えば、姚遂の『牧菴集』や劉敏中の『中菴集』に収められている李璮討伐關係者の碑傳において、李璮の名や「靑寇」の語が頻出するのとは好對照と言えよう。

しかし、例外も無いわけではない。例えば、『益都金石記』（卷四）、『山左金石志』（卷二二）、『光緒益都縣圖志』（卷二八）にそれぞれ收められている、「故膠州知州董公神道之碑」（奉訓大夫簽福建道肅政廉訪司事許時獻撰、大德六年／一三〇二立）などは、李全との關係について、次のように述べている。

纔に益都に至る。義軍李帥有り、公（董進）の諸子に異なるを見る。年十有五なり。李帥試みるに、能くする所を以てし、凡そ事は咸な其の宜しきを得たり。公の用うべきを知り、以て親兵と爲す。國王南來し、李帥卬降して、承制して以て益都行省たり。西に金人を拒み、南に楚寇を御し、日に尋で干戈し、以て相征討す。公は家將と爲り、常に前峰に當る。楚州を攻むれば、則ち蝥孤を張りて、以て先ず登り、海州を襲えば、則ち皐比を蒙りて先ず犯す。公の驍勇を喜び、委ねて爪牙と爲す。(15)

李全自身はモンゴル政權に反抗したわけではないから、彼との關係について述べることは、差し支えなかったのかもしれないが、この石刻においても、李全の死後の問題に觸れた後は（この點については後述）、いつのまにか、李璮の亂の戰後處理を擔當した、撒吉思との關係に話が轉じてしまっている。

さて、以上の石刻に述べられている李氏と彼らとの關わりについてまとめて見るならば、寧海の姜氏の場合に見られるように、山東半島の各地において、在地有力者をその支配下の人々とともに自己の勢力の下に取り込むことによって、李氏が支配圏を擴大、確立していったことが見出せるのである。

四　李全から李璮へ－空白の時期をめぐって

さて、この章の最初に提出したもう一つの問題、すなわち李全と李璮の間に存在する史料上の空白について、可能な範圍での見解を示しておきたい。なお、前節で「この問題については後述する」とした箇所がいくつかあるが、それらはいずれもこの問題と關わりのあるものであり、以下で検討を加える。

最初に、この點について第一節で述べたことを、もう一度まとめておくと、『宋史』や『元史』、および編年史書をはじめとする、これまでの研究に用いられてきた文獻史料に據る限り、一二三一年の李全の死後、一二五二年に至るまでの李璮および益都一帶の狀況は不明であり、したがって李璮の權力獲得の過程もまた不明である、というものである。『元史』で唯一この點に關わっている箇所は、李璮傳にある中統元年（一二六〇）の李璮の上言の中の「臣所領益都、土曠人稀、自立海州、今八載」という部分である。一二六〇年の八年前といえば、一二五一年となり、まさにこの年から李璮が海州に進出していたという『宋史』地理志の記事の裏附けとなる。そして、それ以前から益都を支配下においていたことを述べているものであると理解してよかろう。しかし、それがどこまで遡りうるかは、依然として不明である。

逆に李全の死後についての史料の記述を見てみると、『宋史』の李全傳によれば、揚州での李全の戰死を知った妻の楊氏は、淮東を放棄し、さらに漣水を經て山東に入り、數年後に死んだとあるのみであることは、これも前述した。しかし、先にも引用した「故膠州知州董公神道之碑」は、その間の消息について、さらに詳しく次のように述べている。

帥（李全）、既に山東を平定し、淮海を呑むを志し、因て揚州を攻め、城下に歿す。公（董進）麾下を率い、其の夫人楊氏を推し、權りに軍務を知せしめ、衆皆な悅服す。越えて明年、楊氏入覲し、夫の職を紹ぐを得たり。公に假すに軍帥の名を以てし、征戍の勞を代わらしむ。又、常に傳に乘りて闕に赴き、事を奏し諸物を進貢せしむ。楊氏の政を辭するや、公も亦た尋いで兵柄を解かれ、改めて高密尹に署せらる。(16)

すなわち、楊氏は舊李全軍團において、李全の後繼者として推戴されたのみならず、翌一二三二年にモンゴル朝廷に入覲することによって、その地位の繼承を認められたのであった。その後、その地位から楊氏は離れ、墓碑がその補佐的地位にいたと言う董進も、李全軍團から切り離されて、高密尹となっている。ただし、これが何時の事か、この碑文は語っていない。しかし、『宋史』李全傳の言うように、「數年後」に楊氏が死んだとすれば、それまでの時間が長かったとは考えられず、依然として李璮の出現までに空白の時間が存在しているのである。

この空白の時間をどのように理解すればいいのであろうか。『元史』の記事はもとより、先掲のリストでもわかるように、石刻資料も一二五〇年代にならないとほとんど存在しない。つまり、石刻をも含めて、この時期の舊李全支配地域について、その狀況を傳える史料は、皆無といっていいのであり、從って、李璮の時代になって書かれた石刻が、まだしも時間的に近接した史料であると言わざるをえない。

その中で、一二三六年と、李全の死に近接した日附を持つのが、先にも引いた、「大朝王公禮葬立石記」である。これについてまず見てみたい。そこでは、王義が、「山東淮南都行省相公」（この場合李全）から、昌樂縣令ほかの地位を與えられたのに續いて、「太師國王」（孛魯）から、やはり宣武將軍昌樂縣令の官を與えられたとある。(17)注目したいのは、後者、すなわちモンゴル政權の有力者によって、その地位が再度授與されている點である。また、「董進墓碑」によれば、李全の夫人の楊氏は「政を辭し」、董進自身も兵柄を解かれた上で、高密尹に「署」せらる。彼らに對してこのような態度に出ることができたのは、モンゴル朝廷、もしくは當該地域におけるモンゴル人權力者以外に考えられない。このように見ていくと、李全の死後、この地域は、いったんはモンゴルの直接支配下に入ったと考えるべきではないだろうか。そうだとすれば、寧海姜氏について述べた際に疑問として殘した、姜房が一二四〇年に死ぬまで、その地位を昇進させ續け、金符まで與えたのが誰であるかという問題も、はっきりする。

しかし、何らかの經過を經て、おそらくは一二四〇年代の何時かの時點で、李全の義兒であるという李璮によって、益都における李氏の勢力が復活する。(18) ここで注目したいのが、『昌樂縣續志』所收の「段氏修建祖塋記」（古邠進士王麟撰、中統二年／一二六一立石）である。ここでは、この碑の立てられた一二六一年に知昌樂縣事であった段綺が、かつて「大都督行省相公」に、「提領昌樂事」に拔擢されたとある。それは、「今に抵るまで十五載」とあるから、一二四六年頃であろう。ここで言う、「大都督行省相公」は、李璮以外には考えられないから、李璮のこの地域での存在は少なくとも、一二四〇年代半ばまではさかのぼらせることができる。しかし、今のところ、言えるのはここまでである。

筆者は、この章の冒頭において、石刻資料の持つ同時代性という價値について述べた。より嚴密に言うならば、それが立石された時點での史料としての意味を、石刻は持っていると言うべきであろう。その角度から寧海の姜房の墓碑について見なおしてみると、この石刻は、まず一二五五年という立石の時點についての史料なのである。すなわち、そこに書かれているのは、あくまでも一二五五年の眼で見た姜房の生涯である。墓碑をはじめ、墓に關わる石刻において、故人の死去と立石との閒にかなりの時閒的空白が存在することは、しばしばあることで、十五年という時閒は決して珍しいものではない。しかし、姜房の場合、彼の卒去した一二四〇年と、立石された一二五五年との閒の十五年閒には、姜氏を取り卷く情勢に變化が生じていた。

一二五五年といえば、山東での李璮の地位は既に確立していたと考えていい。その時期に立てられた姜房の墓碑に書かれるべき主題は何かと言えば、それは彼と李全との關係であり、李璮の支持の下での、房の二子による父の地位の繼承であろう。もし、李全の死後にすぐ李璮が權力を繼承していたのならともかく、今まで述べてきたように、それはほとんど考えられない。とすれば、姜氏兄弟は、父房の死後、李璮の登場を待って、はじめて父の地位を繼承できたということになる。その閒に姜氏に何があったのかはわからないが、繼承のためには、李璮によって「父の功」が「旌」されることが必要な狀況であったことだけは確かである。だからこそ、墓碑の中で、彼らの父と李璮の「父」李全との結びつきが語られ、「子」李璮による兄弟の任命が語られねばならなかったのではないだろうか。この石刻は、そういった立場にあった姜氏による、李璮へのオマージュとしての側面を持っていたと見ることは、「あまりに作りすぎた話」と、批判されるであろうか。

五　李璮の支配

もう一度、「段氏修建祖塋記」を見てみよう。そこには、昌樂縣提領となった段綺のその後について、

爰に歳を歷て、時の一境の民をして各の田里に安んじせしめ、歎息怨恨の愁を無からしめ、愈よ其の功を礪う。提領密州事に遷るに、いまだ政を報ぜざる閒にして、濰陽の官吏、昌樂の老幼、公の廉を慕い、公の德を想い、公の義を仰ぎ、これを欽載せんことを願い、特に大督相公に聞す。公、遂に其の意を嘉し、復た昌樂縣事を宰せしむ。(19)

すなわち、昌樂縣で實績をあげた彼が、提領密州事に遷轉させられようとし、いったん人事はおこなわれるが、それ

と前後して、昌樂の人々から反對運動が起こって、段綺は昌樂縣に戻り、提領昌樂事に復歸したという話である。この事は、段氏が、時の權力者も無視できないほどの勢力を在地に持つ存在であった事を示している。李璮もまた、李全と同樣に、在地の有力者を取り込んでいくことによって、その支配を築いていったのである。

しかし、「段氏修建祖塋記」を見ていくと、やがて力關係は變化していったのではないかと考えられる。碑末にある立碑者の名前は、

滕州滕縣知丞管民官次男段慶

明威將軍知昌樂縣事管民官段綺立石

となっており、これを見ると、唯一出仕している彼の次男段慶（長男段質は若死しているし、他の諸子は出仕していない）は、滕縣の丞となっている。そして、碑文には、「夫れ慶は、幼くして義を懷き、身を致して主に事え、地を擇ばずして軀を捐して難を濟う。龍廷に表奏して、金幣羊馬を寵錫せられ、滕縣丞を外授せらる」とあり[20]、この人事が上からの命令によるものであった事を示している。しかも、滕縣は同じ山東とはいっても、昌樂とは、父綺の時の密州以上に離れている。その滕縣へ、慶は「地を擇ばずして」赴任したのである。このことは、綺は昌樂での地位を維持しているものの、かつての彼が異動を拒否できた時とは異なって、段氏が在地から切り離されつつあったことを示してはいないだろうか。

李全や李璮の支配がどのようなものであったかは、具體的にはほとんどわからないし、その流賊的性格から考えれば、はたして「支配」が現實におこなわれていたのか、ということに疑問も成り立ちうる。支配の體制を考えてみようとしても、例えば姜氏の場合、かなり廣い範圍をその對象とする官職名を持っているとはいうものの、そこに擧げられている「膠濰莒密寧海」を具體的に見ていけば、山東の半島部のほとんどを占めてしまうことになり、現實に姜

房が李全の部下としてこれらの地域を支配していたとは、とても考えられない。ただ官職名だけであれば、李全に先行した楊安兒も百官を置いたという。[21] しかし、この時期に、各地で與えられ、あるいは名乘られた官位や官職が、極端な場合にはそれぞれの自稱を上位の者が承認しただけに過ぎない場合がしばしばであったことは、既に牧野修二氏が『黑韃事略』などを引かれて指摘しておられるところであり、[22] ある地域についての官職名が存在しているからといって、それが現實を反映している保證はどこにもない。これに對して、この段氏の息子の段慶が、滕縣の丞として遷轉の對象となり、赴任している事實は、李氏の側から見れば、その範圍における李璮の支配が確立し、制度化されたものになりつつあったことを示す一つの證左ではないだろうか。

李璮による支配をめぐっては、二三七頁の表に揭げた『濰縣志』所收の「濰州新試院圖」（己未／一二五九立石）と題額のある石刻の存在に注目する必要があろう。[23]『濰縣志』によれば、この碑には圖も描かれていたようであるが、同書は殘念ながら圖を揭載しておらず、また、移錄されている文章の大部分は宣聖廟の四至であり、日附と關係者の氏名はあるが、試院はもとより宣聖廟についても、建設の具體的經過が述べられていない。ただ、宣聖廟の建築に關しては、やはり『濰縣志』卷四〇に移錄されている至元一五年（一二七八）の「濰州重修宣聖廟記」（濰州學正趙忠敬撰）にも、己未年に、益都行省郎中兼濰州事の顧諟によって（「新試院圖」にも「左右司郎中」として名前が見える）、假の建物であるが、宣聖廟が建てられたことが述べられている。[24] このように、この石刻だけでは、試院が、何のために、どのようにして、建てられたのかを明確にすることはできず、從って、科擧との關係を云々するのには限界があるが、「新試院圖」と題した石刻が存在する以上、何らかの建築はおこなわれたこととなり、科擧が實施されなかったとしても、少なくともそのための準備はおこなわれていたと考えるべきではないだろうか。東平の嚴實の學問保護、東平府學の繁榮は有名である。[25] 李璮も學問を好んだことについては、從來の史料でも、『淸容居士集』卷二九「滕縣尉徐君墓誌銘」の「璮喜儒云々」という記事や、『中菴集』巻九の「敕賜保定郭氏先塋碑銘」に見える、郝經を招聘しようとしたという記事によっても知ることができるが、[26] この石刻の存在によって、さらに一つの材料を得ることができたのである。また、もし科擧の實施を考えていたとすれば、李氏が山東における恆久政權の樹立を考えていた可能性も出てくる。

さらに、これらの在濰州の石刻によって、李氏自體についても從來以上のことがわかる。それは、「濰州新試院圖」をはじめとして、「重修壽聖院記」（己未／一二五九立石）、「崇寧院記」（中統二年／一二六一立石）などに、「元帥濰陽軍節度副使李珵」という名が見える點である。李珵については、さらに、後至元四年（一三三八）に立てられた、「大元贈淮東宣慰副使金故膠西郡王范氏塋碑」（『濰縣志』巻四一に移錄）にも名が見える。この碑は、『山左金石志』巻二四が「殘碎し、分れて三石と爲る。尺寸行數、皆計ること能わず」と述べて、著錄のみで移錄をおこなっていないように、その内容をたどることは、はなはだ難しいが、『濰縣志』には、拓本に基づいた殘文の丁寧な移錄がおこなわれている。そこには、「璮之弟濰陽軍節度使李珵、嘗酗酒欲刃（下缺）」の一句があって、珵が璮の「兄弟」であることがわかる。[27]

李璮が李全の義兒であることは、その實の親については諸說あるものの、前引の『齊乘』の記事をはじめ、多くの史料に書かれていて、よく知られているから、李珵も義兒であったと考えてよかろう。一二二七年に李全がモンゴルに降服した結果、楚州で起こった混亂の中で、李全の弟李福とともに、全の「次妻」劉氏や「次子」が殺されたことが、『宋史』の李全傳に見えるから、[28] 李全には少なくとも二人の「子供」がいたことは明らかであり、『齊東野語』の「李全」の條が言うように、李璮が、李全に子が無かったための養子とは考えられず、[29] しかも李璮以外にも李珵という義兒の存在が確認できることから、李全の下には義兒集團が存在していた可能性が考えられる。

六　戴居寶と趙全―李壇以後

ア　戴居寶と趙全

すでに書いたように、李壇時代の石刻に名前を殘す在地の人々のその後については知ることができないが、同じような境遇にあったと考えられる人々について見ていくことによって、いわば「李壇以後」のこの地域における漢族在地有力者の運命について述べていきたい。それはまた、第七章で見た李庭實が撰文した石刻の主人公や、彼に文を依賴した人々についての追跡でもある。

まず戴居寶と趙全の二人を取りあげる。この二人は歴史上まったく「無名」の人物である。いずれも、地方志所收の石刻資料一篇のうちにその名を留めるだけの人物であって、石刻資料に見出される他の多くの人物と同じく、石刻資料以外に彼らについての史料はなく、『元人傳記資料索引』（王德毅他編）や、『四庫全書』を檢索しても、この二人の名前は出てこない。ここでは、一三世紀後半から一四世紀はじめにかけての益都濰州地域に生きた人々の一つの典型として、石刻資料の記述を通じて知りうるその生涯を紹介してみたい。

A　戴居寶

戴居寶については、至元二四年（一二八七）に立てられた「侍衞千戶戴侯先塋之碑」（『濰縣志』卷四〇所收、奉訓大夫太常少卿王構撰）[30]が、唯一の資料である。それによれば、戴氏は代々北海（濰州）の人であるというが、父祖三代については、碑文の中に「咸以貲雄一鄕、潛德弗耀」とあるから、たんなる在地の有力者であったのであろう。そして、戴居寶の最初の活動としてこの石刻に書かれているのは、壬子年（一二五二）の漣水攻撃への參加である。一二五二年の漣水攻撃と言えば、これまでにも書いたように、李璮の活動が史料の上で確認できる最初の事件であり、これへの參加は、碑には「王師」とあるが、戴居寶が李璮の下にいたことを示していると考えてよいであろう。碑文は、翌年の海州攻撃をはじめ、この方面における一連の戰闘において彼が功績を擧げたことについて、一二五七年まで述べた後、李璮の亂が發生した中統三年（一二六二）に、亂の戰後處理を擔當した董文柄に居寶が重用され、「武衞軍」百人の長となったことに話が飛び、その間に存在したはずの李璮の亂については語られていない。この沈默は、彼の李璮との關わりを逆に物語っていると言えよう。そして、居寶は、翌中統四年には宿衞に入り、護衞親軍總把となるが、至元一一年（一二七四）からは、對南宋戰爭に參加し、荊湖から桂廣へと轉戰している。南宋が滅亡した至元一六年には、今度は春宮（皇太子眞金）の宿衞に選ばれるとともに、屯田に關與して功績を擧げて（場所は不明）、金符を與えられ、武義將軍侍衞屯田千戶の地位を授けられた。至元二三年に書かれたこの碑文には、「侯今老矣」とあり、健在であったことが確認できるが、以後の彼および戴氏については、なにもわからない。

B　趙　全

趙全の場合は、父趙佺との父子二代の話になる。大德三年（一二九九）に立てられた「趙敦武先塋記」（將仕佐郎前石城簿濟南路儒學教授李庭實撰、『昌樂縣續志』巻一七所收）によれば、趙氏は、趙佺の時に昌樂に移住してきたとあり、趙佺は、戴居寶と同じく、一二五二年の漣海戰に參加し、「山東行省」の帳前百戶になったと言う。「山東行省」が李全および李璮をその長とするものであることについては、既に前田直典氏によって論じられている。(31)さらに、碑文は趙佺の死について、「方當推鋒、忽營星告殞」と書く。もしモンゴル側の軍人として戰死したのであれば、その經緯についてもっと具體的な記述があってもいいはずで、この表現は、彼が李氏の側の人閒として死んだことをうかがわせる。至元年閒に父の職を「襲った」子の趙全は、對南宋戰爭に參加して、漣海から荊湖、さらに蘇州・杭州へと轉戰した後、宿衞に入ることになる。そして、至元一三年（一二七六）からは、一轉して舊西夏方面の戰線に動員されて、甘州に至り、甘州と別十八里（ビシュバリク）で屯田をおこなったと、碑文は述べる。

以上、戴居寶と趙全の二人について、石刻に基づいてその生涯を略述した。李璮との關係への沈默、侍衞への編入、對南宋戰爭への參加、屯田との關わりと、二人の生涯は多くの點で共通しており、趙全に見られる西北方面との關わりが居寶には存在しないことくらいが、相違點である。

次に、李璮の亂終結後のこの地域における戰後處理について、元朝側の政策から見ていきたい。

イ　益都における戰後處理

中統三年（一二六二）七月、李璮が元の軍隊に捕らえられ、ただちに處刑されて、李璮の亂は幕を閉じる。ここでは、それ以後のこの地域、すなわち、益都・濰州一帶における戰後處理について、『元史』の述べるところに從って見ていきたい。

さて、『元史』本紀の記事によれば、九月になって、戰後處理の擔當者としてモンゴル朝廷から任命されたのは、侍衞親軍指揮使で、山東計略使を兼ねることとなった董文炳と、益都行省大都督撒吉思であった。(32) そして、一〇月に、董が軍事、撒吉思が民政を擔當することとなる。(33)

戦後處理の第一としては、このような事例の常として、赦免と賑恤の命令が發せられた。いま、『元史』巻五・世祖本紀二に見える記事を擧げておく。

濟南の官吏に敕すらく、凡そ軍民公私の逋負は、權閣して徵すること毋かれ。（中統三年九月壬申）

詔すらく、益都府路の官吏軍民の李璮の爲に脅從せらるる者は、並に其の罪を赦す。（中統三年冬十月戊寅）

撒吉思に敕して、益都の逃民を招集せしむ。（中統四年三月辛卯）

そして、それとともに問題となったのが、舊李璮軍の軍士の取り扱いをめぐる問題であり、これがここでの主題である。すでに本紀の中統三年九月戊午の條に、彼らの「武衞軍」への編入について觸れられているが（註32參照）、『元史』巻九九・兵志二・宿衞に引かれている、同一〇月に出された詔敕には、次のようにある。

（中統）三年十月、益都の大小管軍官及び軍人等に諭すらく、先に李璮は逆を懷き、朝廷の恩命を蒙蔽して、爾等を驅駕して以て己が惠と爲せり。爾等、效過功勞有りと雖も、殊に聞報すること無く、一旦泯絶す。此れ爾等の不忠の愆には非らず、實に李璮懷逆の罪なり。今、侍衞親軍都指揮使董文炳、來りて其の詳を奏し、爾等の各の朝廷の爲に出力せんことを願う語の有るを言う。此れ復た爾等の存忠の久しきを見わす也。今、董文炳に命じて仍お山東東路經略使たらしめ、爾等を收集し、朝廷に直隷せしめて、武衞軍に充て、近侍に勾當せしむ。職に應ずるの比及い、且く當に南邊を守把し、外隙を隄防せしむべければ、內境の軍民、各の業に安んずるを得るに庶からん。爾等、宜しく益すます心を盡くし、以て勳效を圖るべし。[34]

この詔敕に述べられていることの第一は、益都の舊李璮軍の軍人たちの、「武衞軍」への編入である。この「武衞軍」

は、至元元年（一二六四）には「侍衛親軍」に改められ（『元史』巻九九・兵志二・宿衛）、元朝軍隊の中核部分の一つであったとされているものであるが、こうした益都地域からの武衛軍や侍衛親軍への編入は、この時だけではなく、それ以後も、翌中統四年、至元元年、二年と、毎年のように千人ずつが編入されていき(35)、さらに、至元六年には、宿衛への編入ではないが、益都路から「軍人萬人」が、簽發されている(36)。

また、至元元年の編入についての記事を見ると、「選益都新軍千人充武衛軍、赴中都」（註34參照）とあり、益都では、「益都新軍」と呼ばれる軍隊の編成も行われていたことがわかる。おそらく、南宋滅亡後、舊南宋軍が、「新附軍」として再編されたように、「益都新軍」は、舊李璮軍がモンゴル軍に吸收再編されたものであろう。さらに『濰縣志』巻四一所收の「王氏先塋碑銘」には、至元一二年（一二七五）に、旨によって、舊李璮軍がすべて軍籍に隷せしめられたという記事がある(37)。（C王斌參照）

さらに、益都と侍衛親軍との關係を述べる史料としては、女直人で舊李璮軍とは關係ない人物であるが、事件前から撒吉思の部下として益都に關係していた、兀林答僖の子の兀林答徽が、至元一五年に「侍衛軍」一萬を率いたという記事がある（『益都縣圖志』巻二八「濰州防禦使兀林答公神道碑」〔大徳七年／一三〇三立〕）(38)、これも、おそらく舊李璮軍關係の侍衛親軍であろう。以上見てきたように、亂の直後からモンゴル朝廷は、當時「勇悍」とされた舊李璮軍を再編利用していったのである。

ただし、侍衛親軍の側から見ると、彼ら益都出身者は、その一部分を占める存在に過ぎない。元朝における侍衛親軍全體の成立と構成については、井戸一公氏が、「元代侍衛親軍の成立」（『九大東洋史論集』一〇　一九八二）と、「元代侍衛親軍の諸衛について」（『九大東洋史論集』一二　一九八三）において論じられている。ただ、舊李璮軍團が侍衛親軍に編入されたことについては、井戸氏も指摘されてはいるが、彼らについて、とくに詳述されているわけではなく、また、侍衛親軍に組み込まれた人々のその後については、井戸氏の論文においては論點の中心ではなく、拙論の主たる史料である石刻の中に、益都・濰州の人々のその後について、詳しく知ることができる史料が存在する、といった點を考えれば、この地域の出身者のその後について検討を加えておくことは、無意味ではないと考える。

さて、中統三年一〇月の詔敕に述べられていることの第二は、このようにして武衛軍・侍衛親軍に編入された舊益都出身者が、どのように動員されようとしたのかということについてである。二五三頁に引いた詔敕の中には、「近侍勾當」、「守把南邊、隄防外隙」の、二つの表現が見える。前者は、宿衛への任命を指し、後者は、對南宋戰と西北での戰闘とへの參加を指すものと、それぞれ考えてよかろう。(39) また、それ以外の『元史』の記述では、屯田のための人員として、彼らが用いられていたことが述べられているものが多い。屯田についての史料のいくつかを、例としてあげておく。

癸巳、益都武衛軍の千人を以て燕京に屯田せしめ、牛具を官給す。（『元史』五・世祖本紀二　至元元年正月）

（至元）八年、改めて左右中三衛を立て、宿衛扈從を掌り、兼ねて屯田せしむ、國に大事有れば、則ち之を調度す。（『元史』九九・兵志二・宿衛）

こうして見ていくと、この詔敕の内容が、前に趙全と戴居寶について述べてきたことに、符合していることに氣附かれるであろう。彼らをこの時代、この地域に生きた人々の典型として選び、その生涯について敍述したのは、その故である。また、『元史』などの記事では、彼らの動員について、派遣された方面などについての具體的な記事は見當たらないが、石刻が殘された人々に關しては、具體的に明らかにすることができることがおわかりいただけたと思う。

ウ　その他の事例

石刻の中に、この時期を生きた痕跡をとどめる人々は、趙全と戴居寶の二人にとどまらない。以下、羅列的にはなるが、そうした人々について紹介しておきたい。

C　王斌（『濰縣志』巻四一　王氏先塋碑銘［中順大夫同知常州路總管府事袁德麟撰、泰定元年／一三二四立］）

王斌についての碑刻は、珍しく彼が李壇の下にいたことを、はっきり述べている（註37參照）。そして、前段でもこの碑刻を利用して述べたように、舊李壇軍を再び軍籍に屬させる詔敕が、至元一二年（一二七五）に出されたため、彼も軍籍に復し、南宋攻擊軍に參加することとなり、以後、常州、揚州、黄州と轉戰して、江南平定後は、常州に駐屯している。至元二一年に王斌が死んだ後、子の王安はベトナムへの遠征に參加して、病を得て死んだ。

D　劉德（『濰縣志』巻四〇　總把劉氏先塋之銘［□監□稅北海文學教諭羅國英撰、至元二八年／一二九一立］）

劉德は、丙午（一二四五）以來、軍務に從事し、やはり一二五三年には海州に行っている。李壇の亂の後も、もとどおりの百夫長に任じられた（壬戌、兵餘完復之後、仍舊百夫長）。その後、襄樊の戰いに參加したほか、至元一二年には、常州、そして蘇州を經て臨安に、さらに溫州、台州から福建へと、轉戰している。そして、この碑文の書かれた至元二八年には、淮南路のいずれかで屯田にかかわっていると言う（見戍淮南路、□□白水堂屯田）。

E　李成（『昌樂縣續志』卷一七　李氏先塋碑記［濟南路儒學教授李庭實撰、大德九年／一三〇五立］）

李成の父、李青も山東行省の關係者であるが、李成はDの劉德と同樣に、襄樊から、蘇州、杭州、そして福建へと轉戰した後、さらに日本遠征（弘安の役）に參加して、生還している。

F　董堅（『益都縣圖志』卷二八　故膠州知州董公神道之碑［一三〇二立　前出］）

この碑刻は、李氏二代の資料として重要なものであり、堅の父の董進が、李全とその未亡人楊氏とに仕えた人物であることは、すでに二四二頁で紹介しているが、亂の後に膠州知州で死んだ父の後を承けて、子の董堅は對南宋戰に參加して、襄陽での戰鬪に活躍した後、この碑文が書かれた時點まで、高郵に駐屯している。

以上、Aの趙全から、Fの董堅に至るまで、いずれも本人もしくはその父が、李璮と關係があったことが、碑刻の文面上で明白であるか、充分推測可能な人々である。趙全と戴居寶の二人について紹介した、對南宋戰への參加、屯田へのかかわりなどは、これらの人々においても見出すことができる。かつて李璮の下にいた人々が、亂の平定後にモンゴル軍に組みこまれ、その時その時の軍事的な必要に從って、對南宋戰をはじめ、西北での戰爭や、ベトナム遠征（上で名を擧げた兀林荅徽も、至元二四年［一二八七］には、ベトナムに派遣されている）、さらにはEの李成にいたっては、日本遠征へと動員されたのであった。これらの戰いの中で、Dの劉德のように、一族の中から戰死者を出した家も存在するのである。(40)

七　おわりに

以上、石刻資料の常として、そこで述べられている内容は、すぐれて個別的なものであり、それをただちに一般化することには、當然のことながら危險もあるし、また、李璮を考える上での最大の謎といえる、李全が死に、楊氏も死んだ一二三〇年代後半から、五〇年代初めについてを知ることのできる石刻もほとんどないが（ただし、段綺の昌樂縣事就任を一二四六年とする考えが正しいとすれば、この時點で既に李璮が政權を握っていたことが確認できるということになる）、それでも、從來はまったく史料が紹介されていなかった、李氏父子の時代における山東の半島部について、いくつかの新しい知見を附け加えることができたと考えている。また、李璮の滅亡後の山東の在地勢力の動靜についても、石刻を材料に論じることができた。本文中にも述べたように、彼らこそが、第七章で取り上げた李庭實のような地域の知識人に碑文の撰述を依賴した人々であった。

註

（1）「李璮の叛亂とその政治的意義」（『東洋史研究』六―四　一九四一）、「元朝の對漢人政策」（『東亞研究所報』二三　一九四三、いずれも『愛宕松男東洋史學論集』第四卷所收）。

（2）池内功「李全論」（『社會文化史學』一四、一九七七）、「モンゴルの金國經略と漢人世侯」（『四國學院大學論集』四六　四八　四九、『四國學院大學創立三十周年記念論文集』一九八〇、八一）他。藤島建樹「元朝治下における漢人一族の歩み―藁城の董氏の場合」（『大谷學報』六六―三　一九八六）、野澤佳美「張柔軍團の成立過程とその構成」（『立正大學大學院年報』三　一九八六）、「モンゴル太宗定宗期における史天澤の動向」（『立正大學東洋史論集』一　一九八八）

(3) 註2參照。

(4) 本書第三章および「元代前半期の碑刻に見える科擧制度用語（上）」（『奈良大學紀要』一一　一九八二）。

(5) 由此言之、忠義之風、齊俗爲多。不幸殘金之亂、李全父子盜據此方、戶編爲兵、人教之戰。父叛于南、子叛于北。衣冠之族變爲卒伍、忠義之俗染以惡名。全起羣盜、的不知何人。（原注　維揚志云濰州人、齊東野語淄州人、或又云萊州人、未知孰是）養子璮本徐希稷之子、又出異類、（原注　齊東野語云全養子璮、本徐希稷之子、賈涉鎭維揚日璮與涉諸子同學、其後全無子、屢託涉祝之、涉以希稷舊與全、稔遂命與之、詳見後論）非齊氏族。客亂山東、劫民爲逆、自速誅夷。然敗俗汚善、不可不辨。

二行目の「的」を、本文では「的《まこと》に」と讀んだが、「全は群盜より起りたる的《もの》」とも讀める。いずれにせよ、ここだけが口語的で、あるいは衍字かもしれない。

(6) 『通鑑續編』は元末明初の人陳桱の編になる編年體の史書である。ここでは、臺北の國家圖書館所藏の至正一一年昭陽顧氏松江刊本の景照本に據った。

(7) 會金季大亂、阻山濱海之鄉、盜賊尤熾。千萬爲群、嘯聚林谷。比獵人以充食。居民苦之、不能自活。（『牟平縣志』による）

(8) 公有憂衆之心、慨然以濟物爲己任、遂糾合土豪、率集義旅、冒患難、歷艱危、被堅執銳者累年、竟以殲厥元兇、平其餘黨。一方之人、賴公得存者、不可勝記。

(9) 『金史』卷一五・宣宗本紀中・興定二年五月辛巳

萊州民曲貴殺節度經略使內族轉奴、自稱元帥、構宋人據城叛。山東招撫司遣提控王庭玉、招撫副使黃摑阿魯答等討平之、斬僞統制白珍及牙校數十人、生禽貴及僞節度使呂忠等十餘人誅之。乃命庭玉保萊、朱琛保密、阿魯答保寧海、以安輯其民。

(10) 時少保相公李君、方以整頓山東爲務。聞其忠義而嘉之、特授以本州同知之職。

(11) 「姜房墓碑」には、次のようにある。

自斯厥後、積有勳效、累遷至昭武大將軍元帥左監軍寧海州刺史。公撫知有方、政崇寬簡、躬行勤儉、以率其下。合境化之、風俗丕變、民之富庶、倍於鄰郡。朝廷體其能、加授膠濰莒密寧海等州總管萬戸、仍錫金符以寵之。

（12）嗣後山東淮南等路行省相公李君、先少保之子也。念公之德、欲旌其代、遂表其長子、俾承總管之符節、次子俾襲本郡刺史之職。（『牟平縣志』による）

（13）「玄都觀碑」には、次のようにある。

本郡□管民元帥長官與其弟元帥太守二姜公、以文德並播於英聲、以武功同馳於偉譽。政成多假、邃覽重玄、喜捐珍物、茂贊仙風。以次名宦顯仕、大賈富商、各輸帑藏之豐□、統助盛緣之廣費。

（14）『同治重修寧海州志』巻一二・長吏には、「天水郡開國侯」の肩書きを加えた形で、姜氏兄弟の名が見え、とくに思聰については、「見文登刁招討碑」とある。たしかに、文登の有力者として刁氏が存在し、この碑に對應しそうな碑として、至元一九年の「故招討刁公神道碑」（『民國文登縣志』巻八上・人物一に移錄）があるが、そこには姜氏兄弟の名は見えない。

（15）纔至益都。有義軍李帥、見公異於諸子。年十有五。李帥試以所能、凡事咸得其宜。知公可用、以爲親兵。國王南來、李帥迎降、承制以爲益都行省。西拒金人、南御楚寇、日尋干戈、以相征討。公爲家將、常當前鋒。攻楚州則張蝥弧以先登、襲海州則蒙皐比而先犯。喜公驍勇、委爲爪牙。（引用は『益都縣圖志』に據った、註16についても同じである）

ただし、この碑文の内容に問題がないわけではない。歿年から逆算すると、董進が十五歳といえば、一二一四年である。たしかに李全は既に登場していたが、益都に地盤を有していたかどうかは、微妙である。寧海州について姜房の墓碑が述べるように、この時期は混亂期であり、この碑文が言うように、董進が最初から李全の下にいたかどうかには疑問が残る。こうした點は、石刻資料の持つ厄介さの例といえよう。

（16）帥既平定山東、志呑淮海、因攻揚州、歿於城下。公率麾下、推其夫人楊氏、權知軍務、衆皆悅服。越明年楊氏入覲、得紹夫職。假公以軍帥之名、使代征戍之勞。又常（『益都金石記』によって補う）乘傳赴闕、奏事進貢諸物。楊氏辭政、公亦尋解兵柄、改署高密尹。

なお、この箇所については、既に愛宕松男氏が「李壇の叛亂とその政治的意義」の中で引用されているが、所載はなぜか表示されていない。

(17) 隨山東淮南都行省相公、移遷都統制兼授承節郎昌樂縣令、提領軍民。次隨蒙古大朝太師國王、陞宣武將軍、依昌樂縣令撫治軍二十餘載。

(18) この問題について、一つの回答の可能性を與えてくれるのが、李璮と塔察兒との姻戚關係である。この點については、周良宵氏が「李璮之亂與元初政治」(『元史及北方民族史研究集刊』四　一九八〇)において、明の祝允明『前聞記』(『紀錄彙編』所收)の「李璮」の條の記事によって指摘され、さらに杉山正明氏が、「クビライ政權と東方三王家」(『東方學報』京都五四　一九八二)において、郝經の「再與宋國兩淮制置使書」(『郝文忠公集』卷三七所收、言うまでもなく、こちらのほうが史料價値は高い)で確認できることを論じられている。李璮の二番目の妻が塔察兒の妹であるという指摘は、一二三六年におこなわれた丙申年の分撥において、益都一帶が斡赤斤家に與えられたことを考えれば、李璮が益都行省として出現しえた理由となりうる可能性が大きい。しかし、これとても、この婚姻と益都行省李璮の出現との前後關係が不明なかぎり、あくまで一つの可能性にすぎない。

(19) 爰歷歲、使時一境之民各安田里、無歎息怨恨之愁、愈礪其功。遷提領密州事、未報政閒、而濰陽之官吏、昌樂之老幼、慕公之廉、想公之德、仰公之義、願欽戴之、特聞於大督相公。公遂嘉其意、復宰昌樂縣事。

一行目の「使時」は、あるいは入れ替えて「爰に歲時を歷て」と讀むべきかもしれないが、この石刻の錄文が『昌樂縣續志』にしか存在しないので、それに從って本文のように讀んでおく。

(20) 夫慶幼而懷義、致身事主、不擇地而捐軀濟難。表奏龍廷、寵錫金幣羊馬、外授滕縣丞。

(21) 『金史』卷一〇二僕散安貞傳

登州刺史耿格開門納僞鄒都統、以州印付之、郊迎安兒、發帑藏以勞賊。安兒遂僭號、置官屬、改元天順、凡符印詔表儀式皆格草定。

(22) 牧野修二「元朝中書省の成立」(『東洋史研究』二五―三　一九六六)

(23) 『濰縣志』の注記には、この石刻について、次のように述べている。

右圖在濰州重修城記碑後。額題濰州新試院圖三行篆書、圖末題字六行、行多者二十八字正書。在縣學。

(24)「濰州重修宣聖廟記」には、次のようにある。

時歳在己未春、前益都行省郎中顧諟子美者、兼權濰州事。憫其故基、命匠起殿於其上。時公以邊務倥傯、未暇完□、姑以單瓦覆之、期於再營。未幾、公因疾物故、繼而又罹兵變、遂廢其事。(下略)

(25)東平における學術については、安部健夫「元代知識人と科擧」(『史林』四二―六　一九五九、後『元代史の研究』所收)、高橋文治「泰山學派の末裔達」(『東洋史研究』四五―一　一九八六)參照。

(26)『中菴集』巻九「敕賜保定郭氏先塋碑銘」

實錄云、中統前靑冦壇馳書幣、招陵川。陵川謀於公。公曰、世所重名與利耳。若利先生學術道德傾一世。奚利爲若名。名在朝廷、山東奚取也。陵川遂辭之。歳未幾壇叛、其遠識如此。

(27)この缺落の後に續く部分にも、李瑆の行狀を述べたと考えられる文章が續き、この石刻の破損が惜しまれるが、『濰縣志』には、次のような注記があり、拓本に據ったこと、この石刻が以後にさらに破損したことがわかる。

(略)此本係民國初年所拓、較郭本碑陽多三石碑陰多一石。碑文三十四行、毎行以文理推之、約七十字。(略)民國十七年、村民因防匪故、又將殘石砌爲圩墻、今僅餘一小石矣。

(28)『宋史』巻四七七　李全傳下

於是衆帥兵趨楊氏家、(李)福出、(邢)德手刃之、相屠者數百人。有郭統制者、殺全次子、(閻)通殺一婦人、以爲楊氏、函其首幷福首馳獻于(楊)紹雲。紹雲驛送京師、傾朝甚喜檄彭忙・張惠・范成進、時靑併兵往楚州、便宜盡戮餘黨。未幾、傳楊氏故無恙。婦人頭乃全次妻劉氏也。

(29)『齊東野語』巻九・李全

其雛松壽者、乃徐希稷之子。賈涉開閫維揚日、嘗使與諸子同學。其後全無子、屢託涉祝之。涉以希稷向與之念、遂命與之。後更名壇《ママ》云。

(30)本章では、關係する碑刻の撰者について、官職を附記している。

(31)「元朝行省の成立過程」(『史學雜誌』五六―六　一九四五、後『元朝史の研究』所收)

（32）（中統三年九月戊午）以侍衞親軍都指揮使董文炳兼山東路經略使、收集益都舊軍充武衞軍、戍南邊。詔益都行省大都督撒吉思、與董文炳會議兵民籍、毎十戶惟取其二充武衞軍。其海州、東海、漣水移入益都者、亦隸本衞。（『元史』卷五・世祖本紀二）

（33）（中統三年十月）庚申、分益都軍民爲二、董文炳領軍、撒吉思治民。禁諸王、使臣、師旅敢有恃勢擾民者、所在執以聞。詔以李璮所掠民馬還其主。（『元史』卷五・世祖本紀二）

（34）三年十月、諭益都大小管軍官及軍人等、先李璮懷逆、蒙蔽朝廷恩命、驅駕爾等以爲己惠。爾等雖有效過功勞、殊無聞報、一旦泯絕。此非爾等不忠之愆、實李璮懷逆之罪也。今侍親軍都指揮使董文炳來奏其詳、言爾等各有願爲朝廷出力之語。此復見爾等存忠之久也。今命董文炳仍爲山東路經略使、收集爾等、直隸朝廷、充武衞軍近侍勾當。比及應職、且當守把南邊、隄防外隙、庶内境軍民各得安業。爾等宜益盡心、以圖勳效。

（35）（中統四年四月）癸丑、選益都兵千人充武衞軍。（『元史』卷五・世祖本紀二）

至元二年十二月、增侍衞親軍一萬人、内選女直軍三千、高麗軍三千、阿海三千、益都路一千。毎千人置千戶一員、百人置百戶一員、以領之。仍選丁力壯銳者、以應役焉。（『元史』卷九九・兵志二・宿衞）

（36）『元史』卷六・世祖本紀三の至元六年の條には、「三月甲寅、詔益都路簽軍萬人、人給鈔二十五貫」という記事と、同「（六月）壬午、免益都新簽軍單丁者千六百二十一人爲民」という記事がある。また、卷九八・兵志一・兵制にも、一萬人の簽軍の記事があり、二月のこととする。

（37）嘗事李璮於麾下、璮敗不復仕、至元十二年有旨璮兵皆復隸軍籍。

ただし、この碑は泰定元年で、かなり後のものではある。

（38）（至元）十五年、隨伯顏丞相、率領侍衞軍一萬北征。

（39）註32で引いた、世祖本紀の中統三年九月戊午の條にも、「戍南邊」とある。

（40）「總把劉氏先塋之銘」には、「弟曰就、壬戌兵亂不存」とある。

第九章　文昌帝君の成立―地方神から科擧の神へ

一　外郡の神々

陳舜臣氏に「敬神の日々」という短編がある。氏はその中で、林則徐の日記を材料として、彼が日々の暮らしの中で色々な神々とのかかわりを持っていたことを活寫しておられる。(1)少なくとも舊中國においては、人々と神々との結びつきは、我々の想像をこえるものであった。そして、各都市をはじめ、農村に至るまで、人々の集まり住むところには、さまざまの機能を持った神々の廟が存在し、それへの祭祀がおこなわれていたことは、地方志類における關連項目の敍述に見出すことができる。また、臺灣や香港へ行けば、その生きた姿を見聞することが可能であるし、近日では中國大陸における民間信仰の復活のレポートも少なくない。陳氏の文章は、こうした人々と神々とのかかわりあいが、士大夫たちにとっても例外ではなかったことを、教えてくれる。

それでは一つの都市に、某某廟とか、某某祠とか名乘る存在はどのくらいあったものであろうか。時代は下るが、元明清三代の國都であった北京では、一九二〇、三〇年代におこなわれた寺廟登記の報告には、郊區を含めてではあるが、一千箇所をこえる寺廟が擧げられている。(2)また、宋代の史料で參考になるものとしては、北宋の政和元年（一一一二）に、開封にあった淫祠一千三十八區を毀し、さらに、軍民がほしいままに大小の祠廟を立てるのを禁止したという、『宋會要』の記事であろう。(3) これらの史料に基づいて考えれば、開封でも北京でも、千のケタで數えられる祠廟があったということになる。

これら數百數千の廟に祀られていた神々のすべてについて、それがどのような性格を持った神々であったのかを知ることは、今となっては不可能であることは言うまでもないが、都市に存在した廟について、その性格によって分類した例として、『咸淳臨安志』巻七一－七三・祠祀の記事がある。そこでは、南宋の國都臨安にあった、合計七一ヶ所の廟が、次のようなグループに分類されている。

土神、山川諸神（巻七一）

節義、仕賢、寓賢（巻七二）

古神祠、土俗諸祠、東京舊祠、外郡行祠（巻七三）

の各項目である。『咸淳臨安志』の記事に據って、それぞれの意味するところを見てみると、次のように言うことができよう。

土　神　杭州の土地の古くからの支配者たち

山川諸神　字の示すごとく、山川をはじめとする自然そのもの

節　義　節を守り、義に殉じた人々

仕　賢　かつて杭州の地方官として功績のあった人々

寓　賢　他の土地から杭州にやってきて住みついた先人

古神祠　古くから中國各地で信仰されていた神々（いずれも歴史上有名な人物）

土俗諸祠　杭州において昔から信仰されてきた神々
東京舊祠　北宋時代に開封で信仰されていた神々が遷ってきたもの
外郡行祠　他の土地の地方神が臨安でも祀られるようになったもの

一應の説明をつければ、以上のようになるであろう。「東京舊祠」は、行都である臨安に特有のものであるが、それ以外については、他の州縣でも同樣に見られるはずである。これらをさらにまとめてみれば、

a　その土地の自然そのもの
b　その土地の先人
c　他の土地から來た神

の三つに分けることができよう。

このうち、aやb、『咸淳臨安志』の分類で言えば、「土神」、「山川諸神」、「節義」、「仕賢」、「寓賢」、「古神祠」、「土俗諸祠」に該當する祠廟は、例えば水源の神や、かつての戰亂でその土地において義に殉じた人々など、どの土地にでも必ずあるものであるが、個々の神格はそれぞれの土地に固有のものである。しかし、何らかの出來事がきっかけとなって、ある場所で信仰の對象となっていた神が他の土地でも信仰されるようになることがあった。日本の江戶の街ではその時々でお稻荷さんに流行り廢りがあったそうであるが、中國の祠廟にも、そうしたことがあったのである。

『咸淳臨安志』の分類に戻ると、「古神祠」に含まれている神々も、もともとはそうした經過を經て各地に擴まったのであろうが、これらの神々への信仰は既に中國各地に分布定着しており、とくにこの時代に擴大したものではない。ここでは、まず、cのグループの神々のうち、『咸淳臨安志』で「外郡行祠」に分類されている神々と、「東京舊祠」

の神々について考えてみたい。この二つの項目に擧げられている各祠廟を列記すると、次のようなものである。

外郡行祠

イ　東嶽廟

ロ　廣惠廟（祠山廟）

ハ　仰山二王廟

ニ　顯佑廟（陳果仁廟）

ホ　靈順廟（五顯神廟）

ヘ　順濟聖妃廟

ト　廣靈廟（東嶽溫大尉廟）

チ　梓潼帝君廟

東京舊祠

リ　惠應廟（皮場廟）

ヌ　二郎祠

我々にとってなじみのある名前も、そうでないものもあるが、これらの神々について、『咸淳臨安志』を主な材料にひととおり紹介してみると次のようになる（ただし、惠應廟の皮場神と梓潼帝君については後で取りあげるので、ここでは省略する）。

イ　東嶽廟　言うまでもなく泰山の神で、古くから人々の信仰を集めており、全國にその廟がある。臨安にもいくつかの廟があったが、吳山のものが北宋大觀中の造營で、年代のわかるものの中では一番古い。(4)

ロ　廣惠廟（祠山廟）　神の名前は張渤といい、廣德軍（安徽）の祠山に祀られていた神である。臨安の行祠は錢塘門外の霍山にあり、乾道六年（一一七〇）に創建された。

ハ　仰山二王廟　神の姓は蕭氏といい、袁州分宜縣（江西）仰山の神である。臨安では、馬軍司西營に廟があった。これは、この部隊が分宜において難澁していたときに、この神に祈って助けられたゆえである。

ニ　顯佑廟（陳果仁廟）　祭神は隋代の人で名を陳果仁といい、常州晉陵（江蘇）の人である。嘉泰六年（一二〇六）に禱雨に效があったことにより臨安の行廟が顯佑と加封されているから、それ以前から臨安でも祀られていたと思われる。

ホ　靈順廟（五顯神廟）　婺源（安徽）の五顯神を祀る。『咸淳臨安志』に見えるだけでも臨安城の近郊に七つの廟があり、中には紹興中に建てられたと傳えるものもある。

ヘ　順濟聖妃廟　媽祖廟。元來は福建の地方神であった媽祖への信仰が、南宋から元にかけて全國的に展開していった過程については、愛宕松男氏に論考がある。(5)媽祖が臨安で祀られるようになったのは、開禧年間のことと考えられている。

ト　廣靈廟（東嶽溫大尉廟）　この廟に祀られている東嶽溫大尉は、漢代の人で、名は溫瓊といい、溫州で人々の信仰を集めていた神である。(6)臨安では、景定四年（一二六三）に、石塘壩で江潮が塘を壞したとき、里中の耆老によって廟が作られた。

ヌ　二郎祠　この廟の祭神である灌口二郎神は、元來蜀で祀られていた神であり、隋の嘉州太守趙昱を祀ったものとも、秦の李冰を祀ったものともいい、すでに唐代には朝廷から封號を加えられている。前身にあたる開封にあった二郎神については、よくわからない。

これらの神々の行祠が作られたのは、臨安に限ったことではない。現存する宋元地方志を見ると、東嶽廟がほとんどの州縣に存在しているのをはじめ、それ以外の臨安に行祠のあった神々についても、各地でその廟が作られていたことがわかる。

ここで臨安以外の都市の例をひとつ擧げておこう。臨安府の西南に接している嚴州には、宋代に編まれた二つの地志、すなわち『嚴州圖經』（淳熙中編）と、『景定嚴州續志』とが現存している。この二つの地志の祠廟關係の記事によれば、州城の所在地であった建德縣には、東嶽廟以外にも、次のような行祠があった。

廣信王廟（東晉の柳本を祀る　本廟は同じ嚴州の分水縣）
蔣山明帝府君廟（漢の蔣子文を祀る　本廟は建康府）
隋司徒陳公廟（隋の陳果仁を祀る　本廟は常州晉陵縣）［以上『嚴州圖經』巻二］
祠山行宮（漢の張渤を祀る　本廟は廣德軍）
梓潼眞君行祠（本章のテーマである梓潼神の行祠）
羊太傅廟（晉の羊怙を祀る　本廟は襄陽）
徐偃王廟（周の徐偃王を祀る　本廟は衢州龍游縣）［以上『景定嚴州續志』巻四、五］(7)

これら臨安と建德縣の二つの例によって、他の土地にその由來を持つ廟の行祠が、各地に存在していた一端が窺えたと思う。陳司徒廟や祠山廟の行宮、そして梓潼神祠などは、臨安と嚴州の雙方にその行祠が存在している。このように靈驗ありと信じられた廟は、その分家を各地に作って擴大していく。もちろん同じ神の行祠があっても、それが他の土地の廟の分家とは限らない。臨安呉山には、伍子胥を祀った英烈廟があり、英烈廟の本廟的存在であるが、建德縣にも英烈廟はあり、かつて伍子胥がここにやってきたゆえに作られたとされていて(8)、單なる分家ではない。それでも、こうした廟の存在は、伍子胥への信仰が擴がっていたことの指標とはなる。

さて、一つの地方神が他の地域の人々に受け入れられ、信仰の對象とされるようになるには、色々な原因が考えられる。袁州分宜縣にあった仰山二王廟が臨安に祀られた場合のように、他の土地でそこに祀られている神の靈驗を知り、自分達の都市にその行祠を造る場合が一つある。また、その神を信仰している人々の集團や個人とのかかわりで行祠が造營される場合もある。建德縣に祀られている徐偃王の行廟については、『景定嚴州續志』に、「昔、徐姓の人々が太末（衢州龍游縣）からやってきたので、この行祠ができた」(9)とあり、この廟が徐姓の集團との關係で造られたことを記している。本家にあたる衢州の廟については、すでに唐代に韓愈の「衢州徐偃王廟碑」があり、それには、「徐氏は、十のうち九つまで偃王から出たものである」と書かれている(10)。

このように、中國の神々は、その本源の地に止まらず、その靈驗を信じる人々によって、行祠という形を取って廣く分布することがあった。一つの神の全國的な展開を具體的に跡附けることは容易ではないが、以下、宋元時代にこうした過程を經て全國的な信仰の對象となり、さらには國家の祀典に載せられるまでに至った梓潼神（文昌帝君）を通じて、それを見ていきたい。

なお、文昌帝君という呼び名は、後段で述べるように元朝から與えられた封爵に據るものであり、もともとは張亞子という名前の晉代の人であったという。その廟が蜀の梓潼（四川省綿州梓潼縣）にあったため、はじめは張公とか、梓潼神などと呼ばれていた。ここでは、宋代までを對象としている箇所では、「梓潼神」と呼び、元代以降については、「文昌帝君」とよぶこととする。

二　蜀の地方神としての梓潼神

ア　唐以前の梓潼神

文昌帝君あるいは梓潼神については、清代の錢大昕（『十駕齋養新錄』巻一九・梓潼神）や、趙翼（『陔餘叢考』巻三五・文昌神）による考證がある。ここではそれらに學びつつ、蜀地の神としての梓潼神について、まず考えてみたい。(11)

現存する梓潼神についての說話で最も古いものは、『太平廣記』巻三一二・陷河神に見える、「王氏見聞」からの說話である。この話は三段に分けることができるが、はじめの二段の概略は、次のようなものである。(12)

嶲州嶲縣（今の四川省）の張という老人が育てていた小虵は、はじめは手の上に乘るほどであったが、だんだんと大きくなって、一年後には他人の鷄や犬を、二年後には羊や豕を盜って食うようになった。そしてついには縣令の馬を飲んだことがわかって、縣令は張翁がこの虵を育てたことを責めたてたため、張は虵を殺そうとしたところ、大雨となり、一縣すべてが巨大な池となってしまったが、張翁夫妻のみが助かった。この池は陷河縣と呼ばれ、この虵は張惡子と呼ばれた。（第一段）

そののち姚萇が蜀に遊んだとき、梓潼嶺の路傍で休んでいると、一人の布衣がやってきて、彼に「早く秦に歸りなさい。秦の人々は主を失い、それを救えるのは、あなただけだ」と言った。名を問うと、「私は張惡子である。將來もお忘れなきよう」と答えた。萇は引き返し、果たして長安で帝位に就いた。そこで、使いを蜀に行かせて捜させたが、ついに見つからず、彼と會った場所に廟を立てた。これが今の張相公廟である。（第二段）

惡＝蛋＝蛇であるから、この二段に見える張惡子は、どちらも、蛇神、水神であると言えよう。ただし、この話が、いつ頃成立したものであるのかについては、明らかにできていない。張氏廟の起源を姚萇に求めることができるとすれば、梓潼神は最初から中央政權とのかかわりを持っていたと言えるのであるが、なにぶんにも唐代の文獻中の說話であるから、その眞僞は見極めがたい。しかし、少なくとも唐代の後半になると、蜀の梓潼山に張氏廟があったことが、文獻の中に散見する。玄宗時代の人である王岳靈が「張惡子廟碑」を書いた話が、『唐詩紀事』に見えたり（卷一五・王岳靈[13]）、大中一八年（八六四）の日附を持つ孫譙の「祭梓潼神君文」が殘っていたりする（『孫可之文集』卷九）。その他、李商隱にも、この廟をテーマとした詩がある（『李義山詩集』卷六・張惡子廟[14]）。

しかし、唐代後半の梓潼神にとって最も重要な事件は、玄宗・僖宗の二回の蒙塵への梓潼神の對應と、その結果の授封であろう。『太平廣記』の「陷河神」の三段目によれば、僖宗の蒙塵のとき、張惡子は、廟から十餘里先まで帝を出迎え、僖宗は佩びていた劍を解いて神に賜り、神は賊平定の期を豫言したという[15]。『宋會要』禮二〇－五五[16]や、『文獻通考』卷九〇・郊社考二三・雜祠淫祠[17]によれば、唐朝は、この時に張亞子を濟順王に封じている。またこれら二つの史料には、玄宗の西狩の時には、萬里橋まで神は出迎えて、左丞相に追封されたともある。

ところで、僖宗による追封の後で作られ、廟の前に刻されたという王鐸の詩や、それに和した蕭遇の詩を見てみても（『唐詩紀事』卷六五・王鐸[18]）、いずれもこの神が、唐朝を助けて賊を平らげるために力を貸したことを詠んだものであって、姚萇の故事を主題とした李商隱の前掲の詩（註14參照）ともども、この神と科擧や學校とのかかわりにはまったく觸れられていない。

イ　宋代における梓潼神

宋になっても、梓潼神は、蜀地をめぐる事件で中央の政權とかかわりを持つ。その最初が眞宗の咸平二年（九九九）末から翌年にかけて發生した、王均の亂に際してであった。宋朝の蜀地支配（とくに知益州牛冕の支配）への反發から起こったこの反亂は、成都を中心として、一時は、漢州、綿州、さらには劍門關へと擴大したが、李順の亂でも功のあった雷有終による討伐のため、三年十月に成都から富順監へ逃れた王均は斬られ、終結した。『續資治通鑑長編』には、この亂の平定された翌年、咸平四年（一〇〇一）七月丙子の條に、濟順王梓潼神を、英顯王に封じた旨の記事が見える。それは次のような理由によってであった。

王均が反亂を起こし、政府軍が成都を攻めたとき、一人の者が梯子に登り、「梓潼神が私を遣わされた。九月二十日には城が陥ち、お前たちは皆殺しになるぞ」と呼ばわった。賊どもは彼を射たが、たちまち見えなくなった。そして、果たして期日通りに賊に克った。そこで、成都の地方官から上聞し、今回の敕命となった。[19]

こうして、梓潼神は中央の政權に再び積極的な接觸をおこなった。この背景には、『太平廣記』卷四五八にある前蜀の王建の世子王元膺に化していた張蜑子が、歸ってみると廟宇が荒れはてていたために廟祝を責めた、という話から考えられるように、五代ころには梓潼の廟が荒廢していたことがあるのかもしれない。[20]『文獻通考』には、この時、宋朝は詔して、「祠宇を修飾し、少府をして衣冠・法物・祭器を造らしめた」とある。[21]

以上、姚萇をめぐる説話からはじまって、王均の亂による封號に至るまで、梓潼神の性格は變化していないと言えよう。すなわち、一貫して中央の政權に顔を向けている地方神、という性格を有している。姚萇・玄宗・僖宗、いずれの場合にも、中央有事の際に蜀地にかかわりを持った君主に對し、蜀地を代表する神としてそれを出迎え、彼らの中央復權に力を貸すと言う行動パターンをとっている。王均の場合は、逆に蜀地における有事であるが、中央政權からの討伐軍に對して、その勝利を豫言しており、中央政權との結びつきを指向している點は變わらない。以後の梓潼神はこの場合のように蜀地の有事の際に靈威を發する神という形をとるようになる。

こうした梓潼神の性格は、南宋になっても消えてはいない。紹興二年（一一三二）に、封號に「武烈」の二字がまず加えられる。その理由として、「近ごろ靈應を形し、大いに群凶を破る」[22]とある。これは、この年に蜀の瀘州で州帥張孝芳が殺された事件の鎭壓に、梓潼神が靈威をあらわしたことを指すのであろう。[23]そして、次の吳曦の反亂をめぐる說話でも、梓潼神はその平定に力を貸したとされている。

吳曦の家はもとから梓潼神を信仰しており、吳玠、吳璘以來、何か事があれば必ず禱り、應驗があった。（吳曦が毎夜うなされたので）潔齋して神にお告げを乞うと、夢に神が現れたので、反逆について神に告げ、永く續くように祈ったところ、神は答えず、ただ「蜀地は悉く安丙にまかせた」とだけ言った。吳曦は目覺めて、大いに喜び、事は必ず成就すると考えた。その時、安丙は、隨軍轉運使として、魚關驛にいたが、曦に召し歸され、宰相とされた。安丙は、吳曦の逆謀が堅いのをおもんばかって、今逆らっても無駄であると考え、徐々に志を果たそうとして、やむを得ず應諾したが、宰相の地位は辭退して、丞相長史權知都省事を授けられた。彼はその地位に居ること二ヶ月で曦を破る功績をあげた。（『桯史』巻三・梓潼神應[24]）

さて、こうした梓潼神の中央への働きかけに對する中央の反應である封號は、時の經過とともにより高い地位へと加封が重ねられていった。このことは梓潼神の重要度が增していったことを示していると言えよう。先にも觸れたように、南宋に入ると、まず武烈の二字が與えられたが（紹興二年／一一三二）、以後、忠佑（同一七年／一一四七）、廣濟（同二七年／一一五七）と、二字ずつ封號が加えられていった。從って、紹興の末には「英顯武烈忠佑廣濟王」と八字の封號を持つに至ったのである。[25]そして。その後も改封はおこなわれつづけたようであり、幾種かの封號が文獻の中に見出される。[26]そのうち、改封の時期が確認できるものとしては、嘉定六年（一二一三）八月の、「英顯武烈文昭忠濟王」

への改封がある。(27)また、梓潼神の父母や妻子に對しても、すでに徽宗時代から追封や加封がおこなわれたことが、『宋會要』の記事によってわかる。(28)

三　科擧の神としての梓潼神

ア　二相公廟と皮場祠

宋代になって、科擧が士大夫の人生にとって大きな意味を持つようになると、科擧にまつわる信仰が彼らの間に出現するようになる。宋代の說話、異聞を記した書物、例えば『夷堅志』を見ていくと、士大夫たちの科擧にまつわる信仰について多くの例を見出すことができる。その中でも多いのは、一つには因果應報めいた話であるが、それとともに科擧の結果を豫言する神の話や、問題を洩らしてくれた神の話も多い。そして、特定の神がとくに科擧に靈驗があるとされて、士人たちの信仰の對象となる。梓潼神も、そうした神々の一つとして、やがて文獻に姿を見せるようになる。

しかし、北宋時代には、梓潼神の科擧の神としての影はうすい。後述する靈應集では、開封の英顯廟（梓潼廟）で、科擧の夢告を祈った記事もあるが、都の開封で科擧の神として受験生達の信仰を集めたのは、「二相公廟」であった。

『夷堅乙志』巻一九・二相公廟には、

開封の二相公廟は、街の西部の内城の城壁のすぐ下にある。科擧の受驗生で都へやってきた者は、必ず行って夢のお告げをを受ける。みんな銭を左右の脇持の手の上に置く。この神が最も靈驗あらたかであるという。(29)

とあり、また、費袞の『梁谿漫志』巻一〇・二相公廟乞夢には、

都の二相公廟（の祭神）は、子游と子夏であると言い傳えられている。その靈異ははなはだ多く、載せきれない。受驗生がその成否を問うと、その應答は、とりわけ打てば響くようである。今に至るまで、人々はこの事を言う。(30)

とあって、孔子の弟子の子游と子夏とを祀ったこの廟で禱れば、神から授けられる夢のお告げによって科擧の合否を知ることができるとされていて、受驗生たちの信仰を集めていたことがわかる。

宋室の南遷に際して、開封にいた神々の一部は行都臨安に遷った。それらの神々についての記事が、『咸淳臨安志』巻七三・東京舊祠や、『夢粱錄』巻一四・東都隨朝祠に載せられている。しかし、二相公廟は南遷に失敗したのか、以後は史料に名前が見えなくなる。それに代わって、臨安において科擧受驗生たちの信仰を集めたのが、皮場祠と梓潼神であった。本章の主題である梓潼神については別に一項を設けるとして、まず皮場祠について見てみたい。

皮場祠と受驗生との結びつきについては、『燕翼詒謀錄』巻四・皮場祠に、次のような記事がある。

（開封で二相公廟が受驗生の信仰を集めていたことを書いて）近ごろ臨安では、禮部の試驗を受ける者は、みな皮場廟で祈る。皮場とは皮を剝ぐ所のことである。建中靖國元年（一一〇一）六月、皮場の土地神が、けがや病氣の不治のものを治すと言い傳えられたため、詔で靈貺侯に封じられた。今は廟が萬壽觀の晨華館にあり、館と貢院が鄰り合わせになっている。士人たちがこの廟に參詣するのが、いつ頃からはじまったのか、この館に何故廟があるのか、についてはわからない。(31)

また、この廟自體の由來については、『咸淳臨安志』巻七三・東京舊祠に、

惠應廟、すなわち皮場廟である。城内に四ヶ所、吳山、萬松嶺、侍郎橋、元眞館にある。國朝會要を調べてみると、開封顯仁坊の皮剝ぎ場の土地神の祠であり、建中靖國元年に靈貺侯に封ぜられた。（以下のこの神および夫人

への加封の記事については略す）　宋室の南遷の時に、商立というものがおり、皮場祠の神像を持って杭州にやってきて、呉山の看光亭に安置して、祠とした。臨安の人で疾のある者は、この廟に禱れば必ず應驗がある。それで、この神は神農であるということになった。(32)

と、書かれている。これらの史料を見ると、病を癒す神としての皮場祠については詳しいが、『咸淳臨安志』は、この廟と受験生との關係については言及せず、『燕翼詒謀錄』においても、農華館の皮場祠以外については言及されていない(33)。さらに皮場祠は、臨安だけに止まらず江南の各地で祀られるようになるが(34)、それらの皮場祠についての史料にも受験生との關係に觸れているものが無いことから考えると、二相公廟や、次に述べる呉山の梓潼帝君祠のように、受験の神様としての靈驗がとくにあらたかだったというよりは、その所在地が貢院に鄰り合っていたために(35)、受験生が必ず參詣するようになったと考えるほうがよさそうである。

イ　梓潼神信仰の變化

南宋に至るまで、蜀地と中央を結びつける神としての性格を梓潼神が持っていたことを、二では述べた。その一方で北宋末から南宋になると、科擧の神としての梓潼神の姿があらわれ、それにともなって信仰のあり方も變化してくる。

前にも書いたように、唐末の說話や詩文の中に出てくる梓潼神には科擧の神としての面はない。宋代、それも南宋時代の書物になって、はじめて出てくるようである。ここでは、科擧と結びついた梓潼神說話の一例として、『夷堅丁志』巻八の「何丞相」と題された話を見てみよう。

後に丞相となった何㮚が、はじめて仙井（四川省仁壽縣）から都へやってきた時、梓潼縣を通りすぎたが、張王廟に參詣しようと思いながら忘れてしまった。十里ほど行きすぎてはじめて思いだし、ただちに馬から下りてふりかえり、默禱再拜した。その夜、夢の中で、梓潼廟の中に入っていくと、神が簾の中に座っていて、卷物を外に投げてよこした。開いてみると、この世の辭令とそっくりで、文章が書いてあった。目が覺めてからも、そのうちの三句を覺えていた。それは「朕は出御して士を試驗し、十人の者を得た。今、汝は感心なことに首席であった。授けるところの官については書き記してある」というものだった。何公は「廷試で合格する人數は五百人以上であり、十人というのは、どうせ私をからかっているのだ」と考えた。合格者發表になってみると、やはり多くの合格者の中で第一位であった。第一甲は九人が合格とされたが、さらに傅崧卿が省試で首席であったために第一甲に昇格し、ちょうど十人になった。夢の中では第一甲の數のことを言っていたのであった。彼が得た官職もまさに夢と同じであった(36)。

一で取り上げた開封の「二相公廟」についての『夷堅志』の記事の中にも、夢のお告げの話が出てくるが、この話の主題も夢のお告げとその實現である。科擧に關して靈驗ありとされている神々は、臨安以外の都市にも、例えば建昌府南城縣の靈豊廟(37)、袁州宜春縣の仰山廟(38)、建安府城外の梨山廟(39)などがあったが、これらにまつわる說話を讀むと、受驗生が科擧に應じる前に廟に祈って夢告を乞い、神がそれに應えて、夢の中で合否やその時期、あるいは問題を彼に示すというものであり、この何㮚の話は、直接參籠してはいないが、一つの典型といえよう。

何㮚が登第したのが、政和五年（一一一五）であり、この話が、「葉石林書此」と注されていることから考えると（葉夢得は、紹興一八年／一一四八沒）、この話は北宋末から南宋はじめに成立したものと考えて良いであろう。科擧と梓潼神を結びつけた說話で、話の中に出てくる日附の古いものとしては、高文虎の『蓼花洲閒錄』（『重較說郛』所收）の中に、「祥符中」と書かれている說話があるが、高文虎の生きた時代（彼は紹興三〇年／一一六〇登第）から考えれば、やはり同様のことが言える。つまり、說話から見る限りでは、北宋末から南宋にかけて、科擧の神としての梓潼神の姿がでてくると言えよう。また、梓潼神を祀った廟が、元來梓潼の七曲山にあったことは、すでに前章で述べたところであり、これらの說話もいずれも梓潼の廟を舞臺としている。さらに、南宋初期のものと考えられる『分門古今類事』という類書があるが、これの卷八には、『靈應集』という書物を中心に科擧についての梓潼神の夢告がいくつか見える。この『靈應集』は、おそらくは『郡齋讀書志』卷五上に、

靈應後集十二卷　右の集、梓潼廟の誥敕・記敘の詩文也。范鎭・張浚・胡世將・王剛中・王之望・晁公武の諸公の祝文、多しと爲す、亦た唐僖宗の祝文あり。(40)

とあるものと同じものか、あるいはその前集にあたるものではないかと考えられるが、現在引用されているものは、梓潼神に關する說話のみで、『郡齋讀書志』の言うような名人の祝文は見出せない。そこに出てくる梓潼神の說話を整理してみると、年代は北宋の徽宗年閒に限られ、場所は開封や成都の祠廟と考えられるものもあるが、多くは梓潼七曲山の廟で、話の主人公はすべて四川人である。この文獻の存在によって、この神の科擧の神としての出現がこの時期には見出されることと、初期には、四川人によって信仰されていたことが確認できる。(41)

やがて、南宋時代になると、各地に梓潼神の行祠が作られるようになる。その代表的なものが臨安の吳山承天觀にあった梓潼帝君廟である。『夢粱錄』には、この廟について次のように書かれている。

梓潼帝君廟は、吳山の承天觀にある。この神は蜀地の神であり、もっぱら人々の出世を掌る。およそ四方の士人たちの、科擧の合格を目指して試驗に赴く者は、悉くこの神に禱る。神は王の位に封ぜられて、「惠文忠武孝德仁聖王」という。王の父母および、妃、弟、子、婦、娘は、ともに高い爵位や立派な稱號を賜っている。嘉慶樓を建てて、お祀りしている。（卷一四・外郡行祠）(42)

さらに、この神の誕生の日、二月三日の祭りについては、次のように述べる。

二月三日は梓潼帝君の誕生日であり、蜀地の出身で、（臨安で）役人となっている人は、承天觀で集まりをする。（巻一九・社會）(43)

また、『西湖老人繁勝錄』にも

梓潼帝君の誕生日には、蜀地の士大夫で都に寄居している者は、毎年、社を作って、吳山沖天觀の梓潼帝君觀に行き、獻酌し、壇を設けてお祭りする。(44)

とあり、梓潼神の緣日である二月三日には、多くの蜀地出身者が、郷土の神である梓潼神の廟に參詣したことがわかる。なお、梓潼帝君廟の位置については、『咸淳臨安志』の「皇城圖」、「宮城圖」のいずれにも、「梓潼殿」が「承天宮」と並んで吳山の中腹に記されている。吳山は臨安城の南部に位置する山で、多くの道觀や祠廟があったことは、例えば、『夢粱錄』巻一五の「城内外諸宮觀」を見ればわかる。皮場祠の一つがここにあったことは、前に觸れた。(45)

さて、この梓潼廟がいつ造られたかのかについてであるが、『咸淳臨安志』巻七三・外郡行祠の梓潼廟についての記事には、「吳山承天觀に在り、端平三年に建つ」とある。そして、承天觀については、『咸淳臨安志』巻七五・宮觀に、

吳山の頂上にあり、もとは天、地、水府の三官堂であった。紹興中に沖天觀と改められたが、紹定二年（一二二九）に燒けた。端平三年（一二三六）に重建され、敕旨で今の額を賜わるとともに、梓潼帝君の行祠が建てられた。淳祐一〇年（一二五〇）には、敕旨で玉皇上帝閣が增建された。(46)

と記されており、これらの記事に從えば、吳山承天觀の梓潼行祠の造營は端平三年のことになるが、上引の『西湖老人繁勝錄』が、舊稱の沖天觀を用いて梓潼神の緣日について記していることから考えると、紹定四年の燒失以前にも

梓潼神祠が呉山にあった可能性もある。いずれにせよ、一三世紀のはじめには、行都臨安に廟が造營され、受驗生の信仰を集めるまでに、梓潼神の信仰は擴まっていたことは確かである。

梓潼神の行祠が作られたのは、臨安だけではなかった。南宋時代に各地に造營された梓潼廟に關する史料が、いずれも斷片的なものではあるが残っている。それらを表にして示すと次のようになる（ここでは史料の採錄の下限を、『永樂大典』としたが、後引の『萬暦嚴州府志』の記事のように、明清の地方志の中にも、宋元時代における梓潼廟の造營について言

	祠名	造營年	所在	典據
湖州（浙江）	文昌廟	景定二年（一二六一）	長橋之東	永樂大典卷二二八一引　吳興續志
慶元府（浙江）	文昌宮	咸淳七年（一二七一）	城西北隅	延祐四明志卷一八・在城道觀
嚴州（浙江）	梓潼眞君行祠	景定元年（一二六〇）重修	天慶觀之右（城内）	景定嚴州續志卷四・祠廟
奉化縣（浙江）	梓潼文昌宮	景定二年（一二六一）	縣東北四里	延祐四明志卷一八・奉化州道觀
昌國縣（浙江）	文昌宮	咸淳五年（一二六九）	東學の側	大德昌國州圖志卷七・宮觀
建康府（江蘇）	梓潼廟	端平二年（一二三五）	城内本廟街	至正金陵新志卷一一・祠廟
常州（江蘇）	梓潼帝君祠		天慶觀（州東南四里）東廡	重修毗陵志卷一四・祠廟
崑山縣（江蘇）	梓潼帝君祠		淸眞觀内（縣北一里）	玉峯志卷下・祠廟
丹陽縣（江蘇）	梓潼帝君廟	開慶元年（一二五九）	縣東靈順廟之西	至順鎭江志卷八・廟
吉州（江西）	文昌閣	景定四年（一二六三）	洞眞觀内	青山集卷四「文昌閣記」
汀州（福建）	文昌廟	嘉熙二年（一二三八）	郡學左	永樂大典卷七八九二引　臨汀志

及しているものがある）。

表に掲げたものの他に、やはり蜀地に由來する二郎神、射洪神の二神と梓潼神を合祀した「蜀三大神廟」もある。資料にその名の見えるものとしては、建康府（景定四年［一二三六］建、『景定建康志』巻四四・祠祀）[47]、撫州（淳祐八年［一二四八］造營開始、『永樂大典』巻一〇九五〇・撫州引『臨川志』[48]）を擧げることができる。『景定建康志』に引かれている姚希得の「蜀三大神廟記」（假題）によれば、「蜀の三大神は、江南の各地で祀られていること、無慮數十州である」とあり、この形式の廟がかなり分布していたものと思われる[49]。

主要な史料である地方志が偏在しているため、斷定的なことは言えないが、江浙をはじめとする江南の各地に梓潼神を祀る廟が廣く分布していたことがわかる。梓潼神信仰のこのような擴大が、何時、どのようにして起こってきたのか、について、次に見ていきたい。

『永樂大典』所引の『吳興續志』には、湖州の文昌廟の創建について、「景定辛酉（二年／一二六一）に、蜀人の牟子才が吳と蜀の士人を率いて創建し、梓潼神を祀った。吏部郎中の程端升もみなこれを應援した」とある[50]。また、明の田汝成の『西湖遊覽志』には、吳山の梓潼廟について、「嘉熙年間に蜀が破れ、その民が多く錢塘へ徙った。そこで、蜀人の牟子才らは、吳山に（梓潼神の）廟を立てることを請うた」と記している[51]。ただし、吳山の廟が少なくとも端平三年までの時點で造營されていると考えられるため、この記事には時間的な無理がある（二八〇頁參照）。牟子才は、蜀の井研（成都府）の人で、『宋史』に傳がある（巻四一一）。それによれば、彼は、嘉定一六年（一二二三）に登第した後、四川各地を轉任していたが、成都の陷落とともに、その家族を連れて東へ逃れたとある。

牟子才が臨安で造營に關係した廟は、吳山の梓潼廟にとどまらない。『咸淳臨安志』巻七五・寺觀によれば、牟子才は、やはり吳山に「清源崇應觀」を造營することを寶祐元年（一二五三）に陳請し、聞きとどけられている[52]。この道観は「汶江の清源眞君」、すなわち灌口二郎神を祀るものであった。また、同じ寶祐年間に、「蜀士の朝に仕える者」の議によって、「顯惠神君」、すなわち射洪神の香火を奉ずるための道観として、「顯惠觀」が、これも呉山に建てられている[53]。このように、臨安では蜀地を代表する三柱の神々を祀る廟や道觀が、蜀地出身者たちによって相前後して呉山に造營されたのであった。

臨安では個々の神々について廟が造られたが、これらの三神を合祀したのが「蜀三大神廟」であり、史料によってその存在を知ることができるのは、上にも紹介した建康府と撫州であるが、この二ヶ所の廟の造營にあたっては、いずれにも姚希得という人物が中心となっている。彼は蜀の潼川の人で、『宋史』の傳によれば（巻四二一）、嘉定一六年（一二二三）に登第しているから、前述の牟子才とは同年の進士ということになる。撫州、建康府のいずれも、彼が地方官として在任中の事業である。このうち、建康府の三大神廟については、『景定建康志』（巻四四・蜀三大神廟）と『至正金陵志』（巻一一・宮觀・李孝光撰「洞神宮記」）に記事があり、建造の事情が述べられているが、それによれば、蜀の人である姚希得が、長く官途に就いていて蜀に歸ることができなかったゆえに、この廟を造ったとされている。また、『景定建康志』には、この廟の造營に際して立てられた碑記が收錄されている（巻四四）。記文の撰者は姚希得自身、篆蓋が前出の牟子才（當時、試尙書禮部侍郎兼同修國史實錄院同修撰兼侍讀）、廟額が楊棟（當時參知政事、眉州靑城の人、『宋史』巻四二一に傳あり）と、いずれも四川出身の大物が受け持っている[54]。また、姚希得が、「祈報槱燎の所」として、この廟に鄰り合わせて建てさせた洞神宮[55]の碑文の撰者文復元も、四川出身者であった（合州の人、寶慶二年の進士[56]）。

このように、梓潼神をめぐる廟觀の各地への分布の一つの背景として、四川出身者の存在があった。そして、この時期に四川出身者によって各地に廟が造營されたのには、時代的背景があった。これらの廟が造營された理宗時代には、前に引用した『西湖遊覽志』の記事にも見られるように、モンゴルが四川に侵入している。『元史』によれば、太宗八年（一二三六、南宋では端平三年）には、太宗の子クテン（闊端）の率いるモンゴル軍が四川に入り、十月には成都が陥落している。(57)このために、官途に就いて江南にいた人々をはじめとして、戰亂を逃れて東行した人々など、多くの蜀人たちが歸るべき故郷を喪失してしまった。こうした人々の存在が、梓潼神や、蜀三大神廟を江南の各地に擴めたのであり、『西湖老人繁勝錄』に書かれている緣日に集團で吳山の梓潼廟へ參詣した人々というのは、彼らではなかったのだろうか。そして、建康の三大神廟の碑記が、モンケの死によるクビライの北歸を、この神の神威によるものであるとしているのこそ、彼らの心情の反映といえよう。(58)

このようにして、江南各地に蜀人たちによって擴められたのが、梓潼神の分布の擴大の一因であるが、すでに科擧の神としての側面を持つようになっていた梓潼神は、たんに蜀人たちの鄕土神としてのみ、各地に行祠が造られたのではなかった。

臨安の吳山にあった梓潼帝君廟に受驗生達が祈ったことはすでに述べたが、他の土地でもこうしたことは見られた。嚴州の壽昌縣にあった梓潼帝君祠には、科擧のあるたびに士人たちが集まり、神に禱って合否をうらなうと、當たらないことはなかったという。(59)おなじく嚴州の城内にあった梓潼祠は、景定二年（一二六一）に重修されるが、この時に葉夢鼎の書いた重修記では、梓潼神について、「天帝は（梓潼神に）命じて、科擧合格者の名簿を司らせ、この世の合格者について主らせたと、世に言われている」と述べ、また、この年から翌年にかけておこなわれた科擧が、知州の錢可則がこの廟の重修をおこなった動機だとされている。(60)この錢可則は、吳越の錢氏の子孫であって、蜀地出身者ではない。このように、梓潼神は單なる蜀地の地方神であることから離れて、全國的な信仰の對象となりはじめたのであった。

四　文昌帝君の成立

科擧の神であり、士大夫の神であった梓潼神は、モンゴルの支配の下ではどうなったか。虞集は、蜀地の民間信仰について、「宋滅び、蜀の殘民孑遺なく、鬼神の祀消歇す。科擧廢してより、文昌の靈異も亦寂然たること、四十年を餘す」と述べている。[61] 同じく虞集が碑記を書いた廣州の文昌祠が、至正四年（一三四四）の再興まで七〇年近く荒れはてていたというのも、[62] 南宋の滅亡以來ということになろう。しかし、延祐の科擧再開で事態は大きく變わる。例えば、蜀の蓬州の文昌宮の場合であれば、虞集の文は、次のように續く。「延祐初元、天子特に睿斷を出だし、天下に明詔して、科擧を以って士を取る。而して、蜀人稍や復た文昌の祠を治す。」つまり、延祐の科擧再開に對應して文昌祠が人々の關心の對象になったと述べられているのである。モンゴル支配下における漢民族知識人の處遇は、後世にイメージされていたような「冬の時代」ではなかったことは、本書のここまでの各章に述べてきたとおりだが、科擧「再開」の與えたインパクトがやはり大きかったことはたしかであろう。

一方、中央の政權の側でも、梓潼神を科擧の神として位置づける。再開第一回の科擧が完了した延祐三年（一三一六）七月には、梓潼神は、「輔元開化文昌司祿宏仁帝君」と、從來の封號より一ランク上の帝君に加封され、[63] その廟には「佑文成化」の額を皇帝から賜わることとなった。こうして、梓潼神は、公式に「文昌帝君」と呼ばれるようになったのである。「文昌」とは星の名前で、すでに『史記』天官書に見えるが、北斗七星の近くにある、やはり大熊座に屬する六つの星である。文昌星に對する祭祀は古くからあり、[64] 梓潼神とこの星を重ね合わせる考え方がすでに宋代から存在していたと考えられることは、二八一頁の表に見られるいくつかの例によって確認できる。[65] 元朝からの封號に「文昌」の二字が含まれたことによって、それが公式に認められたわけである。

この延祐の賜號についての誥敕が、『至順鎭江志』（巻八・神廟）や、明の鄭眞の「擬加封梓潼帝君制」（『滎陽外史集』巻五七）、さらに道藏所收の『清河内傳』（洞眞部譜籙類）などに引かれているが、そこでは、「貢擧の令、再び頒たれ、考察の籍、先ず定まる。賁飾は煥汗に加えられると雖も、徽稱は朕が心を未だ究めず。於戲《ああ》、予、人材の輩出せんことを欲す。爾《なんじ》、江漢の靈を丕かに炳かせ。予、文治の昭宣せんことを欲す。爾《なんじ》、奎壁の府を濬發せよ」[66]と述べられ、科擧の神（皇帝の側から言えば、人材を輩出させる神）、としての文昌帝君への働きへの期待が強調されている。

「文昌帝君」となった梓潼神は、その祠廟の設けられ方にも變化が生じてくる。宋代の梓潼祠については、前揭の表を見ていただければわかるように、臨安吳山の承天觀をはじめとして、道觀の一部に祀られているものもあり、その所在地も城内にあるとは限らなかった。それが、元朝の延祐以後になると、城内、それも學校に祀られることが多くなってくる（表でもわかるように、宋代に學校の一部として梓潼廟が設けられたことが文獻的に確認できるのは、筆者の見た範圍では、汀州府の場合のみである[67]）。例えば、鎭江路では、城内の報恩觀に以前からの梓潼祠がある一方で、至治二年（一三二二）には、儒學の中、大成殿の側に、教授の朱天珍によって文昌祠が造營されている[68]。また、東陽縣（浙江）の場合も、從來は道觀にあった文昌祠を、重修にあたって學校の鄰へ遷している[69]。その他、福州[70]、義烏縣（江蘇[71]）などでも、學校に文昌祠が造られた。國家の祀典の對象となった文昌帝君は、國家の機關である學校に祀られるようになったのである。學問、科擧の神としての性格が明確となった文昌帝君の位置を反映していると言えよう。

五　おわりに

その後、明代になって、多くの學校で敷地の中に文昌祠が置かれるようになっていくが、明の祀典では、元におけるようには文昌帝君は厚遇されず、淸に入ってもその傾向は續く。梓潼神についての淸人の隨筆での言及は、それが「文昌星」とは無關係なものであることを論じたものであった。この神がその公的な地位を再び確立したのは、嘉慶六年（一八〇一）のことであったが、その經緯は次のようなものである。

嘉慶五年は、長い閒續いた白蓮教徒の反亂にとって、一つの分岐點であった。この年、德楞泰は、新店子・馬蹄岡の戰いで、白蓮軍を大破し、西川地區での白蓮教勢力は一掃されたという（鈴木中正『淸朝中期史研究』一〇二頁）。この時、綿州の梓潼縣では一つの奇蹟によって、官軍が勝利を獲たとされる。それは、五年二月に、進擊中の白蓮軍が梓潼の七曲山に旗幟が並ぶのを見て、伏兵かと浮き足立ったのを、德楞泰によって打ち破られた事件であった。これを神佑と考えた淸朝は、敕額「化成耆定」を賜わるとともに、北京城内の文昌廟を重修し、翌嘉慶六年五月には、嘉慶帝が參拜した。そして正式に祀典に列せられることとなった。[72]『淸史稿』卷八四・禮志三には、文昌帝君についての項目があり、こうした經緯と、その祭祀の典禮について詳しく記している。

このようにして、文昌帝君は、蜀の地方神からはじまって、科擧、學問の神として全國的に信仰される神となった。そして、再び蜀地における事件をきっかけとして蜀と中央とを結ぶ神としての姿を見せ、ついに國家祭祀の對象となったのである。こうした國家の制度としての祭祀とは別に、人々の閒での文昌帝君への信仰は、依然として盛んであった。たとえば、淸末の蘇州における文昌帝君の祭禮の日のありさまを敍べた『淸嘉錄』の記事を見れば、それがわかる。冒頭に引用した「敬神の日々」の中でも、林則徐は文昌宮へ參詣している。

註

（1）『九點煙記』（講談社　一九八〇）所收。
（2）『北京寺廟歴史資料』（北京市檔案館編　北京檔案出版社　一九九七）には、一九二八年、三六年の寺廟登記の資料が掲載されているが、郊區をふくめて、前者には一六三一箇所、後者には一〇三七箇所が登記されている。
（3）『宋會要』禮二〇―一四
政和元年正月九日、詔開封府、毀神祠一千三十八區、遷其像入寺觀及本廟。如眞武像遷醴泉下觀、土地像遷城隍廟之類。五通・石將軍・妲己三廟、以淫祠廢。仍禁軍民擅立大小祠廟。

なお、『宋史』卷二〇・徽宗本紀にも、毀祠の事實のみが記されている。
（4）以下、イ〜ヌの記述で、『咸淳臨安志』の祠廟の記事のみに據る場合は、逐一出典を記すことはしない。
（5）「天妃考」（『滿蒙史論叢』四　一九四三、後『愛宕松男東洋史學論集』第二卷所收）
（6）『三教源流聖帝佛師搜神大全』卷五・孚祐溫元帥
帥姓溫名瓊字子玉、後漢東甌郡人。今浙東溫州是也。……累朝封爵、血食於溫州、東嘉之民敬而畏之。
（7）建德縣には、この他に、「周靈順行祠」もあった。これは、周の宣靈王を祀るもので、むしろ古神祠に屬するものであろう。
（8）『大明一統志』卷四一・嚴州府・祠廟
伍子胥祠、在府城東四十里胥村。子胥未遇時嘗至此地、後人因立祠祀之。
（9）『景定嚴州續志』卷五・建德縣・祠廟
徐偃王廟、在慈順鄕。昔徐姓自太末徙是鄕、因建行祠。
（10）『朱文公校昌黎先生全集』卷二七・衢州徐偃王廟碑
自秦至今、名公巨人繼跡史書、徐氏十望其九皆本於偃王。（中略）衢州故會稽太末也。民多姓徐氏、支縣龍丘有偃王遺廟。

同じ徐偃王廟を材料に、個人に附隨して行祠が造營された例を擧げておく。

黃溍『金華黃先生文集』卷九「徐偃王廟碑後記」

衢人柴某家于蘭谿、既與州之士民脩其祠事、且摹刻愈碑文。

（11）文昌帝君およびこの神についての邦人の論考としては、澤村幸夫『支那民間の神々』（象山閣　一九四一）の一章や、酒井忠夫『中國善書の研究』（國書刊行會　一九七二再版）の、「陰隲文」を取り扱った部分（四三二頁以下）を擧げることができる。

（12）『太平廣記』巻三一二・陷河神

陷河神者、嶲州嶲縣有張翁夫婦。老而無子、翁日往溪谷採薪以自給。無何一日、於巖竇間刃傷其指、其血滂注、滴在一石穴中。以木葉窒之而歸。他日復至其所、因抽木葉視之、乃化爲一小虵。翁取於掌中、戲玩移時。此物眷眷然似有所戀。因截竹貯而懷之。至家則啖以雜肉。如是甚馴擾、經時漸長。一年後夜盜鷄犬而食、二年後盜羊豕。鄰家頗怪失其所畜。翁嫗不言。其後、縣令失一蜀馬、尋其跡入翁之居。迫而訪之、已吞在虵腹矣。令驚異、因責翁蓄此毒物。翁伏罪、欲殺之。忽一夕雷電大震、一縣並陷爲巨湫、渺瀰無際。唯張翁夫婦獨存。其後人虵俱失。因改爲陷河縣、曰虵爲張惡子。（第一段）

爾後、姚萇遊蜀、至梓潼嶺上、憩于路傍。有布衣來謂萇曰、君宜早還秦、秦人將無主、其康濟者在君乎。請其氏、曰吾張惡子也、他日勿相忘。萇還後果稱帝于長安。因命使至蜀求之弗獲。遂立廟于所見之處。今張相公廟是也。（第二段）

僖宗幸蜀日、其神自廟出十餘里。列仗迎駕。白霧之中、髣髴見其形。因解佩劒賜之、祝令效順。指期賊平。駕迴、廣贈珍玩。人莫敢窺。王鐸有詩刋石、曰、夜雨龍抛三尺匣、春風鳳入九重城。（原注　出王氏見聞）（第三段）

（13）『唐詩紀事』巻一五・王岳靈

岳靈登開元進士第。天寶十年爲監察御史。撰張惡子廟碑。

（14）『李義山詩集』巻六・張惡子廟

下馬捧椒漿、迎神白玉堂、如何鐵如意、獨自與姚萇。

（15）註12參照

（16）『宋會要』禮二〇－五五・梓桐帝祠

唐明皇狩於西蜀、神迎於萬里橋、追命爲左丞相。後僖宗播遷成都亦有冥助。封濟順王。

（17）『文獻通考』卷九〇・郊社考二三・雜祠淫祠

英顯王廟、在劍州。卽梓潼神。張亞子仕晉戰沒、人爲立廟。唐玄宗西狩、追命左丞。僖宗入蜀、封濟順王。咸平中王均爲亂、（中略）招安使雷有終以聞、詔改王號。修飾祠宇、仍令少府造衣冠法物祭器。

（18）『唐詩紀事』卷六五・王鐸

鐸「謁梓潼張惡子廟詩」曰、盛唐聖主解青萍、欲振新封濟順名、夜雨龍抛三尺匣、青雲鳳入九重城（原註　時僖宗幸蜀、人情術士皆云春內必還京）、劍明喜氣隨雷動、玉壘韶光待賊平、惟報關東諸將相、柱天功業賴陰兵。判度支蕭遇和云（詩は略）（原註　時僖宗解劍贈神故二公賦詩）

（19）『續資治通鑑長編』卷四九・咸平四年七月丙子

丙子、封劍州梓潼神濟順王爲英顯王。初王均反、王師攻成都、忽有人登梯衝。呼曰、梓潼神遣我來、九月二十日城陷、爾輩悉當夷戮。賊衆射之、倏忽不見。果及期而克。於是守臣以其狀聞。故有是命。

（20）梓潼縣張蛋子神乃五丁拔蛇之所也。（中略）僞蜀王建世子名元膺、聰明博達、騎射絕倫。牙齒常露、多以袖掩口、左右不敢仰視。蛇眼而黑色、凶惡鄙褻、通夜不寐。竟以作逆伏誅。就誅之夕、梓潼廟祝亟爲蛋子所責。言、我久在川、今始方歸、何以致廟宇荒穢如是耶。由是、蜀人乃知元膺爲廟蛇之精矣。

『太平廣記』には「出北夢瑣言」とあるが、現行の『北夢瑣言』にこの話は無い。

（21）註17參照。

（22）『建炎以來繫年要錄』卷五三・紹興二年四月乙酉

宣撫處置使張浚言、已加封梓潼縣英顯王武烈二字。王晉人張惡子也。居縣之七曲山、舊與姚萇交、逮萇據關中、因不復出。後人卽其地祠之。浚言、比形靈應、大破羣凶、詔令中書省出告。

（23）岳珂『桯史』卷三・梓潼神應

梓潼在蜀著應特異。紹興壬子、瀘人殺帥張孝芳、蓋嘗正晝見于閱武堂、逆黨恇潰以迄天誅。

この話は次註の記事に續いて述べられている。

（24）同
逆曦將叛前事之數月、神思昏擾、夜數躍起、寢中叱咤四顧、或終夕不得寢、（中略）曦家素事梓潼、自玠・璘以來、事必禱有驗。乃齋而請。是夕、夢神坐堂上、已被赭玉謁焉。因告以逆、且祈卜年之脩永。神不答、第曰、蜀土已悉付安丙矣。既寤大喜、謂事必遂。時安以隨軍漕在魚關驛。召以歸、命以爰立。安顧逆謀堅決、觸之且俱靡、惟徐圖可以得志。不得已諾之、猶辭相印。遂以丞相長史權知都省事授之。居踰月而成獲嘉之績。

（25）『宋會要』禮二〇－五六　梓桐帝祠
英顯王、高宗紹興二年四月加武烈二字、十七年又加忠佑二字、二十七年四月加封英顯武烈忠佑廣濟王。

（26）道藏の『清河内傳』には、景定五年（一二六四）の改封詔があり、「神文聖武安福忠仁王」から、「神文聖武孝德忠仁王」へ封號が改められている。この封號は、同じ『清河内傳』所收の、成都の行祠記（趙延之撰、至正元年）や、『永樂大典』卷一〇九五〇引『臨川志』（註51參照）でも用いられている。また、『夢粱錄』では、封號を「惠文忠武孝德仁聖王」としているし、『至順鎭江志』卷八・神廟で引かれている堯岳の碑記には、宋代に「德仁忠聖文照武烈王」から「忠文仁武孝德聖烈王」に轉封したとあるが、それぞれの是非先後は見極めがたい。

（27）『宋會要』禮二一－三六

（28）梓潼神の一族への加封については、『宋會要』禮二〇－五六と、禮二一－三五以下とに記事がある。それによって、最初のものと年次の一番新しいものとを掲げておく（その閒に數次の加封があるが、煩を避けるため省略する）。

父　義濟侯（崇寧四年六月）　→　貽慶孚惠順濟嘉應公（嘉定元年四月）
母　柔應夫人（宣和元年五月）　→　柔應贊佑助順靜正夫人（淳熙一五年正月）
妻　英慶夫人（宣和三年八月）　→　助順英慶柔正夫人（淳熙一五年正月）
子　嗣慶侯（紹興一九年十月）　→　濟美廣澤翊順公（嘉定元年四月）
　　奕載侯（紹興一九年十月）　→　承裕顯佑正應公（嘉定元年四月）

（29）洪邁『夷堅乙志』卷一九・二相公廟
京師二相公廟在城西内城脚下。擧人入京者、必往謁祈夢。率以錢置左右童子手中。云最有神靈。

（30）費袞『梁谿漫志』卷一〇・二相公廟乞夢
京師二相公廟、世傳子游・子夏也。靈異甚多不勝載。於擧子問得失、尤應答如響。蓋至今人人能言之。

（31）『燕翼詒謀錄』卷四・皮場廟
今行都試禮部者、皆禱於皮場廟。皮場卽皮剝所也。建中靖國元年六月、傳聞、皮場土地主瘍疾之不治者、詔封爲靈貺侯。今廟在萬壽觀之晨華館、館與貢院爲鄰。不知士人之禱始於何時、館因何而置廟也。

（32）『咸淳臨安志』卷七三・東京舊祠
惠應廟　卽皮場廟。在城中者四所、一吳山、一萬松嶺、一侍郎橋、一元眞觀。按國朝會要、東京顯仁坊皮場土地神祠。建中靖國元年六月、封靈貺侯。（中略）南渡初、有商立者、携其像至杭、舍於吳山看江亭、因以爲祠。都人有疾者、禱必應。蓋以其爲神農云。

（33）『西湖遊覽志』はこの廟の祭神について、別の説を傳えている。（卷一二・南山城内勝蹟）
惠應廟、俗呼皮場廟。相傳、有神張森相州湯陰人。縣故有皮場鎭、萃河北皮鞹。蒸潰產蝎、螫人輒死。神時爲場庫吏、素謹事神農氏、禱神殺蝎、鎭民德之、遂立祠。

（34）宋元地方志に見える皮場行祠の所在地には、慶元府城内（『延祐四明志』卷一五・祠祀攷）、丹徒縣（『至順鎭江志』卷八・神廟）、などがある。

（35）『燕翼詒謀錄』は、萬壽観の晨華館としているが、『咸淳臨安志』の「京城圖」によれば、貢院に晨華館は鄰しているものの、萬壽観は向かいあっており、しかも少し離れている。これに對し、元眞館の文字が、晨華館の鄰に見える。註34の『咸淳臨安志』の記事も考えあわせると、萬壽観は元眞館の誤りではないだろうか。

（36）『夷堅丁志』卷八・何丞相
何文縝丞相初自仙井來京師、過梓潼、欲謁張王廟而忘之。行十里始覺、亟下馬還望、默禱再拜。是夕、夢入廟廷。神坐簾中、投文書一軸于外、發視之、全類世間告命、亦有詞語。覺而記其三句云、朕臨軒策士得十人者、今汝褒然爲擧首、後結銜具所授官。何公思之、廷試所取無慮五百、而言十人、殆以是戯我也。及唱第、果魁多士。第一甲元放九人、既而傅崧卿以省元升甲、遂足十數。蓋夢中指言第一甲也、所得官正同。葉石林書此。

(37) 周必大『文忠集』巻一六五・歸廬陵日記。

(38) 『夷堅支戊』巻八・仰山行宮。

(39) 『夷堅丙志』巻一五・黄師憲禱梨山。

(40) 靈應後集十二卷　右集、梓潼廟誥敕記敘詩文也。范鎭・張浚・胡世將・王剛中・王之望・晁公武諸公祝文爲多、亦有唐僖宗之祝文。

(41) 『分門古今類事』所收の梓潼神關係の記事は次のとおり、（　）内は同書の出典註記。

巻八

劉悦第三　天彭人　梓潼梓潼神君祠（靈應集）

孫鑛策題　英顯神君　大觀元年（靈應集）

文縝狀元（何㮚）　梓潼　政和間（靈應集）

元珍贍詩（桂材）　資中人　京師神君祠　大觀末（典據なし）

彥國（羅彥國）　成都人　梓潼神君（典據なし）

士美金堂（朱士美）　臨邛人　梓潼祠？　宣和初（典據なし）

允蹈甲門（邵行甫）　青神人　七曲山　崇寧（靈驗記）

何某二子（何與時）　資中人　梓潼　宣和間（靈應集）

巻一九

崧卿患癰（倪崧卿）　臨邛人　梓潼（靈應集）　病氣にかかわる夢告

(42) 『夢粱錄』巻一四・外郡行祠

梓潼帝君廟在呉山承天觀。此蜀中神、專掌注祿籍。凡四方士子求名赴選者、悉禱之。封王爵曰惠文忠武孝德仁聖王。王之父母及妃及弟、若子、若孫、若婦、若女、倶褒賜顯爵美號。建嘉慶樓、奉香燈。

(43)『夢粱錄』卷一九・社會

二月初三日、梓潼帝君誕辰。川蜀仕宦之人、就觀建會。

(44)『西湖老人繁勝錄』

梓潼帝君生辰、蜀中士大夫寄居都城、遞年諸社陌上呉山沖天觀梓潼帝君觀、酌獻設醮。

(45)餘談ながら、民國九年（一九二〇）の『增訂西湖遊覽指南』（徐珂編　商務印書館）の「呉山區域」（六二頁）でも、呉山の廟について、「以山多城隍廟、俗遂呼爲城隍山。奇崿危峯、尤多古蹟。府城隍廟左、有承天靈應觀（俗稱三官廟）、倉聖祠、惠應觀。廟右有梓潼行祠、火德廟（下略）」とあり、民國時代まで昔と變わらない位置にこの廟が存續していたことがわかる。

(46)『咸淳臨安志』卷七五・寺觀

承天靈應觀　在呉山之巓。舊爲天地水府三官堂、紹興閒改沖天觀。紹定四年燬、端平三年重建。旨改賜今額、仍建梓潼帝君行祠。淳祐十年、旨增建玉皇上帝寶閣。

(47)『景定建康志』卷四四・祠祀・蜀三大神廟

三神有德有功、著靈遠矣。今東南州郡所在建祠、金陵大都會、獨爲闕典。制使姚公希得蜀人也。分閫是邦、乃度地於青谿之側、鼎創是祠。又於其傍建道室、爲棲燎之所、取管下洞神宮額、以名之。

そして、この記事のあとに姚希得の撰した「廟記」が引かれている（以下、これを「蜀三大神廟記」と假稱する）。文中には、三大神の名前として、淸源君（灌口二郎神）、梓潼君、白崖君（射洪神）の三つが擧げられている。

(48)『永樂大典』卷一〇九五〇・撫州引『臨川志』

蜀三王行廟　在朝京門之内英澤廟側、神之姓曰張、曰李、曰陸。顯跡于蜀之梓潼（封神文聖武孝德忠仁王）、灌口（封聖烈文昭宣靈忠仁王）、射洪（封忠聖文德靈應仁濟王）。梓潼・射洪二神、皆職貢籍司文衡。淳祐戊申、憲使姚公希得剏建、功未既、寶祐癸丑、庾使楊公脩之、竟其事。春秋祀典郡主之。柳州守李公景初記。

(49)「蜀三大神廟記」に、「蜀三大神廟食東南無慮數十州」とある。
(50)『永樂大典』巻二三八一湖州府所引「吳興續志」
文昌廟　在長橋之東、舊志所無。宋景定辛酉、蜀人牟子才率吳蜀士夫創建、以祀梓潼之神。吏部郎中程端升等咸助成之。
(51)『西湖遊覽志』巻一二・南山城内勝蹟
梓潼帝君廟、俗稱文昌祠。（中略）嘉熙閒蜀破、民多徙錢唐、而蜀人牟子才等遂請立廟於吳山。

また、牟子才は後に湖州に住んだらしく、徐獻忠の『吳興掌故集』巻三・遊寓類に名が見え、「愛吳興山水因家焉」とある。
(52)『咸淳臨安志』巻七五・寺觀
清源崇應觀　在吳山。寶祐元年、蜀士夫牟中書子才等陳請云、大江發源實是汶江、淸源眞君廟食其土、治水之績爲世大利。朝廷春秋祀享神。實作配旨、就吳山卜地建廟、御書淸源崇應之觀、淸源之殿。
(53)『咸淳臨安志』巻七五・寺觀
顯惠觀　在吳山。寶祐閒、蜀士仕於朝者、議建奉顯惠眞君香火、以爲禱祈之地。
(54)いずれも、『景定建康志』所收の碑記末尾の肩書による。
これ以外に、碑文の文字を書いた人物も問題となるが、書いたのは、當時權兵部尙書の洪勳という人物である。『咸淳臨安志』巻六七に見える彼の傳（父洪咨夔に附傳）によれば、魏了翁とつながりがあったから（少爲崔與之魏了翁所知）、魏了翁の弟子であった牟子才とも關係があったと考えられる。
(55)註50參照。
(56)洞神宮の碑文の本文と篆額を書いたのは、いずれも建康府の屬官である。
(57)『元史』巻二・太宗本紀
（八年秋七月）闊端率汪世顯等入蜀、取宋關外數州、斬蜀將曹友聞。冬十月、闊端入成都。

以後の四川各地へのモンゴル軍の進攻の過程については、「汪義武公神道碑」（『隴右金石錄』巻五）に詳しい。
(58)「蜀三大神廟記」には、「是頃狺韃吠蜀、爲粱千涪、中外束手。惟神之歸、皇武惟揚、酋殪而遁。神之聲赫靈濯、蜀其不震乎。」とある。

(59)『萬曆嚴州府志』巻五・祠墓（壽昌縣）

梓潼帝君祠　在縣西蘗山上。相傳、宋時每遇賓興、諸士子皆會集、冀賢于祠、以卜科名、無不驗者。今廢。

(60)『景定嚴州續志』巻四・祠廟所收葉夢鼎記文

景定二年大比興賢、太府寺丞知嚴陵錢侯、即郡之桂華坊作梓潼眞君祠。世言、帝命司桂籍、主人閒科級者也。

(61) 虞集『道園學古錄』巻四六「四川順慶路蓬州相如縣大文昌萬壽宮記」

文昌宮者、蜀梓潼縣七曲山神君之祠也。曩蜀全盛時、俗尚禱祠、鬼神之宮相望。然多民閒商賈里巷男女師巫所共尊信而已。獨所謂七曲神君者、學士大夫乃祀之。以爲是司祿主文治科第之神云。宋亡、蜀殘民無孑遺、鬼神之祀消歇。自科擧廢而文昌之靈異亦寂然者餘四十年。延祐初元、天子特出睿斷、明詔天下、以科擧取士、而蜀人稍復治文昌之祠焉。

(62) 虞集『雍虞先生道園類稿』巻二三「廣州路右文成化廟記」

(63) もっとも、「帝君」の呼稱が、それ以前に實際には用いられていたことは、二八一頁の宋代における文昌祠のリストを見れば明らかである。

(64) 文昌の名が祭祀の對象として出てくるものとしては、晉（『晉書』禮志）、梁（『隋書』禮儀志）などがあり、その他、司中や司命といった、個々の星を祀った史料も、古くからある。

(65) 二八一頁の表のうち、『永樂大典』からのものは、後世の表現に據ったものである可能性があるのでさておくとしても、『大德昌國州圖志』に「文昌宮」の名が見えることや、『青山集』の「文昌閣記」は、撰者の趙文が延祐二年（一三一五）に死んでいて賜號以前であることなどの例をあげることができる。又、延祐の誥敕そのものの中にも、「蜀七曲山文昌宮梓潼帝君」と呼ばれており（次註參照）、民閒では以前から梓潼神を文昌星に結びつけていたと言えよう。

(66) この時の誥敕については、本文に記したように、いくつかの文獻に引用されているが、『至順鎭江志』（『宋元鎭江志』本）には誤脱が多く、『滎陽外史集』には省略があるので、ここでは『正統道藏』所收の『清河内傳』によって、その全文を掲げる。

上天眷命皇帝聖旨。維明有禮樂、維幽有鬼神。妙顯徵之一貫。在天爲星辰、在地爲河嶽。形功用於兩閒、矧能陰隲於大猷、必有對揚之懋典。蜀七曲山文昌宮梓潼帝君、光分張宿、發（道藏作「友」）詠周詩。相予泰運則以忠孝而左右斯民。柄我坤文則以科名而選造多士。每禦救於菑患、彰感應於勸（「道藏」作患）懲、貢舉之令再頒、考察之籍先定。賁飾雖加於涣汗、徽稱未究於朕心。於戲（集作嗚呼）、予欲人材輩出、爾丕炳江漢之靈。予欲文治昭宣、爾濬發奎壁之府。庶臻嘉貺以答寵光。可加封輔元開化文昌司祿宏仁帝君。主者施行。

（67）『永樂大典』卷七八九二汀州引「臨汀志」
至嘉定十一年、郡守羅公勳重修。繼而郡守趙公崇模于學門右剏朱文公楊考功二先生祠、使學者知所慕嚮。學左則文昌廟在焉。

（68）『至順鎭江志』卷八・神廟
文昌祠二、卽梓潼帝君祠也。其一在報恩觀之西廡。泰定三年重修。（原注　梓潼祠在西觀。舊有大殿、毀於兵燹、遂遷聖像祀於三淸殿西廡。歲久屋壞、泰定丙寅郡人士重修、仍刻皇朝加封誥、揭之殿前。［下略］）其一在儒學大成殿側。至治二年教授朱天珍更置。

（69）王褘『王忠文公集』卷七「東陽縣新建文昌祠記」
東陽舊有祠、在縣北棲眞觀之西廡。位置迫隘、且歲久廢壞、未有能改作之者。龍鳳六年（一三六〇）春、金陵王君來爲丞。明年惠平政治、縣事簡靜、乃合邑士而諗之曰、維神之司科目、傳記所載、信不可誣。今茲廟貌若此、殆非所以崇明德惠斯文也。盍相與撤其舊而新是圖。衆皆曰唯。爰卜地于黌宮之東偏。

（70）貢師泰『玩齋集』卷七「文昌祠記」
梓潼神祠在蜀郡梓潼縣。累封輔元開化文昌司祿宏仁帝君。今郡縣所在亦多祀之。其創於福州儒學者、實至正九年、憲府諸君之所始也。

（71）『崇禎義烏縣志』卷四・學校
文昌祠三閒（中略）（原註　至元復開科擧、至正七年教官與邑人合力、重建于舊學）

(72) 朱珪『知足齋文集』卷二「敕建文昌帝君廟碑」に
嘉慶五年二月內賊百餘騎至梓潼、望見七曲山旗幟森列、疑有伏卽退、不敢窺。適參贊德楞泰大兵迅會、賊遂辟易。神佑昭然。皇上卽御書化成耆定扁額、頒發祠山、以彰靈績。又詢珪、京師何以無專廟。臣對以地安門外舊有元明廢祠傾圮久矣。上特命步軍統領勘修。……六年二月二日開工、五月九日告成。……是日、皇上親臨薦香、行九叩禮、神光肅然。諭禮部太常寺議春秋祭、列于祀典、一切仿關帝廟行事。蓋文德武功允相配也。禮臣議上、報可。

と、この間の經緯を述べるほか、嘉慶帝の親拜については、『仁宗實錄』卷八三・嘉慶六年五月甲申にも見える。

あとがき

筆者は、史料そのものと、それを讀むことに最大の關心があり、いったん公刊した論文については、史料の取り扱いや、讀みについては、皆さんのからのご注意をありがたく拜聽するが、その內容はもはや公のものであって、どなたがどのように利用されようが、そのように論じられようが、あまり關心がない、というのが正直なところであった。したがって、『事林廣記』に關する諸表のように、新しいデータを書き加えては公刊することはしても、過去に書いた論文を再構成して本にするという氣持ちがおこることはなかった。

ところが、平成一〇年度から一三年度まで、四年間にわたって科學研究費を交附され、最終年度になって、研究報告書を作成するために、過去のものを含めて關係する論文を整理しているうちに、その作業に興味がわき、過去に書いたものから一册の本をまとめてみよう、という氣持ちになった。私の學生時代の最大の訓練の場であった『東洋史研究』の編輯委員時代の血が再燃したといえば、昔からの私をご存知の方なら、納得していただけるのではないだろうか。そのわりにはできあがりはよくないが、とりあえず本書のような形になった。

實のところを言うと、本書をまとめようと思ったのには、研究狀況の變化ということもある。その一つはこの數年であれよあれよという閒に進行した史料の電子化である。『四庫全書』や『四部叢刊』はいうまでもなく、電子化とは縁がないと思っていた石刻や地方志にまで、その波は及びつつある。本書に所收の論考にあるように、多樣な文獻から史料を見つけてくることが、筆者の技であるとすれば、電子化によって、要求される水準がすっかり變わってしまった。今のうちに舊稿を整理しておけば、電子化以前のもので、と言譯ができるのではないかと考えたことも、本音としてある。現地調査をめぐる狀況も變った。

もう一つには、若い世代の研究者が多數出てきたことがある。本書の校正のお手傳いをしてくださった櫻井智美さんや、中國文學での宮紀子さんなどの活躍は、我々の及ばないレベルにあり、元朝史研究は新しい段階に達しつつある。また、私たちが長い間續けてきた、「世祖本紀の會」や「石刻資料の會」のメンバーの皆さんからも、立派なと言うのも失禮なくらいの研究者が出てきている。回顧と展望の類で、しばしば指摘されるように、元朝史研究は現在の日本の中國史研究の世界で最も元氣な分野の一つであろう。本書においては、二〇〇二年前半段階までの研究成果については、なるべく參照するようにしているが、それ以後にも關係する問題を取り扱った多くの論文が發表されている。例えば本書の中でも言及の多い『廟學典禮』についての宮紀子さんの論考は、反映できていない。また、中國でも、書中でたびたび言及している陳高華氏や蕭啓慶氏をはじめ、多くの研究者によって論文が發表されており、參照すべきものに言及していないことも少なくないと思う。もはや私の出番は終りつつあるという感が、最近強くなってきている。

さて、まがりなりにも專門書を一冊をまとめることができるだけの仕事を積み重ねられることができたのには、多くの先人の方々のご指導のおかげがある。書末にお名前を列記するのは、好もしくはないのだが、公私の事情を考えると、次にこのような機會がいつあるかわからないので、若干は記させていただきたい。

大學の二回生になって、最初の東洋史の授業である東洋史講讀を擔當されたのは梅原郁先生だった。もしこの授業で漢文史料を讀む面白さを教えられなければ、私は東洋史に進學していたかどうかわからない。そして、三回生になって以後は、當時は若手の助教授であった竺沙雅章先生にいろいろお世話になった。このお二人にたまわっただけの指導を私はとても學生にできていないことを恥ずかしく思う。そして、愛宕元氏のご紹介で、中世史研究會に參加させていただき、今日までご厚情をいただいている多くの方を、大學をこえて知ることができたのは幸せだった。そのご縁で谷川道雄先生を代表とする總合研究に參加させていただき、李庭實についての研究發表をしていなければ、この本にまとめられるような形での元朝史の研究はしていなかったと思う。また、最初にも書いたように、私にとって最大の訓練の場であったのは、『東洋史研究』の編輯委員會であった。畏兄原山煌氏には箸の上げ下げから教えられたし、元朝史研究においては先達の杉山正明氏とも、所帶の大きい京大東洋史のことゆえ、實質的にはその場で出會ったようなものである。そして、杉山氏の呼びかけで參集された、「元史の會」の諸氏、みんなが史料を持ちよって檢討し、誰がそれを使うのも自由という、この會の成果をもっとも利用させていただいたのが私であることは、間違いない。さらに、「元代漢人知識人研究の課題二、三」の段階では未見となっていた「大朝崇褒祖廟之記」や、さらに曲阜の至元三一年聖旨碑の碑陰の拓本が、氏のご緣で利用できたことは、研究を進める上で大きな力となった。

最後になったが、多くの史料を引用しているゆえに、校正はきわめて煩瑣なものとなった。その作業にあたっては、井黑忍、櫻井智美、鶴橋典子、毛利和夫のみなさんにお世話になった。この方達の協力がなければ、本書は慘憺たる狀態になっていたであろう。感謝にたえない。

また、この十年間、次のように科學研究費の交附にあづかることができ、研究條件をととのえることができた。本書をまとめることのできたのには、そのおかげによるところが大きい。

平成一〇～一三年度　科學研究費基盤研究C　課題「石刻資料による元代漢人知識人社會の研究」

平成一二、一三年度　科學研究費基盤研究B　課題「碑刻等史料の總合的分析によるモンゴル帝國・元朝の政治・經濟システムの基礎的研究」（代表者松田孝一氏）

平成一三年度～　科學研究費特定領域研究Ａ「東アジアの出版文化」（領域代表磯部彰氏）計畫研究　課題「中國近世の知識人社會と出版文化　とくに科學關係資料と類書を中心に」

そして、本書の刊行にあたっては、日本學術振興會平成十五年度科學研究費補助金研究成果公開促進費の交附を受けることができた。あわせて、關係の各位にお禮申し上げたい。

普通なれば、最後に私事であるがと、個人的なかかわりのある人々に謝辭を述べるのが決まりごとであろうが、あまりにも多事過ぎて、ここでは記さないこととしたい。

はじめにも書いたように、本書はこれまでに公刊した論文をベースにして、加筆、再構成したものである。以下に初出を記しておく。『石刻資料による元代漢人知識人社會の研究』（平成一〇～一三年度科學研究費基盤研究（Ｃ）２研究成果報告書　二〇〇二）に收錄したものは、その際に手を入れたものをもとにしているが、草卒に作成したものゆえ、かなりの誤りを今回發見し、訂正することができた。また、第六章については、陳氏や宮氏をはじめとして新しい成果が發表されており、直接、本書の内容にかかわるものが少なくなく、また第九章については畏友ヴァレリー＝ハンセン氏の大著をはじめ、その後の研究が展開していることに加え、電子化によって多くの情報を得られるようになったが、今回それに踏みこむのは避け、最小限の改訂にとどめた。

第一部

第一章　元代漢人知識人研究の課題二、三（『中國－社會と文化』五　一九九〇）

第二章　元代の社會と文化　世界歴史大系　中國三　五代宋元（斯波義信編　山川出版社　一九九七）

異民族王朝下の科擧（『月刊しにか』一九九九年九月號）
曲阜地域の元代石刻群をめぐって（『奈良史學』一九號　二〇〇一）

第二部
第三章　「大朝崇褒祖廟之記」再考―丁酉年における「聖人の家」への優免（『奈良史學』一二　一九九四）
第四章　至元三一年崇奉儒學聖旨碑―石刻・『廟學典禮』・『元典章』（梅原郁編『中國近世の法制と社會』京都大學人文科學研究所　一九九三）
第五章　約會の現場（梅原郁編『前近代中國の刑罰』京都大學人文科學研究所　一九九六）
第六章　元朝の科擧資料について　錢大昕の編著を中心に（『東方學報』京都七三　二〇〇一）

第三部
第七章　濟南路教授李庭實をめぐって―碑文の撰者としての教官層―（谷川道雄編『中國士大夫階級と地域社會との關係についての總合的研究』〔昭和五七年度科學研究費總合研究（A）研究成果報告書〕一九八三）
碑記の撰述から見た宋元交替期の慶元における士大夫（『奈良史學』一七　一九九九）
第八章　李璮の亂以前―石刻資料を中心として（『東洋史研究』四七―三　一九八八）
戴居寶と趙全―石刻から見た李璮以後（谷川道雄編『中國邊境社會の歴史的研究』〔昭和六三年度科學研究費總合研究（A）研究成果報告書〕一九八九）
第九章　文昌帝君の成立―地方神から科擧の神へ―（梅原郁編『中國近世の都市と文化』京都大學人文科學研究所　一九八四）

（二〇〇三年一一月　森田憲司）

汲 古 叢 書

1	秦漢財政収入の研究	山田　勝芳著	本体 16505円
2	宋代税政史研究	島居　一康著	12621円
3	中国近代製糸業史の研究	曾田　三郎著	12621円
4	明清華北定期市の研究	山根　幸夫著	7282円
5	明清史論集	中山　八郎著	12621円
6	明朝専制支配の史的構造	檀 上　　寛著	13592円
7	唐代両税法研究	船越　泰次著	12621円
8	中国小説史研究－水滸伝を中心として－	中鉢　雅量著	8252円
9	唐宋変革期農業社会史研究	大澤　正昭著	8500円
10	中国古代の家と集落	堀　　敏 一著	14000円
11	元代江南政治社会史研究	植 松　　正著	13000円
12	明代建文朝史の研究	川越　泰博著	13000円
13	司馬遷の研究	佐藤　武敏著	12000円
14	唐の北方問題と国際秩序	石見　清裕著	14000円
15	宋代兵制史の研究	小岩井弘光著	10000円
16	魏晋南北朝時代の民族問題	川本　芳昭著	14000円
17	秦漢税役体系の研究	重近　啓樹著	8000円
18	清代農業商業化の研究	田 尻　　利著	9000円
19	明代異国情報の研究	川越　泰博著	5000円
20	明清江南市鎮社会史研究	川 勝　　守著	15000円
21	漢魏晋史の研究	多田　狷介著	9000円
22	春秋戦国秦漢時代出土文字資料の研究	江村　治樹著	22000円
23	明王朝中央統治機構の研究	阪倉　篤秀著	7000円
24	漢帝国の成立と劉邦集団	李　　開 元著	9000円
25	宋元仏教文化史研究	竺沙　雅章著	15000円
26	アヘン貿易論争－イギリスと中国－	新村　容子著	8500円
27	明末の流賊反乱と地域社会	吉 尾　　寛著	10000円
28	宋代の皇帝権力と士大夫政治	王　　瑞 来著	12000円
29	明代北辺防衛体制の研究	松本　隆晴著	6500円
30	中国工業合作運動史の研究	菊池　一隆著	15000円

31	漢代都市機構の研究	佐原　康夫著	本体 13000円
32	中国近代江南の地主制研究	夏井　春喜著	20000円
33	中国古代の聚落と地方行政	池田　雄一著	15000円
34	周代国制の研究	松井　嘉徳著	9000円
35	清代財政史研究	山本　進著	7000円
36	明代郷村の紛争と秩序	中島　楽章著	10000円
37	明清時代華南地域史研究	松田　吉郎著	15000円
38	明清官僚制の研究	和田　正広著	22000円
39	唐末五代変革期の政治と経済	堀　敏一著	12000円
40	唐史論攷－氏族制と均田制－	池田　温著	近刊
41	清末日中関係史の研究	菅野　正著	8000円
42	宋代中国の法制と社会	高橋　芳郎著	8000円
43	中華民国期農村土地行政史の研究	笹川　裕史著	8000円
44	五四運動在日本	小野　信爾著	8000円
45	清代徽州地域社会史研究	熊　遠報著	8500円
46	明治前期日中学術交流の研究	陳　捷著	16000円
47	明代軍政史研究	奥山　憲夫著	8000円
48	隋唐王言の研究	中村　裕一著	10000円
49	建国大学の研究	山根　幸夫著	8000円
50	魏晋南北朝官僚制研究	窪添　慶文著	14000円
51	「対支文化事業」の研究	阿部　洋著	22000円
52	華中農村経済と近代化	弁納　才一著	9000円
53	元代知識人と地域社会	森田　憲司著	9000円
54	王権の確立と授受	大原　良通著	8500円
55	北京遷都の研究	新宮　学著	12000円

（表示価格は2004年２月現在の本体価格）

著者紹介

森田　憲司（もりた　けんじ）

1950年　大阪市に生まれる
1973年　京都大學文學部史學科東洋史專攻卒業
1979年　京都大學大學院文學研究科博士課程單位修得退學
1979年　奈良大學文學部史學科專任講師
同助教授を經て、現在教授

編著書　『世界歷史大系　中國３』（山川出版社、1997、共著）、『アジアの歷史と文化』第３巻（同朋舍、1994、共著）

汲古叢書53

元代知識人と地域社會

二〇〇四年二月二十八日　發行

著　者　森田憲司
發行者　石坂叡志
整版印刷　富士リプロ
發行所　汲古書院

〒102-0072 東京都千代田區飯田橋二-五-四
電話　〇三（三二六五）九七六四
FAX　〇三（三二二二）一八四五

ISBN4-7629-2552-7 C3322

索　　引

索引凡例

1　章や節で主題になっている語については、その頁に語がなくても、關連部分全體の頁を表示した。この場合は、頁數をゴシック體にしている。

2　近代以降の研究者の人名については採錄していない。

3　漢字表記されている非漢族人名については、その音の箇所に配列した。

4　單に出典として表示した史料名、史料中の語については採錄していない。

5　本書では、石刻資料が多出するため、別に「石刻資料索引」を作成し、拓本や寫眞など石刻そのものを利用したものの他、文集・地方志所收の碑記で、本書において石刻に準じて扱った資料を採錄した。

ア行

カ行

サ行

タ行

ナ行

ハ行

マ行

ヤ行

ラ行

石刻資料索引

タ行

ナ行

ハ行

ラ行